LES BERBÈRES

MÉMOIRE ET IDENTITÉ

Cet ouvrage de la collection Babel
est coédité par Actes Sud (France), Barzakh (Algérie),
Le Fennec (Maroc) et Elyzad (Tunisie),
avec le soutien du programme d'aide à la publication du
ministère français des Affaires étrangères et européennes

1ʳᵉ publication :
Editions des Hespérides, 1980
2ᵉ et 3ᵉ publications :
Editions Errance, 1987, 1995

© ACTES SUD, 2007
ISBN 978-2-7427-6922-3

© Editions Barzakh
pour la publication en langue française en Algérie
ISBN 978-9947-851-14-3

© Editions Le Fennec
pour la publication en langue française au Maroc
ISBN 978-9954-415-67-2

© Editions Elyzad
pour la publication en langue française en Tunisie
ISBN 978-9973-58-011-5

Photographie de couverture :
© Atlantide Phototravel / Corbis, 2007

GABRIEL CAMPS

LES BERBÈRES
MÉMOIRE ET IDENTITÉ

Préface de Salem Chaker

BABEL

Le lecteur trouvera aux pages 30-31 et 338-339 des cartes du monde berbère et de la berbérophonie.

SOMMAIRE

Confusion des fonctions administratives et des chefferies berbères à la fin de l'Empire

Avoir un ancêtre – Avant la tourmente, un désert paisible – Levathae et Louata : le péril chamelier – Le chameau au Sahara : introduction ou multiplication ? – Botr et Branès, Sanhadja et Zénètes – La conquête arabe : les premières expéditions – Oqba, paladin d'Allah – L'islamisation et la disparition des royaumes berbéro-chrétiens – Le siècle du kharedjisme – L'épopée des Ketama et le califat fatimide – La punition des Zirides, le fléau bédouin – L'aventure almoravide, les Berbères sahariens en Espagne – L'Empire almohade – Fin des dominations berbères au Maghreb

L'Etat carthaginois et les royaumes indigènes – Les villes, foyers de culture punique – Une symbiose réussie et durable

Une prudente et longue conquête – Les villes et l'élévation sociale – L'armée, agent d'assimilation – Un cas de "politique indigène" : la table de Banasa – Le poids de la romanisation – Les deux visages de l'Afrique romaine – Le christianisme survit à Rome

L'islamisation n'est pas l'arabisation – La fin d'un
monde – Les voies de la conversion – Les mécanismes de l'arabisation – Affirmations et réalités

PRÉFACE

GABRIEL CAMPS,
L'HOMME DES PERMANENCES BERBÈRES

Dans le champ des études sur l'Afrique du Nord, Gabriel Camps occupe une place tout à fait particulière. Son œuvre scientifique* a indiscutablement ouvert une nouvelle ère, une nouvelle approche de l'histoire et des faits de culture, sur la longue durée. De cette approche originale, ses *Berbères* ont été et restent la pièce maîtresse, qui synthétise près d'un demi-siècle de recherches sur le monde berbère, qu'il a parcouru en tous sens, à travers les temps, les lieux et les disciplines. Et, avant *Les Berbères*, son parcours est ponctué par plusieurs œuvres décisives – *Aux origines de la Berbérie : monuments et rites funéraires protohistoriques*, 1961 ; *Aux origines de la Berbérie : Massinissina ou les Débuts de l'Histoire*, 1962… –, étapes d'une parfaite cohérence, dans la reconstruction de la continuité, de la permanence berbère de l'Afrique du Nord.

Avant Gabriel Camps, l'ensemble des connaissances sur les Berbères et l'Afrique du Nord, dans toutes leurs dimensions – historique, ethnologique, linguistique… – constituait

* De nombreux témoignages et notices nécrologiques ont été consacrés à Gabriel Camps après son décès, le 6 septembre 2002. Pour une évocation très complète de son itinéraire personnel et scientifique, on pourra se reporter à l'*Encyclopédie berbère*, t. XXV (Aix-en-Provence, Edisud, 2003), où l'on trouvera quatre témoignages, très complémentaires, de Marceau Gast, Jehan Desanges, Edmond Bernus et moi-même.

déjà un corpus considérable. A partir de la prise d'Alger (1830), la recherche occidentale, principalement française, accumule une masse considérable de savoirs, d'observations et de documents sur cette région et ses populations. Très vite, après la phase de conquête militaire et d'exploration, le système académique français investit lourdement ces terrains. Dès la fin du XIXᵉ siècle – notamment autour de l'Ecole supérieure des lettres d'Alger qui allait rapidement devenir la faculté des lettres –, un puissant dispositif scientifique se met en place, dans toutes les disciplines, et commence à produire ses premières grandes synthèses. Les noms de Hanoteau, Masqueray, René Basset, Stéphane Gsell, et tant d'autres – qui publient entre 1860 et 1930 –, sont encore aujourd'hui des références obligées.

Mais jusqu'à Gabriel Camps, à l'exception de quelques très rares francs-tireurs isolés dont les travaux n'étaient pas exempts de grandes fragilités, tous ces savoirs sont caractérisés par la fragmentation et l'étanchéité entre les grandes périodes historiques et entre les disciplines.

Etanchéité tellement marquée que l'Afrique du Nord donnait dans ce savoir académique, jusqu'au milieu du XXᵉ siècle, l'impression d'être constituée de compartiments étrangers les uns aux autres, de juxtaposer une série de mondes disjoints : périodes préhistoriques, période antique – elles-mêmes subdivisées en caissons distincts –, période médiévale…, monde carthaginois, romano-chrétien, arabo-musulman, mondes indigènes… Tout ceci dans une succession et une juxtaposition brutales. Ces différentes périodes et ces différents mondes apparaissaient comme indépendants les uns des autres, comme si l'Afrique du Nord, préhistorique, carthaginoise, romaine, chrétienne, vandale, byzantine, arabo-musulmane, ottomane et française s'était à chaque fois constituée sur un vide humain ou avait à chaque fois, d'un

14

seul coup, sans transition ou continuité, totalement renouvelé son environnement humain.

La même situation prévalait entre les disciplines : les sciences historiques avaient connu un développement formidable en un siècle ; il en allait de même pour tout ce qui avait trait à la langue berbère, dans ses nombreuses variétés, ainsi que pour l'ethnologie des Berbères. Mais là encore, les différents savoirs disciplinaires se présentaient et se développaient dans une autonomie presque totale ; non pas que les individus, qui étaient souvent de grands savants, ignoraient ce qui se faisait en dehors de leurs champs de spécialité, mais quasiment rien n'en transparaissait dans leurs travaux. Les historiens, les archéologues, les linguistes, les ethnologues… poursuivaient chacun leur chemin sans qu'aucune connexion ne soit établie entre les disciplines. On reste encore sidéré devant la méconnaissance absolue de l'environnement humain et linguistique berbère chez quasiment tous les historiens de ces époques. Et, symétriquement, on ne trouvera que très exceptionnellement des références à l'histoire ou au contexte ethnologique chez les plus grands linguistes berbérisants comme André Basset…

Il est sûr que cette situation était en partie induite par un ensemble de contraintes objectives de l'époque ; la segmentation du champ correspondait à une phase de mise en place académique, qui la rendait sans doute inévitable, et aussi à une hétérogénéité profonde des sources et des outils de travail : les "antiquistes" étaient tributaires des sources classiques, latines et grecques, les préhistoriens de l'archéologie préhistorique, les médiévistes de sources en langue arabe ; les berbérisants, quant à eux, étaient totalement submergés par les nécessités de l'inventaire et de la description d'un matériau immense et diversifié.

Néanmoins, de lourdes déterminations idéologiques sont, à l'évidence, aussi à l'œuvre : surévaluation des sources exogènes, surévaluation des acteurs extérieurs, difficulté à reconnaître le Berbère comme acteur historique… L'époque est tissée d'affirmations définitives sur la "marginalité des Berbères", sur leur "inaptitude à l'Etat", sur leur "absence totale de sens historique"… Face à Carthage, Rome ou aux Arabes, les Berbères apparaissaient comme bien peu de chose, tout juste un "matériau passif", modelé et remodelé au gré des conquêtes. Bref, le centre et les instruments de compréhension de l'histoire et de la culture de l'Afrique du Nord étaient ailleurs…

Et c'est sans aucun doute sur ce plan que l'approche scientifique de Gabriel Camps est la plus originale, son apport le plus décisif – et m'aura personnellement le plus influencé : Camps était fondamentalement un préhistorien et un protohistorien, mais rien de ce qui touchait au monde berbère ne lui était étranger et toute sa vie aura été un effort permanent pour intégrer les apports des disciplines connexes, établir des ponts vers ces autres savoirs, un effort constant pour lutter contre les cloisonnements, disciplinaires et chronologiques qui, jusque-là, tronçonnaient l'Afrique du Nord et le monde berbère.

Il n'était pas linguiste, ni berbérisant au sens étroit du terme, mais il fut le premier à percevoir clairement (dès son *Massinissa*, 1961) tout ce que le préhistorien et protohistorien pouvait tirer des données linguistiques berbères, sur le plan sociolinguistique bien sûr, mais surtout sur le plan de l'origine et de la diffusion des faits de culture et des pratiques humaines. Il a été le premier à pointer que, si les Berbères disposent du même vocabulaire, sur un territoire immense, pour dénommer les céréales, on tient là l'indice de la grande ancienneté et sans doute du caractère endogène de la céréaliculture en Afrique du Nord. Il ne semble pas avoir subi l'influence directe de Georges

16

Dumézil, mais son approche des relations entre langue, culture et société rejoint celle du grand savant ; et elle est particulièrement féconde dans un monde où les traces écrites sont rares. La langue et les traces multiples qu'elle porte et recèle étaient pour lui un outil essentiel pour la construction des savoirs sur les Berbères.

Gabriel Camps n'était pas non plus un ethnologue de formation, mais son intérêt à la fois pour l'ethnographie matérielle et les technologies traditionnelles des Berbères lui a permis d'établir des continuités avec les technologies pré- et protohistoriques dans le domaine de la poterie, des pratiques agricoles, de la métallurgie, etc. De même, son attention pour la tradition orale et les rituels traditionnels berbères l'a amené à montrer tout un réseau de permanences et de liens entre les périodes anciennes et le monde berbère contemporain. Les rites funéraires des Berbères protohistoriques ont pu éclairer certaines pratiques et croyances actuelles ou sub-actuelles. Et, inversement, l'observation des pratiques contemporaines a apporté d'utiles lumières sur des rites anciens.

De même – et c'est un positionnement fondateur dans sa carrière scientifique –, ses grands travaux sur les rites funéraires protohistoriques des Berbères et la mise en place des royaumes berbères de l'Antiquité, son intérêt pour les périodes charnières, pour les périodes "obscures", sur lesquelles les sources historiographiques classiques sont inexistantes ou très lacunaires, sont la manifestation la plus nette de cette volonté de renouer les fils de la trame de l'histoire, du territoire et d'un peuple. D'où ses nombreux écrits décisifs sur les royaumes et princes berbères de la fin de l'Antiquité, sur les débuts de la période arabo-musulmane, et notamment sur l'arabisation de l'Afrique du Nord.

Continuité et unité géographique du champ, enfin, car Gabriel Camps a travaillé de manière constante et approfondie, en tant que préhistorien, protohistorien, ethnologue, aussi bien sur les régions méditerranéennes et telliennes de l'Afrique du Nord que sur les zones sahariennes les plus lointaines, affirmant et confirmant ainsi l'unité géographique du monde berbère.

Permanences à travers les temps, unité géographique du domaine, mobilisation convergente des disciplines, toute l'œuvre de Gabriel Camps affirme la continuité et l'unité berbère de l'Afrique du Nord. Les Berbères sont là, avec leur langue et leur culture, depuis longtemps, depuis les temps préhistoriques ; ils sont le paramètre identificatoire permanent de l'Afrique du Nord. Derrière et à côté de tous les apports extérieurs, puniques, latins, arabo-musulmans… il y a toujours et partout le même fil conducteur : le Berbère, la langue berbère.

Camps est celui qui aura donc remis les Berbères au centre de l'histoire et de la culture de l'Afrique du Nord, sur la longue durée, à travers les avatars et masques multiples.

*

Ce positionnement, cette approche sont magistralement illustrés par l'œuvre terminale de sa vie, l'*Encyclopédie berbère*, qui vise à réunir en un support unique l'ensemble des connaissances sur les Berbères, à travers les temps et les disciplines.

Avant sa mort, il m'avait fait l'honneur de me demander d'en assurer la pérennité en cas de défaillance de sa part. Lorsque j'ai connu Gabriel Camps, à mon arrivée* à Aix-en-Provence

---

* De Gabriel Camps à Alger avant 1969, je n'ai qu'une image imprécise et fugitive, en dépit du fait que je fréquentais déjà le Crape à cette époque et avais un excellent contact avec Marceau Gast qui m'avait aidé à organiser mon premier

en 1970, encore jeune étudiant, j'étais déjà totalement engagé dans une formation de linguistique générale et berbère. Pourtant, immédiatement, Gabriel Camps a été de ces quelques personnalités* scientifiques éminentes de l'Université de Provence qui m'ont encouragé et guidé. Il n'a pas hésité à accueillir dans son laboratoire de préhistoire et anthropologie le jeune linguiste berbérisant en formation. Il avait intégré, déjà depuis longtemps, l'ethnologie dans son environnement scientifique ; il développait la même attitude d'ouverture à la linguistique berbère en me faisant une place dans son équipe.

Dans ces années de formation, dans ces années de préparation au métier de chercheur, Gabriel Camps a joué pour moi un rôle tout à fait particulier, déterminant même.

D'une part, en m'accueillant dans son laboratoire, il m'offrait des conditions matérielles et un environnement intellectuel tout à fait exceptionnels pour un tout jeune apprenti chercheur, avec un petit coin-bureau personnel et un accès immédiat à une documentation sur le monde berbère déjà riche.

D'autre part, en m'associant au projet d'*Encyclopédie berbère*, dès le lancement de l'édition provisoire en 1970, pour laquelle il m'encourageait à rédiger des notices linguistiques, il me permettait de faire mes toutes premières armes de chercheur.

Enfin, sur la plus longue durée, en me donnant la possibilité de m'insérer dans un tissu scientifique pluridisciplinaire de sciences sociales consacré au monde berbère, il m'a accompagné vers les sciences historiques et l'ethnologie. Gabriel Camps m'a permis d'ancrer mes propres travaux de linguiste dans ce terreau humain et social sans lequel toute recherche linguistique peut vite se réduire à un formalisme assez stérile.

voyage au Sahara, alors que j'étais encore lycéen. C'est d'ailleurs Marceau Gast qui m'a encouragé à quitter Paris pour venir rejoindre l'équipe à Aix.
* Je pense aussi notamment à Georges Mounin et Mario Rossi.

Au cours des trente dernières années, l'*Encyclopédie berbère* a été pour moi, et pour bien des spécialistes du monde berbère, un lieu de collaboration et de confrontation permanentes entre l'historien, l'ethnologue, le linguiste...

*

Dans ses travaux personnels, comme dans son action collective de directeur d'équipe et d'initiateur de projets, Gabriel Camps a mis en œuvre, jusqu'à la fin de sa vie, son esprit et sa volonté de synthèse, ainsi qu'une culture scientifique encyclopédique, magistralement illustrés dans ses *Berbères* qui resteront longtemps encore la référence pour qui veut s'informer à une source sérieuse sur ce peuple et son identité à travers les âges.

SALEM CHAKER,
professeur des Universités (berbère),
Inalco, Paris.

Au fil du texte de Gabriel Camps, les astérisques renvoient aux "Notes et remarques du préfacier", à consulter en fin d'ouvrage (p. 331).

AVANT-PROPOS

UN MONDE ÉCLATÉ

Nous sommes en 1227 av. J.-C., en l'an 5 du règne de Mineptah. Pharaon a ordonné dans tout le royaume des prières et des sacrifices exceptionnels aux dieux qui protègent la terre de Ptah, à Ptah lui-même et surtout à Amon-Râ et aux déesses toutes bonnes, Isis la grande magicienne et la bienveillante Nephthys.

Jamais le danger ne fut si grand pour la terre aimée de Râ. Les barbares du Nord, ceux qui viennent des îles et des terres baignées par la Très-Verte, les barbares de l'Ouest, ceux qui habitent le désert où se répand le souffle maléfique de Typhon, se sont, pour la première fois, coalisés et, sous le commandement du maudit d'Amon, Meryey, fils de Ded, roi des Lebou (Libyens), ils pénètrent dans le domaine d'Horus. Les navires des uns remontent la branche canopique du Nil, les autres, aussi nombreux que les grains de sable du désert, se répandent dans le Delta en direction de Memphis.

Meryey et ses Lebou ne sont pas les premiers Berbères ayant fait l'objet d'une mention historique. Depuis des siècles, voire des millénaires, les Egyptiens étaient en relations, tantôt guerrières, tantôt pacifiques, avec leurs voisins de l'Ouest, ces Lebou ou Libyens, Tehenu, Temehu, Meshwesh, subdivisés en de nombreuses tribus. Mais l'invasion du Delta et la victoire qui suivit nous ont valu des précisions, des noms de personnages, des descriptions, par l'image et les hiéroglyphes, qui ont valeur historique et ethnographique. Par des documents plus anciens, l'aspect physique, l'équipement, les vêtements, les armes des Lebou nous étaient déjà transmis avec une précision quasi photographique ; les tatouages mêmes sont figurés.

Les millénaires ont passé et, malgré les vicissitudes d'une histoire particulièrement riche en conquêtes, invasions et tentatives d'assimilation, des populations du même groupe ethnique, les Berbères, subsistent dans un immense territoire qui commence à l'ouest de l'Egypte. Actuellement, des populations parlant une langue berbère habitent dans une douzaine de pays africains, de la Méditerranée au sud du Niger, de l'Atlantique au voisinage du Nil.

Cette région qui couvre le quart nord-ouest du continent n'est pas entièrement berbérophone, loin de là ! Aujourd'hui, dans cette région, l'arabe est la langue véhiculaire, celle du commerce, de la religion, de l'Etat, sauf dans la marge méridionale, du Sénégal au Tchad, où la langue officielle est le français. Ainsi, les groupes berbérophones sont isolés, coupés les uns des autres et tendent à évoluer d'une manière divergente. Leur dimension et leur importance sont très variables. Les groupes kabyle en Algérie, braber et chleuh au Maroc représentent chacun plusieurs centaines de milliers d'individus, parfois même des millions, tandis que certains dialectes, dans les oasis, ne sont parlés que par quelques dizaines de personnes. C'est la raison pour laquelle les cartes d'extension de la langue berbère n'ont pas grande signification. Le territoire saharien couvert par les dialectes touaregs (tamâhaq) en Algérie, au Mali et au Niger est immense, mais les nomades berbérophones qui le parcourent et les rares cultivateurs de même langue ne doivent guère dépasser le nombre de 250 000 ou 300 000. Ils sont à peine plus nombreux que les habitants du Mzab, qui occupent dans le Sahara septentrional un territoire mille fois plus exigu. Le bloc kabyle est dix fois plus peuplé que la région aurasienne, plus vaste, où est parlé un dialecte berbère différent.

En fait, il n'y a aujourd'hui ni une langue berbère, dans le sens où celle-ci serait le reflet d'une communauté ayant conscience de son unité, ni un peuple berbère et encore moins une race berbère. Sur ces aspects négatifs tous les spécialistes sont d'accord… et cependant les Berbères existent.

Les groupes et sociétés berbérophones actuels, et nous incluons sous ces termes les populations bilingues, ne sont que des débris d'un monde éclaté.

Le berbère, un berbère commun très ancien, qui n'a vraisemblablement existé que dans l'esprit des linguistes, et plus sûrement des parlers berbères plus proches entre eux que ne le sont les dialectes actuels furent parlés dans la totalité du territoire que nous avons délimité, à l'exception du Tibesti, domaine de la langue téda (Toubous).

Dans le Maghreb, les anciens Africains ont utilisé un système d'écriture, le libyque, duquel est dérivé l'alphabet tifinagh des Touaregs ; or des inscriptions libyques et des tifinagh anciens ont été retrouvés en grand nombre dans des régions aujourd'hui totalement arabisées (Tunisie, nord-est de l'Algérie, Rharb et région de Tanger au Maroc, Sahara septentrional…). Dans les pays du Nord, cette écriture subit la concurrence du punique, puis du latin ; on admet qu'elle était déjà oubliée lorsque fut introduit l'alphabet arabe au VIIe siècle. En revanche, elle fut conservée et évolua suivant son génie propre dans les pays sahariens où elle n'avait eu à subir aucune concurrence. Elle s'étendit même jusqu'aux îles Canaries dont

23

les anciennes populations guanches parlaient un dialecte proche du berbère.

On peut donc affirmer qu'à un moment ou à un autre les ancêtres des Berbères ont eu à leur disposition un système d'écriture original qui s'est répandu, comme eux, de la Méditerranée au Niger.

L'autre argument qui pourrait être présenté à ceux qui, contre toute évidence, nieraient l'ancienne extension du berbère ou qui, plus subtilement, s'interrogeraient sur la parenté réelle du berbère et du libyque parlé par les anciens Africain, est donné par la toponymie : même dans les pays entièrement arabisés, il subsiste toujours des noms de lieux qui ne s'expliquent que par le berbère.

Donc, le berbère, auparavant omniprésent, a, au cours des siècles, reculé devant l'arabe, mais cette arabisation linguistique, facilitée par l'islamisation de l'Afrique du Nord et du Sahara, s'est accompagnée, à partir du XIe siècle, d'une arabisation socioculturelle aboutissant à une véritable assimilation de la majeure partie des populations des Etats maghrébins. Cette assimilation est si grande que, dans certains Etats (Tunisie, Libye), la quasi-totalité du peuple se dit, se croit et par conséquent est arabe. Mais bien rares sont parmi eux ceux dont les veines charrient quelques gouttes de sang arabe, de ce sang nouveau apporté par les conquérants du VIIe siècle ou par les envahisseurs bédouins du XIe siècle : Beni Hilal, Beni Solaïm et Mâqil, dont les effectifs n'atteignaient pas 200 000 personnes d'après les estimations les plus optimistes.

Mais le Maghrébin, même arabisé, se distingue toujours et des Arabes de la Péninsule et des Levantins, arabisés plus tôt que lui. En fait, dans la société musulmane nord-africaine et saharienne, il existe des Maghrébins arabophones ou arabo-berbères et des Maghrébins ber-bérophones qui conservent le nom de Berbères que les Arabes leur donnèrent.

Parmi les Arabo-Berbères, qui ne constituent pas plus une entité sociologique que les Berbères, on distingue un groupe ancien, citadin, aux origines souvent très mêlées, car il faut tenir compte dans les villes des apports anté-rieurs à l'islam, des réfugiés musulmans d'Espagne (Andalous) et des nouveaux venus généralement confon-dus sous le nom de Turcs, bien qu'ils fussent, pour la plu-part, des Balkaniques et des Grecs de l'archipel. Il existe aussi des groupes sédentaires, cultivateurs. Il existe enfin des nomades, ceux qui, dans le nord du Sahara (Reguei-bat, Chaamba, Ouled Sliman), sont les plus proches, lin-guistiquement et culturellement, des tribus arabes bédouines. Ce sont parmi ces derniers que l'on peut trouver d'au-thentiques descendants des Solaïm et des Mâqil.

A côté de ces populations arabes ou arabisées vivent des sociétés berbères qui sont, comme elles, toutes musul-manes, à l'exception des anciens Guanches des îles Canaries qui furent à la fois évangélisés et hispanisés, et quelques rares familles kabyles converties au christia-nisme à la fin du XIXᵉ siècle. Ces Berbéries sont encore plus diverses que les groupes arabo-berbères. Parmi ces populations qui parlent des dialectes divers mais suffisam-ment apparentés pour être tous qualifiés sans hésitation de berbères, on reconnaît tous les genres de vie traditionnels des pays méditerranéens et subtropicaux. Des cultiva-teurs arboriculteurs sont de vrais paysans attachés à leur terroir, comme les montagnards kabyles ou rifains, hom-mes de l'olivier et du figuier, ou comme le jardinier de l'oasis soucieux de ses palmiers dattiers, de ses abrico-tiers et de ses carrés de légumes, mais il y a aussi des céréaliculteurs de montagnes arides comme les Matmata du Sud tunisien, les Chleuhs de l'Anti-Atlas marocain qui savent, les uns et les autres, construire des terrasses sur les versants escarpés pour conserver et les terres et l'humidité ; d'autres régions connaissent des arboriculteurs-éleveurs, semi-nomades, tels que les Chaouïas de l'Aurès qui doivent leur nom, arabe, à leur vie pastorale (chaouïa veut dire berger). Quel contraste entre ces rudes montagnards et cette société citadine saharienne qui s'est spécialisée dans le négoce transsaharien et le petit commerce dans le Tell algérien, ces Mzabites dont le particularisme religieux (ibadisme) explique l'isolement et la spécialisation économique ! D'autres pasteurs montagnards pratiquent une longue transhumance, comme la puissante confédération des Aït' Atta dans et autour du djebel Sagho (Sud marocain) ou les Beni Mguild du Moyen Atlas. De grands nomades sahariens, enfin, élèvent des troupeaux faméliques de chameaux et de chèvres ; pour eux, les razzias furent, et jusqu'au début du XXe siècle pour les Touaregs, le complément normal des faibles ressources arrachées à une nature inhumaine.

Qu'y a-t-il de commun entre le chamelier voilé d'indigo, aussi sec qu'une branche épineuse d'acacia, et le débonnaire épicier mzabite, entre le jardinier kabyle et le pasteur braber ? Bien plus qu'on ne le dit ou le croit.

Il y a, en premier lieu, la langue à laquelle se rattachent leurs différents parlers. L'unité de vocabulaire est incontestable ; des îles Canaries à l'oasis de Siouah en Egypte, de la Méditerranée au Niger. Les principes fondamentaux de la langue, la grammaire comme la simple phonétique, ont résisté remarquablement à une très ancienne séparation et à la différenciation des genres de vie. Or, l'unité linguistique fondamentale correspond nécessairement à des systèmes de pensée très proches, même si le comportement extérieur diffère. Cette parenté très profonde se retrouve également dans l'organisation sociale. Dans les formes artistiques, des règles communes, à vrai dire très simples, qui ont fait parler à tort d'un art berbère, se retrouvent aussi bien chez les arabophones : il s'agit d'un art rural maghrébin et saharien, très fortement géométrique, préférant les motifs rectilinéaires à la courbe et au volume. Indépendants des techniques, les motifs, obéissant aux mêmes règles d'une géométrie stricte et parfois savante, se retrouvent aussi bien sur les céramiques et les tissages que sur le cuir, le bois ou la pierre. Or, cet art très ancien présente, chez les sédentaires, une remarquable permanence, il est lié à ces populations au mépris des siècles, des conversions religieuses, des assimilations culturelles. Comme un fleuve tantôt puissant, tantôt souterrain, il est toujours présent dans l'inconscient du Maghrébin. Souvent étouffé par le triomphe citadin des cultures étrangères, il est capable d'étonnantes résurgences, apparemment anachroniques, dès que faiblit l'apport extérieur des formes artistiques plus savantes. C'est un art anhistorique.

Bien qu'il n'y ait pas et qu'il n'y ait jamais eu de race berbère, les anthropologues admettent aujourd'hui que toutes les populations blanches du nord-ouest de l'Afrique, qu'elles soient demeurées berbérophones ou qu'elles soient complètement arabisées de langue et de mœurs, ont la même origine fondamentale : elles descendent, pour l'essentiel, des groupes protoméditerranéens qui, venus d'Orient au VIIIᵉ millénaire, sinon avant, se sont lentement répandus au Maghreb et au Sahara*.

En aucun moment de leur longue histoire les Berbères ne semblent avoir eu conscience d'une unité ethnique ou linguistique. De fait, cette unité berbère ne pourrait être trouvée que dans la somme de caractères négatifs. Est berbère ce qui n'est pas d'origine étrangère, c'est-à-dire ce qui n'est ni punique, ni latin, ni vandale, ni byzantin, ni arabe, ni turc, ni européen (français, espagnol, italien). Soulevez ces différentes strates culturelles, certaines insignifiantes, d'autres d'une puissance et d'un poids considérables, et vous retrouvez le Numide et le Gétule, dont les descendants, avec un entêtement narquois, sous d'autres noms, sous d'autres croyances, pratiquent le même art de vivre, conservent dans l'exploitation d'une nature peu généreuse des techniques d'une étonnante permanence. Cette permanence a une explication très simple ; cultivateurs et nomades berbères n'ont connu la révolution industrielle, niveleuse des coutumes et des techniques, que sur une frange étroite de leur domaine. Depuis quelques décennies, cette révolution s'étend, gagnant les campagnes et les déserts les plus reculés ; du même coup, les particularismes s'estompent, et disparaissent ainsi des coutumes plus vieilles que l'Histoire.

Au même moment, comme par une fausse compensation, sont produits des spectacles folkloriques par des troupes déshumanisées que l'on conduit aux foules citadines comme des animaux savants patiemment dressés. Combien était jolie, poignante dans sa naïveté et sa maladresse, la petite musique de rochers que le berger tirait de sa flûte nasillarde !

On serait tenté de dire que l'histoire de l'Afrique du Nord et du Sahara n'est que l'histoire de conquêtes et de dominations étrangères que les Berbères auraient subies avec plus ou moins de patience. Leur rôle dans l'Histoire se serait borné à une "résistance" dont le maintien de la langue, du droit coutumier et de formes archaïques d'organisation sociale serait le plus beau fleuron. Mais l'Histoire a horreur des simplifications, surtout lorsqu'elles sont abusives et prêtent aux siècles passés des conceptions politiques actuelles.

En fait, on pourrait inverser les prémisses et se demander comment des populations aussi malléables aux cultures étrangères, au point que certaines sont devenues tour à tour puniques, romano-africaines, arabes, ont pu rester aussi fidèles à leurs coutumes, à leur langue, à leurs traditions techniques, en un mot rester elles-mêmes. C'est cela être berbère.

Condamner les Berbères à un rôle historique passif, c'est-à-dire quasiment nul, en ne voyant en eux qu'une infatigable piétaille et une bonne cavalerie au service de dominateurs étrangers, même si on reconnaît que ces contingents furent les vrais conquérants de l'Espagne au VIIIᵉ siècle et de l'Egypte au Xᵉ, n'est qu'une aberration non dépourvue de racisme. Elle doit être définitivement rejetée.

Ces longs siècles d'histoire ne sont pas faits seulement d'une anonyme durée berbère ; ici, comme ailleurs, des hommes et des femmes de caractère ont marqué leur temps d'une empreinte vigoureuse, mais l'Histoire, écrite par les étrangers, n'en a pas toujours conservé le souvenir qu'ils méritaient.

Ce livre se propose de révéler cette durée et d'éclairer ces figures berbères.

LE MONDE BERBÈRE

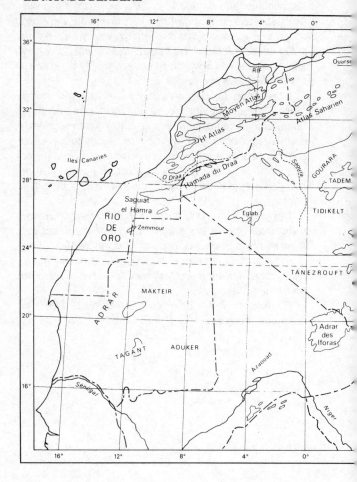

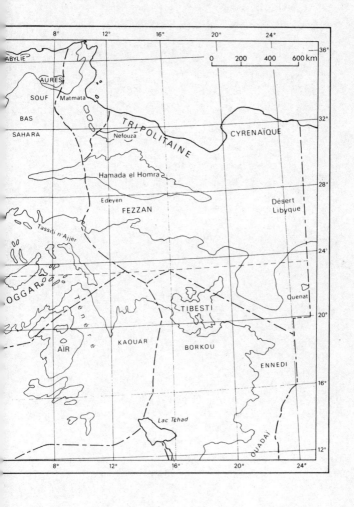

LES ORIGINES

Rares sont les peuples comme les Berbères dont les origines ont été recherchées avec autant de constance et d'imagination. Dès la plus haute Antiquité, des récits circulaient dans les milieux savants et chez les mythographes sur les origines des habitants de l'Afrique. Le plus connu, parce que des générations de lycéens pâlirent sur les pages du *De bello Jugurthino*, nous est rapporté par Salluste.

LÉGENDES ANTIQUES ET MODERNES

HERCULE ET LA LÉGENDE DES ORIGINES PERSE ET MÈDE

Les premiers habitants de l'Afrique furent, dit Salluste, les Gétules et les Libyens, gens grossiers et barbares qui se nourrissaient de la chair des bêtes sauvages ou de l'herbe des prés, à la façon des troupeaux. Plus tard, des Mèdes, des Arméniens et des Perses, conduits par Hercule en Espagne, passèrent en Afrique et se mêlèrent, les premiers avec les Libyens, les Perses avec les Gétules. Tandis que les Mèdes et Libyens, bientôt confondus sous le nom de Maures, eurent de bonne heure des villes et échangèrent des produits avec l'Espagne, les Gétules et les Perses, condamnés à une vie errante, prirent le nom de nomades. Cependant, la puissance de ces derniers s'accrut rapidement, et sous le nom de Numides, ils conquirent tout le pays jusqu'au voisinage de Carthage.

Salluste rapporte cette légende d'après une traduction qui lui aurait été faite des livres puniques du roi Hiempsal. S. Gsell pense que le roi Hiempsal était l'auteur de ces ouvrages et non le simple détenteur. Rien ne s'oppose à ce qu'un roi numide ait eu le désir de fixer par écrit des récits légendaires ou de recopier, plus ou moins servilement, des archives carthaginoises que les Romains avaient abandonnées entre les mains de ses aïeux.

De la première époque, antérieure à Hercule, ou plus exactement Melqart, le dieu phénicien qui fut assimilé au fils d'Alcmène, Salluste donne le cliché habituel par lequel l'érudit moyen dépeint, à tort, les temps primitifs. Ces Libyens et Gétules, chasseurs et cueilleurs, sont bien évidemment des peuples de la préhistoire que Salluste, ou plutôt Hiempsal, rejette dans les temps mythiques. Il nous faut cependant retenir l'existence de deux éléments de population dans l'Afrique la plus archaïque. Quel fait permettait d'établir cette distinction sinon une différence dans les genres de vie, née elle-même des conditions géographiques et par conséquent de la localisation de ces peuples ? Or, de l'avis unanime des historiens anciens et modernes, les Gétules étaient des nomades, dont on trouve les traces évanescentes depuis les rives de l'Océan jusqu'au golfe des Syrtes. Les Gétules étant nomades, on en déduit que les Libyens d'Hiempsal, ceux qui "eurent de bonne heure des villes", étaient les ancêtres des sédentaires.

Cette distinction élémentaire, et banale, avait été faite bien avant Hiempsal ou Salluste, puisque le père de l'Histoire lui-même, Hérodote (IV, 181, 186, 191), après avoir décrit une longue suite de peuplades depuis l'Egypte jusqu'au lac Tritonis, précisait :

"Je viens d'indiquer les Libyens nomades qui habitent le long de la mer. Au-dessus d'eux, à l'intérieur des terres, se trouve la Libye des bêtes sauvages [...]. Mais au couchant du lac Tritonis [c'est-à-dire au nord, étant donné l'orientation incorrecte attribuée à la côte à partir des territoires carthaginois] les Libyens ne sont plus nomades et n'ont plus les mêmes coutumes [...], ce sont des Libyens cultivateurs [...]. Ils ont des maisons et sont appelés Maxyes." Dans un raccourci assez simpliste mais exact, Hérodote oppose "la Libye orientale [où] habitent les nomades, [qui] est basse et sablonneuse jusqu'au fleuve

Triton, et celle à l'occident de ce fleuve, habitée par les cultivateurs, [qui] est très montagneuse, très boisée…".

Cette dernière phrase a une portée considérable car elle n'est pas applicable au seul territoire carthaginois du Sahel, qui est particulièrement plat, mais à la totalité de l'Afrique du Nord, le pays de l'Atlas.

Les hypothèses les plus sérieuses localisent le lac Tritonis dans une région assez restreinte que nous savons d'ailleurs largement délimitée par Hérodote lui-même entre le Cinyps (fleuve situé à l'est de Lepcis Magna) et les îles Kerkenna (île Cyraunis).

C'est encore par les grands chotts tunisiens que les géographes font aujourd'hui passer la limite méridionale de l'Afrique du Nord ; la coïncidence serait curieuse si elle n'était précisément dictée par la nature.

Mais que viennent faire les Perses, les Mèdes et les Arméniens dans le récit des origines numides et maures ? Certes il est traditionnel, dans les textes antiques, que l'origine des peuples soit située en Orient puisque les Anciens avaient eux-mêmes conscience que leur civilisation avait ses racines dans l'est de l'œkoumène et qu'à l'ouest de celui-ci s'étendait l'Océan, jusqu'aux limites imprécises du monde. Mais pourquoi les Perses et les Mèdes ? Revoyons de plus près le texte de Salluste : "Les Mèdes, les Perses et les Arméniens qui faisaient partie [de l'armée d'Hercule, mort en Espagne] passèrent en Afrique sur des vaisseaux et occupèrent les pays voisins de notre mer. Les Perses s'établirent plus loin que les autres, du côté de l'Océan […] peu à peu ils se fondirent par des mariages avec les Gétules." La localisation méridionale des prétendus Perses nous apporte paradoxalement l'explication de leur présence inattendue dans la partie occidentale de la Maurétanie. De nombreux auteurs grecs ou romains, Strabon, Pline citant Polybe, Pomponius Mela, Ptolémée, le

géographe anonyme de Ravenne, Priscien de Césarée reco-
piant Denys le Périégète et bien d'autres que J. Desanges a
patiemment relus font connaître dans le sud du Maroc,
vraisemblablement entre l'Atlas, le Draa et le Guir, deux
peuplades, les Pharusiens et les Perorsi. La ressemblance
entre les noms et une localisation très voisine ont fait
admettre à certains auteurs, S. Gsell en particulier, qu'il
s'agissait d'un seul et même peuple.

Ce n'est pas sûr, mais il est en revanche tout à fait
admissible que l'analogie ou l'homonymie factice entre
Pharusii, Perorsi et *Persae* soit à l'origine de la prétendue arrivée des Perses en Maurétanie. De fait, Pline l'Ancien rappelle incidemment que les *Pharusii*, qu'il nomme
parfois *Perusii*, "étaient autrefois des Perses" (V, 46).

Un autre calembour, mode de pensée analogique dont
les auteurs de l'Antiquité étaient très friands, explique de
même la présence des Mèdes en Afrique. Comme nous
aurons l'occasion de le voir, de nombreuses tribus paléoberbères portaient, dans l'Antiquité, le nom de Mazices. Il
s'agit en fait du nom que la plupart des Berbères se donnent eux-mêmes : *Imazighen* (au singulier, *Amazigh*). Ce
nom a été transcrit par les étrangers sous des formes
variées : *Meshwesh* par les Egyptiens, *Mazyes* et *Maxyes*
par les Grecs, *Mazices* et *Madices* par les Latins. Au
XIVe siècle, le grand historien Ibn Khaldoun explique
qu'une branche des Berbères, les Branès, descend de
Mazigh. Que certains habitants de l'Afrique antique aient
déjà placé quelque ancêtre Mazigh ou Madigh en tête de
leur généalogie ne saurait étonner puisqu'ils se sont, de
tout temps, donné ce nom. De cette appellation viendrait
donc l'apparition des Mèdes, ancêtres des Maures, en com-
pagnie des Perses devenus les Pharusiens.

Bien plus illustre est le récit, nettement plus récent puisqu'il date du VIᵉ siècle de notre ère, que nous donne Procope sur l'origine des Maures, terme générique qui, à l'époque, désignait tous les Africains qui avaient gardé leurs traditions et leur genre de vie, en dehors de la culture citadine développée par Rome. Selon Procope, la conquête de la Terre promise par Josué avait provoqué le départ des peuples qui occupaient le littoral. Ceux-ci, après avoir tenté de s'établir en Egypte, qu'ils trouvèrent trop peuplée, se dirigèrent vers la Libye, qu'ils occupèrent jusqu'aux colonnes d'Hercule (détroit de Gibraltar) en fondant un grand nombre de villes. Procope précise : "Leur descendance y est restée et parle encore aujourd'hui la langue des Phéniciens. Ils construisirent aussi un fort en Numidie, au lieu où s'élève la ville de Tigisis. Là, près de la grande source, on voit deux stèles de pierre blanche portant, gravée en lettres phéniciennes et dans la langue des Phéniciens, une inscription dont le sens est : «Nous sommes ceux qui avons fui loin de la face du brigand Jésus (= Josué) fils de Navé»" (II, 10, 22).

Procope avait accompagné en Afrique le général byzantin Bélisaire et son successeur Solomon qui combattirent dans la région de Tigisis, au sud de Cirta (Constantine) ; il avait vraisemblablement vu ou pris connaissance de l'existence de stèles puniques, ou plus sûrement libyques. Cette région (Sigus, Sila, Tigisis) est précisément riche en grandes stèles, parfois véritables menhirs sculptés, portant des dédicaces libyques. Ces énormes pierres (dont deux sont aujourd'hui au musée de Constantine), supports d'inscriptions mystérieuses ou mal comprises des pauvres clercs de Numidie centrale, sont peut-être à l'origine du récit "historique" de Procope.

Ce récit s'appuie aussi sur une autre donnée dont nous trouvons la trace, un siècle plus tôt, dans une lettre de saint Augustin.

"Demandez, écrit-il, à nos paysans qui ils sont : ils répondent en punique qu'ils sont des Chenani. Cette forme corrompue par leur accent ne correspond-elle pas à *Chananaeci* [Cananéens] ?"

On a longtemps discuté sur le fait que les paysans africains voisins d'Hippone aient encore parlé le punique au Vᵉ siècle de notre ère, plus d'un demi-millénaire après la destruction de Carthage. Ch. Courtois s'était demandé si par l'expression "*punice*" saint Augustin ne voulait pas désigner un dialecte berbère. Ses arguments n'emportèrent pas la conviction, et, comme Ch. Saumagne et A. Simon, je crois que saint Augustin faisait réellement allusion à un dialecte sémitique, mais je ne serais nullement étonné si la preuve était apportée un jour que le terme "punique" servait, à l'époque, à qualifier indistinctement tout ce qui, dans l'héritage culturel africain, n'était ni romain ni grec. Nous verrons combien fut prégnante la civilisation punique sur les ancêtres des Berbères. Bien qu'aucun texte ne vienne appuyer cette hypothèse, il est fort admissible que les Phéniciens aient eux-mêmes introduit le nom de Cananéens en Afrique. Plusieurs savants pensent même, comme A. di Vitta, que le récit de Procope doit s'expliquer par le souvenir confus de la plus ancienne expansion phénicienne en Occident, qui précéda largement la fondation de Carthage.

AUTRES ORIGINES LÉGENDAIRES DE L'ANTIQUITÉ

Cette origine n'est pas la seule que nous ait transmise l'Antiquité. S. Gsell, grâce à son incomparable érudition,

a eu le mérite de les classer. Retenons les principales :
selon Strabon, les Maures étaient des Indiens venus en
Libye sous la conduite de l'inévitable Héraklès. Une origine orientale plus proche est proposée, pour les Gétules,
par l'historien juif Flavius Josèphe. Commentant le chapitre X de la Genèse, il affirme tranquillement que l'un
des fils de Koush, Euilas, est le père des *Euilaioi*, "qui
sont aujourd'hui appelés *Gaituloi* : Gétules".

Mais d'autres origines leur sont prêtées, surtout chez
les auteurs grecs ; ainsi Hérodote dit que les *Maxyes*,
qu'on peut identifier à des Berbères sédentaires, cultivateurs, se prétendaient descendre des Troyens. En écho à
cette tradition, si répandue dans le monde classique, répondent plusieurs assertions : Hécatée mentionne une
ville de Cubos fondée par les Ioniens auprès d'Hippou
Akra, l'actuelle Bône-Annaba. Dans la même région était
située la ville de Merchela qui était, selon Diodore de
Sicile, une création grecque. J'ai cru pouvoir proposer
une explication de cette présence ionienne sur le littoral
algéro-tunisien. Dans le nord de la Numidie et à l'ouest
de Tabraca (actuelle Tabarka), c'est-à-dire dans la même
région, Ptolémée situe la tribu des *Iontii*. Il n'est pas
impossible que la ressemblance entre les noms ait provoqué une confusion, au profit du plus connu, chez quelque
copiste d'Hécatée et que Diodore ait, en quelque sorte,
interprété cette erreur en donnant une origine grecque à la
ville située chez les prétendus Ioniens. Le rapprochement
Iontii-Ioniens semble rentrer dans la série des fantaisies
historico-linguistiques qui, dès l'Antiquité, se sont multi-
pliées autour des origines berbères.

Ainsi Plutarque, qui s'inspire vraisemblablement de
Juba II, le savant roi de Maurétanie contemporain de l'empereur Auguste, dit qu'Héraklès, toujours lui !, avait laissé,
dans le nord de la Maurétanie Tingitane, des Olbiens et des

Mycéniens. Or Ptolémée cite parmi les peuples de cette contrée les *Muceni* dont le nom semble bien être à l'origine de cette autre légende. Je n'ose présenter un autre rapprochement, celui qui s'offre entre les *Ouolouliani* (les habitants de Volubilis cités par le même Ptolémée) et les Olbiens de Plutarque.

LÉGENDES MÉDIÉVALES SUR LES ORIGINES DES BERBÈRES

Les historiens du Moyen Age, par de nombreux traits, conservent ce mode de pensée antique et, en Orientaux étroitement asservis au système patriarcal, ils sont particulièrement friands de généalogies interminables, aussi ont-ils donné ou répété de nombreuses légendes sur les origines des Berbères. Ibn Khaldoun, le plus grand d'entre eux, a consacré un chapitre entier de sa volumineuse *Histoire des Berbères* aux multiples généalogies que des écrivains de langue arabe, qui étaient souvent d'origine berbère, avaient présentées avant lui. Tous donnent une origine orientale aux différentes fractions. La plus courante se rattache à celle déjà relatée par Procope. El-Bekri les fait chasser de Syrie-Palestine par les juifs, après la mort de Goliath. Il s'accorde avec El-Masoudi pour les faire séjourner très peu de temps en Egypte.

Ibn Khaldoun lui-même prend fermement position en faveur de ce qu'il appelle "le fait réel, fait qui nous dispense de toute hypothèse… : les Berbères sont les enfants de Canaan, fils de Cham, fils de Noé, ainsi que nous l'avons déjà énoncé en traitant des grandes divisions de l'espèce humaine. Leur aïeul se nommait Mazîgh ; leurs frères étaient les Gergéséens [Agrîkech] ; les Philistins, enfants de Casluhim, fils de Misraïm, fils de Cham, étaient leurs parents. Le roi, chez eux, portait le titre de

Goliath [Djalout]. Il y eut en Syrie, entre les Philistins et les Israélites, des guerres rapportées par l'histoire, et pendant lesquelles les descendants de Canaan et les Gergéséens soutinrent les Philistins contre les enfants d'Israël. Cette dernière circonstance aura probablement induit en erreur la personne qui représenta Goliath comme Berbère, tandis qu'il faisait partie des Philistins, parents des Berbères. On ne doit admettre aucune autre opinion que la nôtre ; elle est la seule qui soit vraie et de laquelle on ne peut s'écarter" (traduction de Slane).

Malgré cette objurgation d'Ibn Khaldoun, nous devons également tenir compte, car elle n'est pas sans conséquence, d'une autre opinion qu'il nous rapporte avec précision :

"Tous les généalogistes arabes s'accordent à regarder les diverses tribus berbères dont j'ai indiqué les noms comme appartenant réellement à cette race ; il n'y a que les Sanhadja et les Ketama dont l'origine soit pour eux un sujet de controverse. D'après l'opinion généralement reçue, ces deux tribus faisaient partie des Yéménites qu'Ifrîcos établit en Ifrîkiya lorsqu'il eut envahi ce pays.

"D'un autre côté, les généalogistes berbères prétendent que plusieurs de leurs tribus, telles que les Louata, sont arabes et descendent de Himyer…"

Les auteurs modernes, européens, ont longtemps été très partagés sur les origines des Berbères. Ils se sont montrés, tout en affectant d'appuyer leurs hypothèses d'arguments scientifiques, aussi, sinon plus, imaginatifs que leurs prédécesseurs antiques ou médiévaux.

Au cours du XIXe siècle et encore au début du nôtre, les explications et propositions diverses peuvent s'ordonner suivant deux types de recherches : les unes sont d'ordre philologique et présentées surtout par des érudits allemands, les secondes sont archéologiques ou anthropologiques et sont l'œuvre de Français.

Philologues et orientalistes, s'appuyant les uns sur les récits grecs et latins, les autres sur des textes arabes, ont cherché à étayer l'origine orientale par des arguments nouveaux. Movers accorde toute créance aux récits de Salluste et de Procope. Il estime que les Cananéens fugitifs seraient passés en Afrique sur les vaisseaux des Phéniciens et, se mêlant aux Libyens primitifs qu'ils auraient initiés à l'agriculture, seraient devenus les Libyphéniciens que mentionnent plusieurs textes antiques. Nous avons vu qu'à l'époque actuelle certains auteurs, comme A. di Vitta, pensent effectivement que la tradition cananéenne conserve le souvenir estompé d'une expansion phénicienne antérieure à la fondation de Carthage.

Le développement de l'égyptologie favorisa également la tradition orientale car plusieurs savants ont cru que les Hyksos, originaires d'Asie mineure et de Syrie, chassés d'Egypte, se réfugièrent en partie en Afrique et se seraient mêlés aux Libyens.

Kaltbrunner et Ritter apportent, eux, les "preuves" à l'appui de l'origine indienne des Maures proposée par Strabon ; ainsi, selon eux, le nom de Berbère est analogue à celui des Warlevara, très anciens occupants du Dekkan. Le port de Berbera, en Somalie, les Barabra (singulier Berberi) qui habitent entre la première et la quatrième cataracte sur le Nil, et le toponyme Berber au Soudan leur semblent autant de jalons linguistiques entre le sous-continent indien et le Maghreb.

Une origine grecque ou égéenne a été, en revanche, vigoureusement défendue par le Dr Bertholon dans les premières années du XXᵉ siècle. Il recensa avec une totale imprudence les noms et les mots berbères qui, selon lui, auraient une racine grecque ou préhellénique. En collaboration avec E. Chantre, il rédigea un volumineux ouvrage intitulé *Recherches anthropologiques dans la Berbérie orientale* (1913) où il appuie d'arguments anthropologiques, voire ethnologiques, son opinion sur les origines de ces populations. Bravement, les auteurs osent écrire : "La céramique berbère se divise en trois grandes classes : 1° Céramique grossière à la main rappelant celle des dolmens, particulière surtout aux tribus de la grande race dolichocéphale ; son aire d'extension est celle de cet élément ethnique. 2° Céramique à la main rappelant les modèles primitifs de la mer Egée. […] Cette céramique correspond avec la répartition des populations comprenant une proportion appréciable de dolichocéphales de petite taille. 3° Céramique au tour, ornée par incisions, origine Gerba, pays de brachycéphales, a essaimé à Nabeul puis à Tunis, d'inspiration cypriote, moins archaïque que la précédente" (p. 560).

Voilà à quelles étranges conclusions aboutissent des recherches reposant sur des présupposés et la certitude d'une permanence absolue des types humains et des techniques à travers les millénaires !

BERBÈRES, GAULOIS ET DOLMENS

La recherche des origines aurait dû, semble-t-il, tirer un bénéfice plus sûr du développement de l'archéologie en Afrique du Nord, et particulièrement de la fouille des monuments funéraires mégalithiques, si nombreux en Algérie orientale et en Tunisie centrale. Hélas ! dans ce domaine, plus encore qu'ailleurs, les préjugés ethniques, voire nationaux, devaient engendrer les pires erreurs. Les dolmens nord-africains attirèrent très tôt l'attention des voyageurs européens. Shaw, dès le milieu du XVIIIe siècle, signalait ceux de Beni Messous près d'Alger. En 1843, le capitaine Rozet les décrit sous le nom de "monuments druidiques voisins de Sidi Ferruch". Le chirurgien Guyon fut le premier, en 1846, à y entreprendre des fouilles. Dans le compte rendu très sérieux qu'il présenta à l'Académie des inscriptions et belles-lettres, il écrit : "Ils ont tout à fait l'aspect des monuments druidiques que j'ai vus à Saumur et sur d'autres points de la France. Aussi quelques archéologues les attribuent aux Gaulois qui servaient dans les armées romaines, mais on serait tout aussi autorisé à les rapporter aux Vandales…"

Le désir de retrouver, de part et d'autre de la Méditerranée, les mêmes faits archéologiques, expliquait et justifiait en quelque sorte la présence "celtique" puis française en Algérie. Cela paraît encore chez l'un des meilleurs archéologues et arabisants du second Empire, L.-Ch. Feraud, qui commence ses recherches en 1860. Trois ans plus tard, il entreprend, avec le paléontologue anglais Christy (celui-là même qui, avec E. Lartet, commençait l'exploration préhistorique de la vallée de la Vézère), les fouilles de la vaste nécropole mégalithique de Ras el-Aïn Bou Merzoug, dans le voisinage de Constantine, et acquiert la conviction que les dolmens sont les tombeaux des "Gallo-Romains" établis en Afrique.

A cette époque héroïque de l'archéologie préhistorique, tous les arguments, même les plus spécieux, étaient présentés pour affirmer l'origine celtique, donc française, des dolmens algériens. En 1862 paraissait, dans la série des célèbres Guides Joanne, l'*Itinéraire historique et descriptif de l'Algérie* de L. Piesse. A la page 71 de cet opuscule, on trouve une description sommaire des dolmens de Beni Messous attribués à une "légion armoricaine". Mais les rapprochements proposés par L. Piesse à partir d'une inscription latine d'Aumale n'étaient qu'une amusante suite de contresens.

Progressivement se développa l'idée que les dolmens étaient antérieurs aux Celtes ou Gaulois, mais cette opinion chronologiquement plus exacte ne s'accompagna pas d'un examen plus attentif des faits. Ainsi, A. Bertrand (1863), comme grand nombre de ses contemporains, croit à l'existence d'un "peuple des dolmens" qui, progressivement chassé d'Asie, de l'Europe septentrionale, des îles Britanniques puis de Gaule et d'Espagne, est venu s'établir en Afrique du Nord. Dans le même courant d'opinion, H. Martin, s'appuyant sur les découvertes de l'égyptologie naissante qui faisait connaître, parmi les peuplades libyennes qui attaquèrent l'Egypte au temps de Mineptah et de Ramsès III, des Tamahous blonds, explique que des "Gaulois" ayant franchi les Pyrénées et traversé l'Espagne auraient conquis l'Afrique du Nord et implanté la civilisation mégalithique, avant de s'attaquer à l'Egypte.

La présence indiscutable de populations ou plutôt d'individus blonds aux yeux clairs dans plusieurs régions montagneuses proches du littoral et actuellement berbérophones accrédita longtemps la légende d'une origine nordique de ces peuples : européens constructeurs de mégalithes pour les uns, Gaulois mercenaires de Carthage pour les autres, Gallo-Romains enrôlés dans les légions de l'Empire pour d'autres, ou bien encore descendants des pirates francs qui au IIIe siècle fréquentaient les parages du détroit de Gibraltar, Vandales enfin qui, après un siècle de domination, ne pouvaient avoir disparu sans laisser de traces dans la population.

D'autres arguments anthropologiques vinrent s'agglutiner aux divagations historico-archéologiques ; ainsi, J. Bourguignat reconnaît, à la suite de l'anthropologue Pruner-Bey, que les dolmens de Roknia étaient l'œuvre de tribus berbères mêlées d'Egyptiens et de Nègres "dominés par une race d'Arias descendant d'Italie en Sicile et de Sicile en Afrique" (1868).

DU CAUCASE A L'ATLANTIDE

Dans les recherches des origines européennes des Berbères, la péninsule Ibérique a la préférence. Certaines identités toponymiques troublantes entre les deux rives du détroit, noms de fleuves et de villes, appuient cette argumentation. Des rapprochements, infiniment plus fragiles, avec la langue basque permettent de rappeler que Berbères et Ibères sont aussi proches par l'onomastique que par la géographie. Comme l'Antiquité connaissait également des Ibères au Caucase, en qui certains auteurs voyaient les ancêtres des Ibères d'Occident, voici une autre origine possible des Berbères. Une philologie de l'à-peu-près, qui a fleuri en particulier dans les milieux semi-érudits du Maroc, expliquait aussi sérieusement, à l'aide de rapprochements des plus fantaisistes, que les Berbères descendaient des… Sumériens !

Tour à tour ont été évoqués l'Orient pris globalement (Mèdes et Perses), la Syrie et le pays de Canaan, l'Inde et l'Arabie du Sud, la Thrace, la mer Egée et l'Asie Mineure, mais aussi l'Europe du Nord, la péninsule Ibérique, les îles et la Péninsule italiennes… Il est sûrement plus difficile de rechercher les pays d'où ne viennent pas les Berbères !

Il est vrai que, pour d'autres littérateurs pseudo-scientifiques, la question trouve facilement sa solution : les Berbères sont tout simplement les derniers Atlantes. Les "preuves" ne manquent pas : l'Atlantide était située dans la partie de l'Océan proche de la Libye, les Canaries en sont les débris. Les premiers habitants de ces îles, les Guanches, ne parlaient-ils pas le berbère ?

D'autres préfèrent situer l'empire mythique au cœur du Sahara, dans le mystérieux Hoggar (le Hoggar est toujours mystérieux, sinon ce n'est pas le Hoggar), autre pays berbère.

LES DONNÉES DE L'ANTHROPOLOGIE

La formation de la population berbère, ou plus exactement des différents groupes berbères, demeure une question très controversée parce qu'elle fut mal posée. Les
théories diffusionnistes ont tellement pesé depuis l'origine des recherches que toute tentative d'explication
reposait traditionnellement sur des invasions, des migrations, des conquêtes, des dominations. Et si les Berbères
ne venaient de nulle part ?

Plutôt que de rechercher avec plus ou moins de bonheur de vagues ressemblances de tous ordres et d'amal-
gamer des données de significations différentes, voire
contradictoires, ne vaut-il pas mieux commencer par
examiner les Berbères eux-mêmes et les restes humains antérieurs à l'époque historique, époque où,
nous le savons, la population actuelle s'était déjà mise
en place ?

En un mot, nous devons logiquement accorder la primauté à l'anthropologie. Mais celle-ci ne permet pas
aujourd'hui de définir la moindre originalité "berbère"
dans l'ensemble de la population sud-méditerranéenne.
Ce qui permet aujourd'hui encore de mentionner des
groupes berbères dans le quart nord-ouest de l'Afrique est
d'autre qualité, culturelle plus que physique. Parmi ces
données culturelles, la principale demeure la langue.

Nous examinerons donc successivement les données de l'anthropologie et celles de la linguistique.

L'*HOMO SAPIENS* AU MAGHREB : L'HOMME ATÉRIEN

Sans rechercher les origines mêmes de l'homme en Afrique du Nord, nous devons cependant remonter allègrement les millénaires pour comprendre comment s'est constitué le peuplement de cette vaste région actuellement pincée entre le désert et la Méditerranée. Plaçons-nous au début de l'époque qu'en Europe les préhistoriens nomment Paléolithique supérieur, c'est-à-dire vers 30 000 ans av. J.-C. A ce moment s'affirme définitivement le type *Homo sapiens sapiens* dont la forme la plus répandue, sinon la plus ancienne, est en Europe l'homme de Cro-Magnon. L'homme de Cro-Magnon a succédé à l'homme de Neandertal, que les paléontologues placent aujourd'hui dans l'espèce *Homo sapiens* ; mais il ne semble pas, en Europe du moins, descendre directement de lui. En Afrique du Nord, les faits ne semblent pas suivre le même schéma. Ici, à la même époque, on ne peut rattacher les industries et les cultures au Paléolithique supérieur tel qu'il a été défini en Europe occidentale. Les techniques que les préhistoriens nomment débitage laminaire et retouche abrupte sont encore très rares, alors que se maintiennent toutes les techniques moustériennes et levalloisiennes du Paléolithique moyen.

Cependant, dans tous les pays qui un jour seront occupés par les Berbères, et *nulle part ailleurs*, se développe une industrie originale qui prolonge et améliore à la fois le Moustérien. Cette industrie a reçu le nom d'Atérien. C'est dans le nord-ouest de l'Afrique, et plus précisément peut-être sur le littoral proche d'Oran, que fut inventée une forme d'emmanchement, caractéristique de cette industrie, en dégageant par retouches alternes une sorte de soie ou pédoncule dans la partie inférieure de l'outil en pierre. Cette technique de fixation de l'outil à son manche, inconnue du Moustérien européen, fut appliquée à tous les types d'armes ou d'instruments : pointes, racloirs, grattoirs, burins, perçoirs…

Jusqu'à ces dernières années on ne savait à quel type humain se rapportait cette industrie. Son aspect moustéroïde incitait les spécialistes à croire qu'il s'agissait encore d'un homme de Neandertal, assez proche de celui découvert dans le milieu nettement moustérien du djebel Irhoud (Maroc). Rares étaient ceux (Camps, 1974) qui avaient suggéré que l'homme atérien pouvait être déjà un *Homo sapiens* de type moderne. La découverte par Débenath à Dar es-Soltane (région de Rabat) apporta, en 1975, la preuve que l'homme atérien était bien un *Homo sapiens sapiens*, plus archaïque que l'homme de Cro-Magnon, et présentant suffisamment d'analogies avec l'homme moustérien du djebel Irhoud pour qu'on puisse admettre qu'il en soit issu. Plus intéressante encore est la reconnaissance d'une filiation entre cet homme atérien et son successeur, connu depuis fort longtemps au Maghreb sous le nom d'homme de Mechta el-Arbi.

L'HOMME DE MECHTA EL-ARBI

L'homme de Mechta el-Arbi est un cromagnoïde ; il en présente les caractères physiques dominants : la grande taille (1,74 m en moyenne pour les hommes), la forte capacité crânienne (1 650 cc), la dysharmonie entre la face large et basse, aux orbites de forme rectangulaire plus larges que hautes, et le crâne qui est dolichocéphale ou mésocéphale.

A ses débuts, l'homme de Mechta el-Arbi est associé à une industrie, nommée l'Ibéromaurusien, qui occupait toutes les régions littorales et telliennes. L'Ibéromaurusien, contemporain du Magdalénien et de l'Azilien européens, a déjà les caractères d'une industrie épipaléolithique, en raison de la petite taille de ses pièces lithiques. Ce sont très souvent de petites lamelles dont l'un des tranchants a été abattu pour former un dos. Ces objets étaient des éléments d'outils, des sortes de pièces détachées dont l'agencement dans des manches en bois ou en os fournissait des instruments ou des armes efficaces.

Traditionnellement, on pensait que l'homme de Mechta el-Arbi, cousin de l'homme de Cro-Magnon, avait une origine extérieure. Les uns imaginaient les hommes de Mechta el-Arbi, venus d'Europe, traversant l'Espagne et le détroit de Gibraltar pour se répandre à la fois au Maghreb et aux îles Canaries dont les premiers habitants, les Guanches, avaient conservé l'essentiel de leurs caractères physiques avant de se mêler aux conquérants espagnols.

D'autres pensaient que l'homme de Mechta el-Arbi descendait d'*Homo sapiens* apparu en Orient (homme de Palestine) et que de ce foyer originel s'étaient développées deux migrations. Une branche européenne aurait donné l'homme de Cro-Magnon, une branche africaine aurait mis en place l'homme de Mechta el-Arbi.

Origine orientale, origine européenne, deux éléments d'une alternative que nous avons déjà reconnue dans les récits légendaires de l'Antiquité ou dans les explications fantaisistes de l'époque moderne et qui se retrouvent dans les hypothèses scientifiques actuelles. Malheureusement, l'une et l'autre présentaient de grandes anomalies qui les rendaient difficilement acceptables. Ainsi, la migration des hommes de Cro-Magnon à travers l'Espagne ne peut être jalonnée ; bien mieux, les crânes du Paléolithique supérieur européen ont des caractères moins accusés que leurs prétendus successeurs maghrébins. Les mêmes arguments peuvent être opposés à l'hypothèse d'une origine proche-orientale des hommes de Mechta el-Arbi : aucun document anthropologique entre la Palestine et la Tunisie ne peut l'appuyer. De plus, nous connaissons les habitants du Proche-Orient à la fin du Paléolithique supérieur, ce sont les Natoufiens, de type protoméditerranéen, qui diffèrent considérablement des hommes de Mechta el-Arbi. Comment expliquer, si les hommes de Mechta el-Arbi ont une ascendance proche-orientale, que leurs ancêtres aient quitté en totalité ces régions sans y laisser la moindre trace sur le plan anthropologique ?

Reste donc l'origine locale, sur place, la plus simple (c'est la raison pour laquelle sans doute on n'y croyait guère !) et, aujourd'hui, la plus évidente depuis la découverte de l'homme atérien. Les anthropologues spécialistes de l'Afrique du Nord, tels que D. Ferembach et M.-C. Chamla, admettent aujourd'hui une filiation directe, continue, depuis les Neandertaliens nord-africains (hommes du djebel Irhoud) jusqu'aux Cromagnoïdes que sont les hommes de Mechta el-Arbi. L'homme atérien de Dar es-Soltane serait l'intermédiaire mais qui aurait déjà acquis les caractères d'*Homo sapiens sapiens*.

Nous disposons d'un grand nombre de restes d'hommes de Mechta el-Arbi, on peut estimer à 500 le nombre de sujets appartenant à ce type humain préhistorique, recueillis ou reconnus dans les gisements du nord de l'Afrique. Ils ne sont pas tous d'âge ibéromaurusien ; un peu moins d'une centaine d'entre eux sont contemporains d'industries plus récentes et ont moins de 10 000 ans d'âge. Les hommes de Mechta el-Arbi étaient encore nombreux au Néolithique, particulièrement en Algérie occidentale et sur le littoral atlantique. C'est à cette époque qu'un groupe traversa le bras de mer qui sépare les îles Canaries du continent africain et peupla cet archipel.

Les hommes de Mechta el-Arbi évoluèrent sur place. Ceux qui peuplèrent le littoral (grottes d'Oran, environs d'Alger) demeurèrent, jusqu'à la fin, très robustes. Ceux de l'intérieur, en revanche (Columnata, djebel Fartass, Dahmous el-Ahmar), présentent une nette tendance à la gracilisation, leur taille diminue, les os sont moins épais, les crânes sont moins allongés, les reliefs osseux moins marqués, la denture moins volumineuse. Les recherches récentes de M.-C. Chamla ont montré que cette gracilisation n'était pas due à un métissage avec des types humains plus récents, mais bien à une évolution interne. Ce phénomène n'est particulier ni aux hommes de Mechta el-Arbi ni à l'Afrique du Nord.

Plus surprenante est la présence, reconnue par O. Dutour, d'une population néolithique aux caractères mechtoïdes très affirmés à Hassi el-Abiod, en plein Sahara malien.

Le type de Mechta el-Arbi va s'effacer progressivement devant d'autres hommes, mais sa disparition ne fut jamais complète. Ainsi trouve-t-on encore 8 % de Mechtoïdes parmi les crânes conservés des sépultures protohistoriques et puniques (Chamla, 1976). De l'époque romaine, dont les restes humains ont longtemps été dédaignés par les archéologues "classiques", on connaît encore quelques crânes de l'Algérie orientale qui présentent des caractères mechtoïdes. Du type de Mechta el-Arbi il subsiste aujourd'hui quelques très rares éléments dans la population actuelle qui, dans sa quasi-totalité, appartient aux différentes variétés du type méditerranéen. Ils représentent tout au plus 3 % de la population au Maghreb ; ils sont nettement plus nombreux dans les îles Canaries.

On ne peut cependant placer l'homme de Mechta el-Arbi parmi les ancêtres directs des Berbères.

LES PROTOMÉDITERRANÉENS CAPSIENS, MANGEURS D'ESCARGOTS*

A partir du VIIIe millénaire, on voit apparaître, dans la partie orientale du Maghreb, un nouveau type d'*Homo sapiens* qui a déjà les caractères de certaines populations méditerranéennes actuelles. Il est aussi de taille élevée (1,75 m pour les hommes de Medjez II, 1,62 m pour les femmes), mais il se distingue de l'homme de Mechta el-Arbi par une moindre robustesse, un rapport crânio-facial plus harmonieux puisque à un dolichocrâne correspond une face haute et plus étroite, les orbites sont plus carrées et le nez plus étroit. Les reliefs osseux de ce nouveau type humain sont atténués, l'angle de la mâchoire, en particulier, n'est pas déjeté vers l'extérieur. Or ce caractère était très fréquent, sinon constant, chez les hommes de Mechta.

Ce type humain a reçu le qualificatif de protoméditerranéen. Des groupes anthropologiquement très proches se retrouvent, à la même époque ou un peu avant, en Orient (Natoufiens) et dans divers pays de la Méditerranée, où ils semblent issus du type de Combe-Capelle (appelé en Europe centrale homme de Brno), qui est distinct de l'homme de Cro-Magnon.

Manifestement, l'homme de Mechta el-Arbi n'a pu donner naissance aux hommes protoméditerranéens. Ceux-ci, qui vont progressivement le remplacer, apparaissent d'abord à l'est, tandis que les hommes de Mechta el-Arbi sont encore, au Néolithique, les plus nombreux dans l'ouest du pays. Cette progression d'est en ouest indique bien qu'il faut chercher au-delà des limites du Maghreb l'apparition de ce type humain protoméditerranéen. Les spécialistes, anthropologues et préhistoriens, sont aujourd'hui d'accord pour admettre qu'il est venu du Proche-Orient.

On peut, à la suite de M.-C. Chamla, reconnaître parmi les Protoméditerranéens deux variétés. La plus fréquente, sous-type de Medjez II, au crâne élevé, est orthognathe, la seconde, moins répandue, celle de l'Aïn Dokkara, à voûte crânienne plus basse, est parfois prognathe, sans toutefois présenter les caractères négroïdes sur lesquels on avait à tort attiré l'attention.

LA CIVILISATION CAPSIENNE

Ces hommes sont porteurs d'une industrie préhistorique qui a reçu le nom de Capsien, du nom antique de Gafsa (Capsa) auprès de laquelle furent reconnus pour la première fois les constituants de cette culture. Le Capsien couvre une période moins longue que l'Ibéromaurusien ; elle s'étend du VIIIe au Ve millénaire.

Grâce au grand nombre de gisements plaisamment nommés escargotières, et à la qualité des fouilles qui y furent conduites, on a une connaissance satisfaisante des Capsiens et de leurs activités. On peut, dans leur cas, parler d'une civilisation, dont les nombreux faciès régionaux reconnus à travers la Tunisie et l'Algérie révèlent certains traits constants. Sans nous appesantir sur l'industrie de pierre, caractérisée par des outils sur lames et lamelles à bord abattu, des burins, des armatures de formes géométriques (croissants, triangles, trapèzes), nous rappellerons qu'elle est fort belle, remarquable par les qualités du débitage, effectué parfois, au cours du Capsien supérieur, par pression ; ce qui donne des lamelles normalisées. Elle est remarquable également par la précision de la retouche sur des pièces d'une finesse extraordinaire. Mais le Capsien possède d'autres caractères qui ont pour l'archéologue et l'ethnologue une importance plus grande, je veux parler de ses œuvres d'art. Elles sont les plus anciennes en Afrique et on peut affirmer qu'elles sont à l'origine des merveilles artistiques du Néolithique. Elles sont même, et ceci est important, à l'origine de l'art berbère. Ces manifestations sont de deux ordres, elles appartiennent à la sculpture et à la gravure. Les pierres sculptées capsiennes sont rarissimes et sont surtout connues dans le gisement d'El-Mekta, près de Gafsa (Tunisie). Ce sont de petits blocs de calcaire tendre affectant la forme de cônes, parfois décorés de stries et de masques humains ou de têtes d'animaux. L'œuvre la plus intéressante est une figurine humaine limitée à la tête et au cou, qui se termine en cône. Les traits du visage ne sont pas indiqués, mais la face porte quelques incisions qui la balafrent ; en revanche, la chevelure, qui est longue, est particulièrement bien traitée. Une frange épaisse soigneusement coupée au-dessus du front est associée à deux lourdes masses de cheveux qui descendent de chaque côté en cachant les oreilles.

Plus intéressantes sont les gravures capsiennes, elles ont pour support rarement les parois des abris, plus souvent des plaquettes calcaires et plus fréquemment encore un matériau qui a joué un rôle important dans certains groupes capsiens, la coquille d'œuf d'autruche. Ces gravures sont parfois figuratives et représentent avec une certaine maladresse des animaux, préludes au grand art animalier du Néolithique africain, mais elles sont plus souvent abstraites et essentiellement géométriques. C'est le cas de la plupart des décors sur coquilles d'œufs d'autruche. Parmi les assemblages de traits rectilignes, de courbes, de ponctuations, on remarque la fréquence des quadrillages, des chevrons, des triangles. Il y a un tel air de parenté entre certains de ces décors capsiens ou néolithiques et ceux dont les Berbères usent encore dans leurs tatouages, tissages et peintures sur poterie ou sur les murs, qu'il est difficile de rejeter toute continuité dans ce goût inné pour le décor géométrique, d'autant plus que les jalons ne manquent nullement des temps protohistoriques jusqu'à l'époque moderne.

LA MISE EN PLACE DES PALÉOBERBÈRES

Sur le plan anthropologique, les hommes capsiens présentent si peu de différence avec les habitants actuels de l'Afrique du Nord, Berbères et "Arabes", que les archéologues négligèrent, au début des recherches, de conserver les squelettes découverts dans les escargotières car ils croyaient qu'il s'agissait d'intrus inhumés à une époque récente. Un de ces crânes séjourna même un certain temps dans le greffe du tribunal d'Aïn Mlila, une petite ville d'Algérie orientale, car on avait cru à l'inhumation clandestine de la victime d'un meurtre !

Quoi qu'il en soit, nous tenons, avec les Protoméditerranéens capsiens, les premiers Maghrébins que l'on peut, sans imprudence, placer en tête de la lignée berbère. Cela se situe il y a quelque 9 000 ans ! Tout concorde à faire admettre, comme nous l'avons dit ci-dessus, que ces Capsiens ont une origine orientale. Mais cette arrivée est si ancienne qu'il n'est pas exagéré de qualifier leurs descendants de vrais autochtones.

Si nous passons aux temps néolithiques, il est impossible, en effet, de saisir un changement notable dans l'évolution anthropologique du Maghreb. On note la persistance du type de Mechta el-Arbi dans l'ouest et même sa progression vers le sud le long des côtes atlantiques tandis que le reste du Sahara, du moins au sud du tropique du Cancer, est alors uniquement occupé par des Négroïdes. Les Protoméditerranéens s'étendent progressivement. Arrivés à l'aube des temps historiques, nous constatons que les hommes enterrés dans les tumulus et autres monuments mégalithiques sont de type méditerranéen quelle que soit leur localisation, sauf dans les régions méridionales, où des éléments négroïdes sont discernables. Le Maghreb s'est donc, sur le plan anthropologique, "méditerranéisé", sinon déjà berbérisé.

Mais une autre constatation s'impose immédiatement : certains de ces Méditerranéens sont de stature plus petite, leurs reliefs musculaires plus effacés, les os moins épais, en un mot, leur squelette est plus gracile. A vrai dire, les différences avec les Protoméditerranéens ne sont pas tranchées : il existe des formes de passage et de nombreuses transitions entre les Méditerranéens robustes et les Méditerranéens graciles. De plus, il n'y a pas eu élimination des uns par les autres puisque ces deux sous-types de la race méditerranéenne subsistent encore aujourd'hui. Les premiers forment le sous-type atlanto-méditerranéen, bien représenté en Europe depuis l'Italie du Nord jusqu'en Galice ; le second est appelé ibéro-insulaire, qui domine en Espagne du Sud, dans les îles et l'Italie péninsulaire.

En Afrique du Nord, ce sous-type est très largement répandu dans la zone tellienne, en particulier dans les massifs littoraux du nord de la Tunisie, en Kabylie, au Rif dans le nord du Maroc, tandis que le type robuste s'est mieux conservé chez les Berbères nomades du Sahara (Touaregs). Mais les deux variétés coexistent jusqu'à nos jours dans les mêmes régions.

Ainsi en Kabylie, d'après une étude récente de M.-C. Chamla, le type méditerranéen se rencontre dans 70 % de la population mais se subdivise en trois sous-types : l'ibéro-insulaire, dominant, caractérisé par une stature petite à moyenne, à face très étroite et longue ; l'atlanto-méditerranéen, également bien représenté, plus robuste et de stature plus élevée, mésocéphale ; un sous-type saharien, moins fréquent (15 %), de stature élevée, dolichocéphale à face longue. Un second élément, qualifié d'alpin en raison de sa brachycéphalie, sa face courte et sa stature peu élevée, représente environ 10 % de la population, mais M.-C. Chamla répugne à les confondre avec des Alpins véritables et songe plutôt à une variante "brachycéphalisée" du type méditerranéen. Un troisième élément, à affinités arménoïdes, de fréquence égale au précédent, se caractérise par une face allongée associée à un crâne brachycéphale. En quantités infimes s'ajoutent à ce stock quelques individus conservant des caractères mechtoïdes, quelques métis issus d'un élément négroïde plus ou moins ancien et des sujets à pigmentation claire de la peau, des yeux et des cheveux.

COMPLEXITÉ ET VARIABILITÉ

Cet exemple montre la diversité du peuplement du Maghreb. Mais nous ne sommes plus au temps où la typologie raciale était le but ultime de la recherche anthropologique. Il était alors tentant d'assimiler les "types" ou "races" à des groupes humains venant s'agglutiner, au cours des siècles, à un ou plusieurs types plus anciens. Les recherches modernes, dans le monde entier, ont montré combien l'homme était, dans son corps, infiniment plus malléable et sensible aux variations, et particulièrement à l'amélioration des conditions de vie. La croissance de la taille, au cours des trois dernières générations, est un phénomène général largement ressenti et connu de l'opinion publique mais, aussi, facilement mesurable grâce aux archives des conseils de révision. En moins d'un siècle, la stature moyenne des Français a gagné 7 cm, ce qui est considérable et ne s'explique ni par une invasion ni par l'émigration systématique des

hommes de petite taille. Cette croissance est due à l'amélioration des conditions de vie, à une alimentation plus
riche et surtout à la disparition des travaux pénibles chez
les enfants et adolescents. De fait, cette croissance de la stature est inégale entre les nations et, à l'intérieur de celles-ci,
entre les régions, en relation directe avec les développements économiques. Ainsi, entre 1927 et 1958, en quelques
années, la stature moyenne à Tizi-Ouzou (Kabylie, Algérie)
est passée de 164,6 à 167,4 cm alors que dans la région
voisine, plus déshéritée, de Lakhdaria (ex-Palestro), de 1880
à 1958, l'augmentation ne fut que de 1,2 cm et ne semble
pas significative.

D'autres travaux ont montré que la forme du crâne
variait par "dérive génétique", comme disent les biolo-
gistes, sans qu'il soit possible de faire appel au moindre
apport étranger pour expliquer ce phénomène.

Cette malléabilité, cette sensibilité aux facteurs extérieurs tels que les conditions de vie et une orientation
imprévisible due au hasard de la génétique paraissent, à
bien des anthropologues modernes, suffisantes pour faire
l'économie de nombreuses et mythiques migrations et
invasions dans la constitution des populations historiques.
De nos jours, l'évolution sur place paraît plus probable.

Ainsi, M.-C. Chamla explique l'apparition de la variété
ibéro-insulaire à l'intérieur du groupe méditerranéen africain par le simple jeu de la gracilisation. Aucune différence
de forme n'apparaît entre les crânes des époques capsienne,
protohistorique et moderne ; seules varient les dimensions
et dans un sens général qui est celui de la gracilisation.

Mais une simple et unique évolution sur place, si elle
demeure le facteur essentiel, ne peut s'accorder avec un
faisceau de données culturelles et archéologiques dont l'origine extérieure est indiscutable.

Les Protoméditerranéens capsiens constituent certes le fonds du peuplement actuel du Maghreb, mais le mouvement qui les amena, dans les temps préhistoriques, du Proche-Orient en Afrique du Nord, ne cessa à aucun moment. Ils ne sont que les prédécesseurs d'une longue suite de groupes, certains peu nombreux, d'autres plus importants. Ce mouvement, quasiment incessant au cours des millénaires, a été, pour les besoins de la recherche archéologique ou historique, sectionné en "invasions" ou "conquêtes" qui ne sont que des moments d'une durée ininterrompue.

Après les temps capsiens, en effet, au Néolithique, sont introduits animaux domestiques, moutons et chèvres, dont les souches sont exotiques, et premières plantes cultivées qui sont elles aussi d'origine extérieure : ces animaux et ces plantes ne sont pas arrivés seuls, même si les hommes qui les introduisirent pouvaient être fort peu nombreux. A cette époque, la plus grande partie du Sahara était occupée par des pasteurs négroïdes. Il est possible que, chassés par l'assèchement intervenu après le IIIᵉ millénaire, certains groupes se soient déplacés vers le nord et aient atteint le Maghreb. Certains sujets négroïdes ont été reconnus dans les gisements néolithiques du Sud tunisien et, faisant le récit de l'expédition d'Agathocle au IVᵉ siècle av. J.-C., Diodore de Sicile signale encore des populations semblables aux Ethiopiens (c'est-à-dire des gens de peau noire) dans le Tell tunisien, dans l'actuelle Kroumirie. Mais cet apport proprement africain semble insignifiant par rapport au mouvement insidieux mais continu qui se poursuit à l'âge des métaux lorsque apparaissent les éleveurs de chevaux ("Equidiens" de l'art rupestre), conducteurs de chars, puis cavaliers qui conquirent le Sahara en asservissant les Ethiopiens.

Au cours même de la domination romaine, puis vandale et byzantine, nous devinons de longs glissements de tribus plus ou moins turbulentes à l'extérieur du limes romain puis dans les terres mêmes de ce qui avait été l'Empire. Ainsi, la confédération que les Romains nomment *Levathae* (prononcer "leouathae"), et qui était au IVe siècle en Tripolitaine, se retrouve au Moyen Age sous le nom de Louata, entre l'Aurès et l'Ouarsenis. Ces Louata appartiennent, avec de nombreuses autres tribus, au groupe zénète, le plus récent des groupes berbérophones dont la langue se distingue assez nettement de celle des groupes plus anciens, que l'on pourrait nommer Paléoberbères. Les troubles provoqués par l'irruption zénète, s'ajoutant aux convulsions politiques, religieuses et économiques que subirent les provinces d'Afrique, favorisèrent grandement les entreprises conquérantes des Arabes au VIIe siècle. Quatre siècles plus tard, les invasions bédouines successives, des Beni Hilal, Solaïm, Mâqil, ne sont, elles aussi, que des moments, retenus par l'Histoire parce qu'elles eurent des conséquences incalculables, d'un vaste mouvement qui débuta une dizaine de millénaires plus tôt.

LES APPORTS MÉDITERRANÉENS

Si la population du Maghreb a conservé, vis-à-vis du Proche-Orient, une originalité certaine, tant physique que culturelle, c'est qu'un second courant, nord-sud celui-ci, tout en interférant avec le premier, a marqué puissamment de son empreinte ces terres d'Occident.

Ce courant méditerranéen s'est manifesté dès le Néolithique. Le littoral du Maghreb connaît alors les mêmes cultures et les mêmes styles de poterie que les autres régions de la Méditerranée occidentale. Tandis qu'au sud du détroit de Gibraltar apparaissent des techniques aussi caractéristiques que le décor cardial, fait à l'aide d'une coquille de mollusque marin, style européen qui déborde sur le nord du Maroc, à l'est se répandent les industries en obsidienne venues des îles italiennes. En des âges plus récents, la répartition de monuments funéraires, comme les dolmens et les hypogées cubiques, ne peut s'expliquer que par un établissement permanent d'un ou plusieurs groupes méditerranéens venus d'Europe. Cet apport méditerranéen proprement dit a eu, certes, plus d'importance culturelle qu'anthropologique. Mais si certains éléments culturels peuvent, pour ainsi dire, voyager tout seuls, les monuments et les rites funéraires me paraissent trop étroitement associés aux ethnies pour qu'on puisse imaginer que la construction de dolmens ou le creusement d'hypogées aient pu passer le détroit de Sicile et se répandre dans l'est du Maghreb sans que des populations assez cohérentes les aient apportés avec elles.

Sans réduire la primauté fondamentale du groupe protoméditerranéen qui est continental, originaire de l'Est et qui connut des enrichissements successifs, on ne doit pas négliger pour autant ces apports proprement méditerranéens, plus récents, moins importants sur le plan anthropologique, mais plus riches sur le plan culturel.

C'est de l'interférence de ces deux éléments principaux auxquels s'ajoutèrent des apports secondaires venus d'Espagne et du Sahara que sont nées, au cours des siècles, la population et la civilisation rurale du Maghreb.

LES DONNÉES LINGUISTIQUES

L'apport des études linguistiques ne peut être négligé dans un essai de définition des origines berbères, dans la mesure où la langue est aujourd'hui le caractère le plus original et le plus discriminant des groupes berbères disséminés dans le quart nord-ouest du continent africain.

UNE INDISPENSABLE PRUDENCE

Les idiomes berbères adoptent et "berbérisent" facilement nombre de vocables étrangers : on y trouve des mots latins, arabes (on compte jusqu'à 35 % d'emprunts lexicaux à l'arabe, en kabyle), français, espagnols… Il semble que le libyque était tout aussi perméable aux invasions lexicales.

On doit par conséquent se montrer très réservé devant les rapprochements aussi nombreux que hasardeux proposés entre le berbère et différentes langues anciennes par des amateurs ou des érudits trop imprudents. D'après Bertholon, le libyque aurait été un dialecte hellénique importé par les Thraces ; d'autres y voient des influences sumériennes ou touraniennes. Plus récemment, l'archétype basque a été mis en valeur, avec des arguments moins puérils. Les amateurs du début du siècle croyaient, en effet, pouvoir fonder leurs apparentements en constituant de longues listes de termes lexicaux parallélisés avec ceux de la langue de comparaison. De tels rapprochements sont faciles, on peut ainsi noter de curieuses convergences de vocabulaire aussi bien avec les dialectes amérindiens qu'avec le finnois.

Ces dévergondages intellectuels expliquent l'attitude extrêmement prudente des berbérisants qui va même jusqu'à douter parfois de la parenté entre le berbère et le libyque, ou, plus exactement, leur prudence est telle qu'ils voudraient être bien sûrs que la langue transcrite en caractères libyque fût une forme ancienne du berbère.

Cette attitude prudente apparaît dans un texte célèbre d'A. Basset : "En somme, la notion courante du berbère, langue indigène et seule langue indigène jusqu'à une période préhistorique [...] repose essentiellement sur des arguments négatifs, le berbère ne nous ayant jamais été présenté comme introduit, la présence, la disparition d'une autre langue indigène ne nous ayant jamais été clairement attestées" (*La Langue berbère. L'Afrique et l'Asie*, 1956).

LES INSCRIPTIONS LIBYQUES

Malgré leur nombre et un siècle de recherches, les inscriptions libyques demeurent en grande partie indéchiffrées. Comme le signalait récemment S. Chaker, cette situation est d'autant plus paradoxale que les linguistes disposent de plusieurs atouts : des inscriptions bilingues, puniques-libyques et latines-libyques, et la connaissance de la forme moderne de la langue ; car, si nous n'avons pas la preuve formelle de l'unité linguistique des anciennes populations du nord de l'Afrique, toutes les données historiques, la toponymie, l'onomastique, le lexique, les témoignages des auteurs arabes confirment la parenté du libyque et du berbère. En reprenant l'argument négatif dénoncé par A. Basset, mais combien déterminant à mon avis !, si le libyque n'est pas une forme ancienne du berbère on ne voit pas quand et comment le berbère se serait constitué.

Malheureusement, le système graphique du libyque, purement consonantique, se prête mal à une reconstitution intégrale de la langue qu'il est chargé de reproduire.

L'APPARENTEMENT DU BERBÈRE

Cependant, l'apparentement du berbère avec d'autres langues, géographiquement voisines, fut proposé très tôt ; on peut même dire dès le début des études. Dès 1838, Champollion, préfaçant le *Dictionnaire de la langue berbère* de Venture de Paradis, établissait une parenté entre cette langue et l'égyptien ancien. D'autres, plus nombreux, la rapprochaient du sémitique. Il fallut attendre les progrès décisifs réalisés dans l'étude du sémitique ancien pour que M. Cohen proposât, en 1924, l'intégration du berbère dans une grande famille, dite chamito-sémitique, qui comprend en outre l'égyptien (et le copte qui en est sa forme moderne), le couchitique et le sémitique. Chacun de ces groupes linguistiques a son originalité, mais ils présentent entre eux de telles parentés que les différents spécialistes finirent par se rallier à la thèse de M. Cohen.

Ces parallélismes ne sont pas de simples analogies lexicales ; ils affectent la structure même des langues, comme le système verbal, la conjugaison et l'aspect trilitère des racines, bien qu'en berbère de nombreuses racines soient bilitères, mais cet aspect est dû à une "usure" phonétique particulièrement forte en berbère et que reconnaissent tous les spécialistes.

Quoi qu'il en soit, la parenté constatée à l'intérieur du groupe chamito-sémitique entre le berbère, l'égyptien et le sémitique ne peut que confirmer les données anthropologiques qui militent, elles aussi, en faveur d'une très lointaine origine orientale des Berbères.

LA CONQUÊTE DU SAHARA
PAR LES PALÉOBERBÈRES

Les pays du Maghreb sont aujourd'hui bordés par le plus grand désert du monde. Au moment où dans le Nord commença, avec l'arrivée des Protoméditerranéens capsiens, l'aventure berbère quelque sept millénaires avant le Christ, le Sahara n'était pas encore totalement désert. Il était même, dans sa partie centrale, un foyer de civilisation plus important que la Berbérie du Nord.

LE SAHARA NÉOLITHIQUE

Les phénomènes culturels très complexes que les préhistoriens groupent sous le vocable de "néolithisation" ont commencé, en effet, dans les massifs centraux sahariens quelque 2 000 ans plus tôt que dans les régions septentrionales. Certes, de vastes zones, surtout les plus basses, sont déjà gagnées par l'aridité, mais au sud du Tibesti et du Tassili n Ajjer, au sud et à l'ouest du Hoggar, ainsi que dans la partie méridionale de la Mauritanie, des lacs, profonds parfois de plusieurs dizaines de mètres, recouvraient de vastes surfaces occupées aujourd'hui par des ergs et des bancs de diatomite. Aussi bien des gisements, situés en bordure de ces anciens lacs ou le long des oueds plus ou moins pérennes qui les alimentaient, renferment des restes de poissons souvent de bonne taille et des engins de pêche, hameçons et harpons en os, quelque peu inattendus dans cette mer de sable. L'analyse des pollens, bien que ne présentant pas de certitude au Sahara, suggère qu'au VIIᵉ millénaire régnait en montagne un climat assez humide pour que les sommets, à vrai dire très élevés (Tahat, 2 910 m), aient été occupés par des boisements de feuillus, chênes, tilleuls, noyers, aulnes et ormes, tandis que le pin d'Alep s'étendait sur les versants et les zones plus basses où poussaient aussi des genévriers, des micocouliers, des lentisques et des oliviers.

C'est dans ce cadre naturel que s'organise une première civilisation dotée de céramique, qui semble ne rien devoir à l'extérieur. Elle est antérieure au Néolithique des pays du Nil (la plupart des dates les plus anciennes s'échelonnent entre 6000 et 7000 av. J.-C.) ou tout au moins aussi ancienne. En tout cas, cette première civilisation n'a aucune racine méditerranéenne ; les hommes qui peuplent alors le Sahara central sont des Négroïdes. Ces restes humains ont été découverts au sud d'une ligne qui oscille entre le 25ᵉ et le 27ᵉ parallèle et sépare le Néolithique de tradition capsienne du Néolithique saharo-soudanais.

LES ARTISTES "BOVIDIENS". APPARITION DES MÉDITERRANÉENS

Au Néolithique moyen qui correspond, dans l'art rupestre, à la grande phase "bovidienne", appelée ainsi en raison de la fréquence des représentations de troupeaux de bœufs domestiques, on assiste à une modification sensible du peuplement. Des populations de race blanche font leur apparition au Tassili et c'est à elles que se rapportent les plus belles fresques (style d'Ihérir). Mais les

Mélanodermes l'emportent quantitativement : les hommes sont généralement élancés et portent souvent une petite barbiche : ils offrent une grande ressemblance avec les Peuls qui nomadisent dans le Sahel. Certaines femmes ont des coiffures en cimier semblables à celles encore portées par les populations nilotiques, mais dans ce groupe on reconnaît également de vrais nègres à profil prognathe, lèvres éversées et chevelure crépue.

Dans l'autre groupe, qui semble plus récent, les traits du visage sont nettement méditerranéens. Les hommes portent la chevelure longue et souvent une barbe fine, en pointe. Dans certaines scènes, comme celles de la région d'Ihérir (Abri Khène), hommes, femmes et enfants ont le visage recouvert de peintures ou de tatouages. Tandis que les hommes ont un simple pagne et parfois une cape, les femmes portent des robes dont les motifs laissent penser qu'elles sont en tissu. Dans certaines occasions, elles ont de luxueuses toilettes, jupes à volants et pèlerines. Pour les occupations domestiques, elles ajustent à leur robe une sorte de tablier fessier fait d'une peau de chèvre ou de gazelle.

Nous avons manifestement dans ces représentations l'image des premières populations méditerranéennes qui s'enfoncèrent dans le Sahara. Il est encore difficile de fixer la date exacte de leur arrivée et leur lieu d'origine. La phase bovidienne a duré du IVe millénaire au milieu du IIe ; on ne sait encore à quel moment, au cours de cette période, se situe la première apparition des Blancs. Ils semblent (mais nous n'avons aucune statistique sur ce sujet) avoir plus fréquemment que les Mélanodermes élevé du petit bétail. Comme celui-ci est moins exigeant que les bovins, on peut penser qu'ils se situent vers la fin de la phase stylistique des Bovidiens, alors que s'accroît l'aridité. Certains traits culturels communs avec les Equidiens renforcent cette opinion.

Quant à leur origine, on la croit septentrionale. Suivant cette opinion, ces pasteurs seraient remontés, depuis le bas Sahara algéro-tunisien, vers les massifs centraux sahariens où ils seraient entrés en contact avec les descendants des Négroïdes du Néolithique saharo-soudanais.

Mais il ne semble pas que le Maghreb ait seulement servi de relais aux populations blanches qui pénétrèrent au Sahara. Celles-ci ont pu tout aussi bien venir directement de l'est en contournant le Tibesti par le nord ou même, plus simplement, parvenir au Sahara central par le Fezzan après avoir longé les côtes de Cyrénaïque.

LES "ÉQUIDIENS", CONDUCTEURS DE CHARS

L'importance sociale et peut-être même démographique des populations méditerranéennes va croissant au cours de la phase suivante qui correspond au Néolithique final et aux temps protohistoriques. Sur le plan artistique, cette phase est connue sous le nom d'époque caballine ; et on nomme Equidiens les populations qui élèvent désormais des chevaux, qu'elles représentent avec complaisance dans leurs œuvres pariétales.

L'apparition du cheval en Afrique est un phénomène historique légèrement antérieur à la conquête de l'Egypte par les Hyksos, comme l'ont montré les fouilles de Nubie. Le cheval est bien connu en Egypte à partir du XVIe siècle av. J.-C. On admet qu'il s'est, de là, répandu assez rapidement à travers le Sahara pour gagner ensuite l'Afrique du Nord. De ce premier cheval, deux races voisines subsisteraient jusqu'à nos jours, l'une sur le Nil soudanais, la race de Dongola, l'autre au Maghreb, la race barbe. Dongolawi ou barbe, ce cheval africain possède quelques particularités ; il n'a, comme l'âne, que cinq vertèbres lombaires, au lieu de six comme les autres chevaux. La tête est assez grosse à profil convexe, la croupe est courte et ravalée, la queue attachée bas. L'ensemble manque d'élégance, mais ses qualités d'endurance, de sobriété et de sûreté en terrains montagneux en font une monture précieuse. Le cheval barbe fut la monture des excellentes cavaleries légères qui jouèrent, de Massinissa à Abd el-Kader, un rôle prédominant durant toute l'histoire du Maghreb !

L'origine proche-orientale du cheval barbe est admise par tous les zootechniciens et la plupart des archéologues. Certains ont cependant prétendu que le cheval était indigène en Afrique du Nord ou qu'il pourrait tirer ses origines d'Europe. Ces deux propositions ne peuvent être acceptées. Il n'existe aucun cheval vrai *(Equus caballus)* en Afrique au début de l'Holocène alors que les restes et les représentations d'asiniens ne font pas défaut.

Les peintures et gravures œuvres des Equidiens sont bien reconnaissables grâce à leur style très particulier. Bien qu'elles soient généralement d'une grande qualité esthétique, elles sont moins réalistes que les grandes scènes bovidiennes. L'attitude des animaux, les gestes des personnages sont plus raides et, détail important, les visages ne sont pas représentés mais remplacés systématiquement par une palette ou une baguette bifide : il s'agit d'un véritable interdit. Les bovins, de moins en moins nombreux en raison de l'accroissement de l'aridité, sont juchés sur des pattes raidies ; les chevaux, souvent représentés en "galop volant" dans une attitude stéréotypée mais dynamique, sont attelés à des chars légers menés par un seul cocher.

Ces chars sahariens ont intéressé les historiens, on pourrait même dire dès les débuts de l'Histoire puisque Hérodote y fait allusion par deux fois. La première pour dire que les Garamantes, qui habitaient l'actuel Fezzan et le Tassili n Ajjer, poursuivaient les Ethiopiens sur leurs chars à quatre chevaux ; la seconde pour affirmer que c'étaient les Libyens qui avaient appris aux Grecs à atteler des chars à quatre chevaux. Cette assertion n'est peut-être pas négligeable quand on songe aux très troublantes ressemblances entre les peintures des vases grecs de l'époque géométrique (vases du Dipylon en particulier) et les représentations "équidiennes" ; il n'est pas jusqu'à la silhouette des chevaux et l'équipement des auriges qui n'offrent de surprenantes analogies.

Cependant, les chars sahariens sont le plus souvent des biges ; mais le Fezzan, précisément pays des Garamantes, a livré de rares gravures représentant des chars à quatre chevaux. De rares quadriges ont été récemment signalés dans l'Atlas saharien et au Tassili, ils paraissent plus récents que les biges "au galop volant". La légèreté des biges sahariens fait rejeter l'idée que de tels véhicules aient pu servir au transport des marchandises ; il était même difficile d'y monter à deux personnes en raison de l'étroitesse de la plate-forme faite en lanières de cuir tressées. Les prétendues "routes de chars", arbitrairement tracées sur les cartes en réunissant les points où sont figurés les chars, ne sont même pas des voies de circulation, et manifestement les chars ont été parfois figurés en des endroits où ils n'ont jamais pu passer : éboulis ou massifs que chameaux et ânes n'atteignent que difficilement.

Cela fait pressentir que, loin d'être un véhicule utilitaire, le char saharien est un engin de prestige. N'en est-il pas de même dans l'*Iliade*, qui nous montre les héros empruntant leur char pour se rendre sur le champ de bataille, mais qui se battent à pied ?

L'attelage saharien, qui a fait récemment l'objet d'une étude minutieuse, suivie de reconstitution, de la part de

J. Spruytte, est très original et diffère et de l'attelage égyptien et de l'attelage grec. Il est des plus sommaires ; les bêtes n'ont ni collier d'épaule ni bricole. Le timon du char est fixé tantôt au joug de tête, tantôt à une barre traversière qui passe sous la gorge des chevaux, selon J. Spruytte ; l'attache est mal précisée sur les peintures, on pense à un cordage assez souple. Les rênes réunissaient directement la bouche des chevaux aux mains de l'aurige ; elles sont donc flottantes, sans être retenues par un passe-guide. C'est peut-être la raison pour laquelle les Equidiens ont souvent (si on en croit les représentations peintes) sectionné les queues de leurs chevaux car les rênes risquaient de s'emmêler aux crins. Pour la même raison, la crinière semble avoir été coupée très court. Mais l'utilisation des crins peut expliquer aussi cette pratique.

Ces Equidiens sont armés de la lance ou du javelot ; les hommes portent une jupe ou tunique courte assez rigide qui s'arrête à mi-cuisses et dont l'extrémité s'évase. Elle semble être en tout point semblable à la *tébetik* en cuir portée encore récemment au Hoggar par les pauvres et les esclaves. Les femmes ont une robe plus longue, tantôt évasée, tantôt droite, qui descend jusqu'aux chevilles. Certaines scènes, comme celle de la grotte de Tamadjert, font penser que les jeunes filles portaient déjà une mini-jupe au retroussis provocant !

Les Equidiens conducteurs de chars semblent avoir constitué une caste guerrière qui imposa sa domination aux populations négroïdes, ou plus exactement mélanodermes, qui les avaient précédés et n'avaient pas disparu. Celles-ci ne sont plus représentées dans les peintures et gravures rupestres, mais le fait n'a rien de surprenant ; en règle générale, seule l'ethnie dominante a le droit de figurer dans l'art officiel. Même aujourd'hui, au Sahara, les graffiti représentent toujours des chameliers arabo-berbères armés de lances ou de fusils et jamais les cultivateurs noirs des oasis, or ce sont eux qui constituent les 8/10 de la population saharienne.

LES CAVALIERS LIBYCO-BERBÈRES, ANCÊTRES DES TOUAREGS

Abandonnant le char, les Equidiens vont devenir exclusivement cavaliers et seront connus sous le nom de Gétules et de Garamantes par les historiens antiques. Ces cavaliers, de race méditerranéenne, domineront de plus en plus étroitement les populations sahariennes, alors que leurs prédécesseurs à la peau brune, ne pouvant plus, en raison de l'aridité, élever leurs immenses troupeaux de bœufs, descendront vers le bas pays du Niger, du Sénégal et du Tchad ou se cantonneront dans l'espace restreint des rares oasis en acceptant la domination des nomades blancs paléoberbères.

Ces dominateurs, guerriers armés du javelot et du poignard de bras, puis de la grande épée touareg, ont laissé, eux aussi, leurs traces sur les rochers du Sahara. Ils sont les auteurs d'un art schématique, figurant volontiers leurs montures, leurs chasses à l'autruche, au mouflon ou au lion. Mais ils aiment surtout se représenter eux-mêmes, dans une frontalité naïve qui a oublié les délicatesses du style bovidien et même équidien ancien, la tête surmontée de plumes d'autruche et portant une tunique très serrée à la taille qui leur donne le curieux aspect d'un sablier. Ces seigneurs du désert, ancêtres directs des Touaregs, sont toujours, ou presque toujours, armés.

A ces chefs nous attribuerons volontiers les importants monuments funéraires ou cultuels en pierres sèches dont certains, au Tassili n'Ajjer, ont plus de 300 m de longueur.

Ce sont soit d'immenses dallages en forme de croissant ouvert à l'est et prolongés parfois par de fines antennes, soit des monuments à enceinte circulaire ou elliptique dont le couloir qui mène au tumulus central est également orienté à l'est, soit de grandes *bazina* à degrés soigneusement agencées, munies de différents aménagements cultuels : allées, niches, autels, pierres dressées… Les monuments funéraires en pierres sèches du Sahara central et occidental sont extrêmement nombreux et variés ; le menu peuple se contentait de simples tumulus ou de petits monuments circulaires.

LES CULTIVATEURS NOIRS

Nous arrivons donc à la conclusion que des populations noires ont toujours habité le Sahara mais qu'elles sont passées progressivement sous la domination des Paléoberbères : Equidiens, Garamantes, Gétules, puis Touaregs et, dans le nord du Sahara, Arabes et Arabo-Berbères. Les Mélanodermes sahariens de la préhistoire n'ont pas disparu : il est certain que leurs descendants, les Haratin (qui en tamâhaq sont appelés les *Izzagaren*, c'est-à-dire les "Rouges"), ne peuvent avoir conservé fidèlement les caractères, d'ailleurs multiples et imprécis, des Ethiopiens. Il est aussi sûr qu'ils ont, au cours des siècles, subi de nombreux apports proprement négroïdes, d'origine soudanaise. Si nous devons rechercher dans les groupes humains actuels ceux qui doivent avoir le plus fidèlement conservé les caractères de ces anciens Ethiopiens, c'est vers les Toubous et les Peuls que nous devons nous tourner.

Ces peuples vivent précisément dans la zone immédiatement située au sud du tropique, qui partage en quelque sorte le Sahara en deux versants : l'un où prédominent les

Blancs, l'autre, presque entièrement occupé par les Noirs. On a cru longtemps que ces groupes étaient des métis constitués au contact des deux grands ensembles méditerranéen et soudanais et dont les caractères se seraient fixés. C'est ainsi qu'on a pu dire que le Toubou avait du sang berbère dans un corps soudanais. En fait, les travaux les plus récents redonnent tout son intérêt à une hypothèse déjà ancienne (Vallois, 1951) qui admettait que ces différents groupes constituent "un stock primitif qui ne s'est nettement différencié ni dans le sens noir ni dans le sens blanc. Les croisements ne seraient intervenus que secondairement, modifiant en différents endroits la race indigène pour la rapprocher tantôt des Noirs tantôt des Blancs".

Nous croyons donc à l'origine étroitement autochtone des Haratin, descendants des Ethiopiens plus ou moins métissés au cours des derniers millénaires avec des éléments blancs méditerranéens (libyco-berbères puis arabo-berbères) dans le nord et le centre du Sahara, avec des Négroïdes soudanais dans la partie méridionale et occidentale.

Il n'est pas dans notre intention de nier ou de minimiser l'apport du sang soudanais au Sahara au cours des siècles. Encore faut-il distinguer des zones plus ou moins favorisées dans cet ensemble à la dimension d'un continent. Quelles que soient l'atrocité et l'ampleur de la traite terrestre par les voies de Mauritanie, du Touat ou du Fezzan, il ne faut pas oublier que la grande masse des esclaves noirs ne faisait que transiter dans les oasis pour gagner les villes et les ports du Maghreb.

C'est par commodité de langage que géographes et ethnologues, ne faisant en cela que suivre les errements de l'administration, ont généralisé l'emploi du terme Haratin pour désigner l'ensemble des populations mélanodermes des régions sahariennes.

Quelle que soit l'origine du mot, je ne crois pas que l'on doive nécessairement donner un contenu étroitement ethnique à un terme qui a un sens socioéconomique : le *hartani* est le jardinier plus ou moins asservi par des conquérants berbères puis arabo-berbères. Il se trouve que ces conquérants (dont la domination remonte souvent à la fin du Néolithique) sont de race blanche et que les asservis étaient des gens de couleur distincts des vrais Nègres des régions soudanaises.

Alors que leurs ancêtres éthiopiens, qui devaient eux-mêmes être assez différents entre eux, ne connaissaient pas une vie aussi rigoureusement sédentaire, les Haratin, population résiduelle, sont condamnés par les conditions climatiques et politiques à un étroit confinement dans les oasis. Soumis en outre à divers métissages, les Haratin se différencient des autres groupes mélanodermes non spécifiquement négroïdes du nord du continent africain.

Ces différences sensibles qui apparaissent entre les Haratin, les Peuls, les Toubous, groupes que nous faisons tous trois descendre des Ethiopiens néolithiques, proto-historiques et antiques, ne doivent guère surprendre car les rares documents littéraires, artistiques, ostéologiques dont nous disposons montrent que ces anciens Ethiopiens étaient eux-mêmes très divers. De plus, la différenciation des genres de vie (et par conséquent des régimes alimentaires) entre Haratin, sédentaires des oasis du Sahara septentrional et central, Toubous, nomades du Tibesti, et Peuls, pasteurs de la région sahélienne, ne peut pas avoir eu de répercussions somatiques divergentes sur ces trois groupes issus des plus anciennes populations sahariennes.

DES PEUPLES
A CÔTÉ DE L'HISTOIRE

LES PALÉOBERBÈRES
DES TEMPS PROTOHISTORIQUES

Les données anthropologiques et linguistiques permettent de reconnaître l'ancienneté des populations berbères. Est-il possible de pénétrer plus avant dans la connaissance de ces populations avant que les textes historiques ne nous donnent quelques précisions ? L'archéologie protohistorique ne dispose, en Afrique du Nord, que d'une seule source de connaissance : les fouilles dans les monuments funéraires. Heureusement, ceux-ci sont très nombreux ; c'est par milliers, en effet, que se comptent les tumulus, les dolmens et les hypogées.

LES MONUMENTS FUNÉRAIRES

Les premiers sont répartis régulièrement dans tout le nord de l'Afrique et paraissent autochtones. Certains connaissent un agencement particulier qui leur donne parfois un caractère architectural, telles sont, par exemple, les *bazina* à degrés ou cylindro-coniques. Les dolmens et les hypogées sont, au contraire, localisés dans des régions bien délimitées de l'Algérie orientale et de Tunisie et sont d'origine extérieure, méditerranéenne. Ils sont inconnus au Sahara, comme dans la plus grande partie du Maghreb. Sur le littoral, les dolmens sont simples avec un couloir symbolique à ciel ouvert ; au contraire, dans l'intérieur, ils ont fusionné avec les *bazina* indigènes à degrés pour donner naissance aux dolmens sur socle, dolmens à manchon et même *chouchet* turriformes de l'Aurès. Aux époques les plus récentes, certains monuments mégalithiques présentent une grande complexité ; les chambres multiples sont associées à des portiques et des cellas destinées au culte, comme à Maktar et Ellez, en Tunisie centrale.

Quant aux hypogées, ils sont de forme cubique creusés à flanc de rocher ou de falaise, ils sont connus sous le nom arabe de *hanout* (pluriel, *haouanet*), qui signifie boutique. Ils sont tout à fait comparables aux sépultures de la Sicile voisine et sont localisés sur le littoral de la Berbérie orientale.

MOBILIER FUNÉRAIRE ET GENRES DE VIE

Plus que la typologie très variée des sépultures protohistoriques, le mobilier funéraire qui y fut déposé retiendra notre attention, car ce mobilier témoigne de l'antiquité de ce que l'on peut déjà nommer la civilisation rurale berbère. Si l'on fait exception des objets de parure, peu fréquents, comprenant des bracelets, anneaux de cheville et boucles d'oreilles en cuivre et en bronze, et de très rares armes en bronze ou en fer localisées dans des sépultures d'Oranie et du Maroc oriental, le mobilier funéraire est constitué, pour l'essentiel, de poterie modelée.

Cette poterie, bien qu'elle ait été spécialement modelée et cuite pour être déposée dans des sépultures, comprend divers types de fonction différente. Nous délaisserons, pour le moment, les objets votifs de la microcéramique que l'on retrouve aujourd'hui, identiques, déposés dans les sanctuaires ruraux, et les vases rituels, tels les vases coquetiers de Gastel et les vases en forme de calice de Tiddis, qui ont cependant l'avantage de porter une décoration peinte identique à celle des poteries rurales actuelles (cf. chap. "Les Berbères et le divin" et "Permanences berbères"). Nous examinerons rapidement les formes qui imitent les objets domestiques. Les plus nombreux sont les bols dont une forme carénée a reçu le nom de jatte, et une plus profonde celui de gobelet. C'est là une vaisselle élémentaire qui constitue encore l'unité de base de la poterie domestique maghrébine. D'autres assiettes très larges et à bord redressé ont, comme les *tadjin* modernes, des reliefs annulaires sur le fond ; ce sont des plats qui servent aujourd'hui à cuire la galette.

Un grand nombre d'assiettes, de coupes, de couvercles, quelques bols et jattes présentent la particularité de posséder des perforations groupées par deux à travers le bord. Ces trous de suspension ont pour l'archéologue et l'ethnologue valeur de témoignage. Il suffit de pénétrer dans n'importe quelle maison rurale de Tunisie, d'Algérie ou du Maroc septentrional pour voir pendue au mur la plus grande partie de la vaisselle domestique dont la technique, les formes et le décor sont restés pratiquement inchangés depuis les temps protohistoriques. Ce simple détail de suspension permet de rapporter à des populations sédentaires les sépultures dans lesquelles ces poteries ont été trouvées.

Cette remarque est renforcée par le fait que les monuments funéraires protohistoriques ne contiennent pas tous des poteries et que ceux qui en ont livré ne sont pas répartis au hasard. Les quelque 60 nécropoles protohistoriques dont les monuments renfermaient des poteries constituent, lorsqu'on les pointe sur une carte, une série de nébuleuses ; la première s'inscrit dans un vaste triangle dont les sommets sont le golfe de Hammamet, en Tunisie, le sud des Nemencha, à la frontière algéro-tunisienne, et

Alger. Plus à l'ouest, un ensemble moins vaste s'étend du haut Chélif à la région d'Oran ; après un nouveau vide correspondant au Maroc oriental, on retrouve des monuments contenant des poteries dans une région délimitée par Taza, Tanger et l'embouchure du Sebou. A l'exception de quatre sites, toutes ces nécropoles sont donc situées à l'intérieur d'une limite bien connue des géographes et des agronomes, celle de la culture sèche des céréales. La concordance est trop grande pour être le fruit du hasard. La conclusion s'impose donc avec une clarté et une rigueur que rien ne saurait infirmer : les vases trouvés dans les monuments funéraires protohistoriques présentent les caractères de la vaisselle domestique des actuelles populations sédentaires de ces régions, les tombes qui renferment cette vaisselle se situent à l'intérieur de la zone de culture sèche des céréales ; les populations qui modelaient ces vases et les plaçaient dans leurs tombes étaient donc des sédentaires, des mangeurs de blé, comme disait Hécatée de Milet.

LE RÉGIONALISME DANS LA BERBÉRIE PROTOHISTORIQUE

L'archéologie, autant que les textes, révèle que l'Afrique du Nord n'a pas plus connu d'unité politique ou culturelle pendant les périodes préhistoriques et protohistoriques que pendant les temps historiques.

Il existe cependant une unité géographique des pays de l'Atlas. Il existe aussi une unité ethnique révélée par les dialectes berbères.

Mais cette unité ethnique n'a jamais réalisé une unité territoriale et politique, sauf pendant quelques décennies à la fin du XIIᵉ siècle, sous la poigne almohade. Quelle est la raison profonde de cette incapacité foncière ?

Seule la géographie paraît responsable de ce qui est généralement imputé aux hommes. La Berbérie n'a pas de centre vivifiant capable de regrouper autour de lui des provinces périphériques : entre les pays tournés vers la Méditerranée orientale et ceux qui bordent l'Océan, la zone de vie agricole n'est qu'une étroite frange littorale, coupée de montagnes, le reste est un agrégat de hautes plaines ou de plateaux steppiques, admirables voies de passage… où les conquérants ne font que passer. Les distances considérables entre les deux régions privilégiées font que, lorsque l'une ou l'autre tente de conquérir l'ensemble du pays, l'étirement des communications et les obstacles du particularisme sont tels que ces tentatives échouent, à moins qu'elles ne soient conduites de l'extérieur. Et lorsqu'une puissance étrangère réussit à étendre sa domination sur l'ensemble de l'Afrique du Nord, encore est-elle obligée de tenir étroitement compte des particularismes, voire des caractères opposés, des différentes parties du Maghreb.

Si les limites ne présentent aucune fixité à travers les siècles, si les noms changent au gré des fluctuations historiques, il y eut toujours une Berbérie orientale s'étendant au maximum jusqu'au Hodna et aux Babors, une Berbérie centrale limitée à l'ouest par la Moulouya et le Moyen Atlas, une Berbérie occidentale, où plaines atlantiques et grandes montagnes atlasiques se rangent harmonieusement, et une Berbérie présaharienne dont les étendues steppiques se rattachent au continent africain.

La Berbérie orientale

La Berbérie de l'Est fut, dès le Néolithique, en relation avec les pays de la Méditerranée orientale, et particulièrement avec sa voisine immédiate, la Sicile.

Des îles italiennes et du sud de la Péninsule passèrent en Afrique deux types de sépultures caractéristiques, les *haouanet* et les dolmens, certaines formes de céramique et de poterie peinte, modelée encore aujourd'hui par de nombreuses populations rurales.

Les tombes creusées en hypogées caractérisent la Berbérie orientale, et plus particulièrement le cap Bon, les pays au nord de la Medjerda et la partie de l'Algérie située entre la frontière et la Seybouse. En Sicile et en Sardaigne, ces sépultures apparaissent dès le Chalcolithique mais on en creusait encore à l'âge du fer.

Par leurs dimensions exiguës, leur forme cubique, l'absence de dromos (ou la très faible longueur du couloir qui en tient lieu), les *haouanet* d'Algérie et de Tunisie rappellent surtout les tombes sicules du bronze terminal (Pantalica, Cassibile). Elles révèlent donc les relations préphéniciennes les plus récentes avec la Sicile. On continua à creuser de tels hypogées en pleine époque punique bien qu'il s'agisse d'une tradition funéraire antérieure et différente de celle des habitants des cités phéniciennes d'Afrique. Ces *haouanet* sont peut-être les sépultures de ceux que les auteurs anciens nomment "Libyphéniciens".

Antérieurement, d'autres échanges avec la Sicile, la Sardaigne et l'Italie méridionale sont décelables. On devine en effet une pénétration de types de céramique de l'âge du bronze dont les formes caractéristiques subsistent encore, à l'état de reliques, dans la vaisselle aurasienne. Alors que les *haouanet* se parallélisent avec les tombes sicules de la fin de l'âge du bronze et du début de celui du fer, les dolmens algéro-tunisiens les plus anciens ont leur prototype dans les sépultures mégalithiques méditerranéennes du Chalcolithique, voire de l'âge du bronze.

Comme les *haouanet*, les dolmens ont pénétré à l'intérieur des terres, mais c'est le long du littoral qu'ils atteignent les points les plus éloignés de leur région d'introduction, qui semble bien devoir être située sur les côtes d'Algérie orientale et de Tunisie septentrionale. Aussi peut-on distinguer dans le "pays des dolmens" plusieurs zones qui se différencient tant par la forme des monuments que par l'organisation des nécropoles.

La première région est celle de l'Enfida, en Tunisie orientale, dont les dolmens sont de petite taille, toujours précédés d'un couloir et souvent juxtaposés. Sur le littoral septentrional, les dolmens couvrent d'une manière discontinue une bande qui va de Tabarka à Djidjelli et s'arrête brusquement à l'ouest de cette ville. Ces dolmens sont plus grands et groupés en de petites nécropoles. Il faut pénétrer dans la troisième région, qui double la précédente dans l'intérieur, pour trouver d'immenses nécropoles comptant plusieurs milliers de dolmens (Roknia, Bou Noura). Cette même région s'étend à la Tunisie centrale, caractérisée par les grands monuments mégalithiques à chambres multiples et portiques.

S'il fallait donc caractériser d'un mot cette partie de l'Afrique du Nord protohistorique, on pourrait dire que, malgré son relief tourmenté et ses forêts, surtout en Algérie orientale, elle est la porte de la Berbérie ouverte aux civilisations orientales. Si Carthage a si profondément marqué de son empreinte la région la plus orientale de cet ensemble, c'est qu'elle y a trouvé un terrain déjà préparé. Des contacts préhistoriques avec la Sicile, Malte, l'Italie et la Sardaigne avaient introduit les premiers éléments d'une civilisation méditerranéenne. L'humble poterie rurale, encore modelée et peinte dans une grande partie de l'Afrique du Nord, a gardé le souvenir vivace de ces relations antépuniques.

La Berbérie occidentale

Bien plus floue est l'image de la Berbérie occidentale, autre région privilégiée par le climat et le voisinage de la péninsule Ibérique. Dès les débuts du Néolithique, la région de Tanger subit l'influence de la civilisation cardiale du sud de l'Espagne ; au début du Chalcolithique, des vases campaniformes originaires du Portugal sont introduits dans une région plus étendue qui atteint le Maroc atlantique. Le plein âge du bronze voit le développement de la pénétration ibérique ; les armes du type d'El-Argar comme les hallebardes et les poignards à rivets sont figurés par dizaines sur les lointains rochers du Haut-Atlas.

Quant aux monuments funéraires, sont caractéristiques de cette région les grands tertres, dont celui de M'Zora, avec sa ceinture de monolithes, paraît le plus ancien. Celui de Sidi Slimane date du IVᵉ siècle, il cachait une vraie demeure funéraire de plan rectangulaire avec couloir, cour et chambre couverte de troncs de thuyas. Un autre type de sépultures d'origine ibérique déborde en Oranie, il s'agit de puits funéraires affectant la forme de silos. De petits dolmens et tombes en ciste de l'âge du bronze n'existent que dans la partie rifaine.

L'implantation phénicienne sur les côtes du Maroc est très ancienne, ainsi que l'ont montré les fouilles de Mogador et que le font deviner les récits plus ou moins légendaires sur la très haute antiquité de la fondation de Lixus (Larache). Le commerce des marchands orientaux ne fit qu'accentuer les échanges avec l'Espagne.

La Berbérie présaharienne

Au sud du Tell, en Algérie et en Tunisie, s'étendent de grandes surfaces, au relief empâté, divisées en bassins fermés ; ces steppes ont leur prolongement dans le Sud marocain jusqu'à l'embouchure du Draa. Le nomadisme pastoral est le genre de vie le mieux adapté aux conditions biogéographiques de ces régions, mais des travaux importants, tel l'aménagement de terrasses sur les versants de l'Atlas saharien, et la présence de sources rendent possible une petite agriculture dans les montagnes.

Dans les monuments protohistoriques de ces zones steppiques, on reconnaît un développement parfois important des éléments architecturaux destinés au culte funéraire, et en particulier, semble-t-il, à la pratique de l'incubation (tumulus à chapelle) déjà signalée par Hérodote chez les nomades du Sahara et connue encore chez les Touaregs.

L'absence totale de dolmens, de cistes, de *haouanet* et de sépultures en forme de silo est à mettre en parallèle avec l'abondance relative des bras, antennes, autels, niches et chapelles accolés ou associés à des monuments qui affectent souvent le plan rectangulaire. Ce sont là les caractères principaux des régions steppiques ; ils révèlent la faiblesse des influences méditerranéennes, relayées ici par une présence africaine. L'assèchement du Sahara n'a cessé de réduire le rôle joué par les pays africains de l'Est, vallée du Nil, Libye et Fezzan ; mais avant que le chameau ne devienne le seul animal de bât dans les régions sahariennes, plantes cultivées et animaux domestiques avaient été introduits, par le sud-est de la Berbérie, dans des steppes aujourd'hui semi-arides.

La Berbérie centrale

Entre le méridien de Djidjelli ou de Biskra et la vallée de la Moulouya s'étend une région que nous appellerons la Berbérie centrale. A l'inverse des trois autres, elle ne présente aucune originalité et semble être le lieu de confluence d'éléments culturels venus d'ailleurs.

L'existence en Kabylie d'un centre mégalithique secondaire fait de cette région une véritable annexe de la Berbérie orientale, tandis que l'Oranie s'est assez fortement individualisée grâce aux relations très anciennes avec l'Espagne. Mais par le bassin du Hodna, le haut Chélif et la vallée de la Moulouya, l'influence des steppes méridionales s'est largement propagée à travers les plaines.

Comme le Maroc, l'Oranie a bénéficié de la proximité de l'Espagne : au Néolithique, les poteries imprimées des grottes d'Oran et de celles du sud de l'Espagne présentent une telle identité qu'il est difficile de ne pas croire à des échanges importants et fréquents entre les deux régions. Les témoins de l'introduction du vase campaniforme et les armes en cuivre et en bronze découvertes en Oranie montrent le développement des échanges aux époques plus récentes. On retrouve en Oranie les tombes en forme de silo, dont l'origine ibérique est probable. La fréquence des incinérations, pratiquement inconnues ailleurs dans le Maghreb, et celle du dépôt d'armes dans les sépultures sont des traits originaux de cette région, qui fut le berceau de la puissance masaesyle.

Ainsi, comme dans les autres régions de la Berbérie centrale, les influences venues du Sud se conjuguent avec celles des pays méditerranéens voisins, mais, en Oranie et surtout dans le Maroc oriental, le relief moins compartimenté a permis une certaine fusion de ces influences qui, ailleurs, se juxtaposaient.

LES BERBÈRES DE L'ANTIQUITÉ

Au cours des millénaires de la préhistoire et des siècles obscurs de la protohistoire s'est donc mise en place une population blanche de type méditerranéen qui a, en commun, une langue, fractionnée sans doute dès les origines en plusieurs dialectes, et que nous appelons le berbère.

UN NOM MYSTÉRIEUX : BERBÈRE OU BARBARE ?

L'origine du mot est elle-même discutée. Il nous est transmis par les Arabes qui, au moment de leur arrivée en Ifriqiya (Tunisie), distinguèrent plusieurs éléments dans la population : les Roûm ou fonctionnaires byzantins, les descendants des Africains romanisés, de religion chrétienne et de culture latine, et les Berbères, organisés en petits royaumes ou groupés en confédérations ou tribus, restés en dehors de la civilisation latine, la plupart païens, certains judaïsés et au milieu desquels subsistaient des îlots citadins et chrétiens.

Traditionnellement, on voit dans le nom berbère une déformation du qualificatif latin *barbarus* (étranger à la culture classique).

Je suis peu convaincu par cette explication. Durant les siècles de l'Empire romain, les Africains non romanisés sont désignés sous leurs noms particuliers : chaque *gens* (disons, pour simplifier : tribu) a son nom répertorié par les géographes et parfaitement connu de l'administration impériale. Quand on voulait employer un terme collectif, on utilisait les vieilles appellations de Numides (qui tombe en désuétude), de Gétules et surtout de Maures *(Mauri)* dont l'acception ne cesse de s'étendre.

Nous avons déjà noté que le nom de berbère apparaissait sporadiquement dans la toponymie ou l'onomastique dans le domaine chamito-sémitique. Cette remarque, ajoutée à la précédente, me fait douter de l'explication traditionnelle. Il n'empêche que les Berbères, sauf depuis une époque récente et sous l'influence de l'enseignement, n'utilisent pas ce nom pour se désigner eux-mêmes.

LIBYEN : UN NOM AUSSI VIEUX QUE L'HISTOIRE

Pour Hérodote, tous les habitants de l'Afrique, à condition qu'ils soient de race blanche et distincts des Phéniciens et des Grecs, sont des Libyens. Mais ces Libyens, se divisent en deux groupes, les nomades et les sédentaires. Salluste en dit autant lorsqu'il parle des Gétules et des Libyens, mais il donne à cet ethnique un sens plus restreint qu'Hérodote puisqu'il réduit son acception aux seules populations littorales. Ainsi que l'a montré S. Gsell, le terme de Libyen a eu plusieurs sens suivant les auteurs et les époques.

Depuis longtemps on pense que ce nom a une origine africaine et qu'il fut en premier lieu employé par les Egyptiens dès le IIe millénaire pour désigner des peuples habitant à l'ouest du Nil.

Les Rebu *(R'bw)* ou Lebou étaient situés dans le nord et comptaient un certain nombre de tribus (dont les Imukehek, les Kehek et les Ekbet). Cette localisation des Rebu dans le nord de la Libye dura jusqu'aux temps classiques et les Grecs – sans doute ceux de Cyrénaïque – étendirent finalement leur nom à la totalité des populations du nord de l'Afrique. Le nom même de Lepcis (Leptis), qui s'écrit en punique LBKY, aurait la même racine que le nom du peuple. Les noms LBY et LBT apparaissent effectivement dans les inscriptions puniques et néopuniques.

A cette acception générale se substitua bientôt chez les Grecs et les Carthaginois une autre signification, plus réduite, réservée aux populations du nord-est du Maghreb ; c'est-à-dire plus particulièrement aux populations africaines résidant dans le territoire contrôlé par Carthage. Ces populations furent appelées plus tard, par les Latins, *Afri* et leur pays *Africa*. On ignore l'origine exacte de ce nom qui est vraisemblablement indigène.

Dans le royaume numide des Massyles, le mot libyen prit même un sens géographique particulier si on en juge par une inscription bilingue de Maktar dont le dédicant précise qu'il est cavalier au "pays des Libyens". Cette région n'est donc pas dans le voisinage immédiat de Maktar ; il doit s'agir d'une province particulière du royaume massyle, peut-être la région de Lepcis. Quel que soit le sens exact de cette dénomination, il est intéressant de noter qu'une partie des sujets du roi massyle portaient administrativement le nom de Libyens qui leur avait été donné par des étrangers. Une peuplade du Sénégal se nomme encore Lebou, qui est certainement l'ancien ethnique qui aurait progressivement glissé vers le sud-ouest du monde berbérophone.

LE VRAI NOM DES BERBÈRES

Il est cependant un autre ethnique plus largement répandu à travers les pays berbères et que son extension même et son application à la toponymie permettent de considérer comme le véritable nom du peuple berbère. Il s'agit de la racine MZG ou MZK qui se retrouve aussi bien dans les noms des Mazices de l'époque romaine que chez les Maxyes d'Hérodote, les Mazyes d'Hécatée et les Meshwesh des inscriptions égyptiennes. Les Imushagh (= Imouchar) de l'ouest du Fezzan, les Imagighen de l'Aïr, les Imazighen de l'Aurès, du Rif et du Haut-Atlas conservent ce nom, et le tamasek (= tamachek) est la langue des Touaregs, qui se nomment eux-mêmes Imuhagh. Cependant, ni les Kabyles ni les Chaouïas (Aurès) ne connaissent actuellement ce nom. Il est certain qu'en Afrique du Nord cet ethnique a eu une extension considérable à l'époque antique ; les inscriptions et textes donnent les formes suivantes, dont l'orthographe n'est pas toujours sûre : Mazyes, Maxyes, Mazices, Madices, Mazicei, Mazacenses, Mazazenes.

On pourrait ajouter à cette liste les nombreux Mazic et Mazica que font connaître les inscriptions funéraires. L'application du terme Mazices par les auteurs à des populations différentes, les unes nomades, les autres montagnardes, à des époques diverses et dans des régions très éloignées les unes des autres, montre bien qu'il s'agit d'un nom indigène, ayant une acception générale.

L'origine du nom *amazigh* (pluriel : *imazighen*) a suscité, comme tout ce qui est berbère, quelques controverses. Traditionnellement, on voit dans ce qualificatif le sens de "noble", "libre", un équivalent du terme "franc" dont se paraient les Germains qui donnèrent leur nom à notre peuple. Cette traduction avait été accréditée par S. Gsell, qui s'appuyait sur un texte de Jean-Léon l'Africain qui traduisait ainsi le nom des Mazices. Une autre tentative, celle de T. Sarnelli, rattache ce nom à une racine

ZWG : être rouge. Si cette racine permet d'expliquer le nom des Zauekes qui habitaient la Tunisie à une très haute Antiquité, puisqu'ils sont cités par Hérodote, et celui des Izaggaren du Hoggar, il est impossible, selon K. G. Prasse, d'opérer le rapprochement entre cette racine et le nom des Imazighen, cela pour des raisons tant phonétiques que morphologiques.

Pour Ch. de Foucauld, le terme touareg *amaheg* (pluriel : *imouhay*) se rattacherait au verbe *ahaa* : piller. *Amahey* signifierait donc le "pillard", celui qui razzie, donc le guerrier, le noble, le franc. Malheureusement, cette explication traditionnelle, qui justifierait la traduction de Jean-Léon l'Africain, ne cadre pas avec les données phonétiques car, dans les dialectes du Nord, le verbe correspondant à *ahey* devrait s'écrire *awey*, cela supposerait donc une forme *amawy* au lieu d'*amaziy*, la seule attestée. Il est donc plus prudent de penser qu'*amahey* touareg est dû à la prononciation particulière des Berbères du Sud et que le nom *amaziy* se rattache (selon S. Chaker) à une racine *iziy* qui a disparu sans laisser d'autre trace que cet ethnique.

ORIGINE DU NOM *NUMIDE*

Situés entre le territoire de Carthage et les Maures, les Numides occupaient d'immenses régions, celles que nous avons nommées Berbérie orientale et Berbérie centrale. Il n'est donc pas surprenant que, lorsque se formèrent les royaumes historiques, il y en eut deux chez les Numides : le royaume massyle, qui occupait les régions les plus proches du territoire carthaginois et s'étendait jusqu'à la région de Cirta (Constantine), correspondant approximativement à la Berbérie orientale, et le royaume masaesyle, beaucoup plus étendu, qui occupait le reste de la partie nord de l'Algérie actuelle, c'est-à-dire la Berbérie centrale.

L'archéologie protohistorique, nous l'avons vu, a révélé le substrat profond de cette division.

Quelques inscriptions bilingues latino-puniques et latino-libyques se rapportant à des vétérans de l'armée romaine donnent, sous la forme latine, l'ethnique ou le qualificatif de *Numida* (le Numide).

Nous ne connaissons malheureusement ni le nom libyque ni le nom punique correspondant au latin *Numida*. Il n'y a cependant aucune raison de croire que celui-ci vient du grec Νομαδες (Nomades). Si les Romains avaient en effet acquis ce mot directement des Grecs, ils l'auraient intégré au système imparisyllabique de la 3e déclinaison. Si les Latins ont appelé *Numidae* les mêmes peuples que les Grecs, à la suite d'un calembour, ont baptisés Nomades, c'est que les uns et les autres avaient un modèle nord-africain, qui semble plus berbère que punique. On connaît en effet dans l'onomastique libyque un grand nombre de noms commençant par NM. Par ailleurs, un groupe misérable formé de chasseurs très primitifs porte aujourd'hui, en Mauritanie, le nom de Nemadi. Malgré la grande probabilité d'une origine berbère du nom des Numides, on ne retiendra pas la vieille explication proposée par Rinn, au milieu du XIXe siècle, qui voulait traduire cet ethnique par l'expression *N' Middlen* : d'entre les pasteurs.

Quoi qu'il en soit, on ne peut retenir l'explication de Strabon : "De Carthage aux colonnes d'Hercule, dit-il, le pays est généralement riche et fertile, mais déjà infesté de bêtes féroces, comme tout l'intérieur de la Libye. On peut même croire que le nom de Nomades (Numides) que porte une partie de ces peuples leur est venu de ce que, anciennement, la multitude des bêtes féroces les avait mis dans l'impossibilité absolue de cultiver leurs terres" (II, 5, 33) ; et encore : "Ce peuple avait mieux aimé se livrer à un brigandage sans frein et abandonner la terre aux reptiles et aux bêtes féroces, se réduisant ainsi volontairement à mener une vie errante et nomade, ni plus ni moins que les peuples qui y sont condamnés par la misère, l'aridité de leur sol et la rigueur de leur climat" (XVII, 3, 15).

Le fait même qu'Hérodote ait distingué parmi les Libyens des nomades (qui ne sont point des Numides) et des laboureurs (qui habitent dans des régions que nous savons peuplées de Numides) prouve bien que l'appellation grecque n'est pas du tout consécutive à une observation ethnographique sur les genres de vie. Il est bien évident que lorsque Hérodote parle des Λιϐυες νομαδες nul ne songe à traduire "les Libyens numides". Ce n'est que plus tard, en raison de l'analogie entre le mot libyque et le mot grec νομαδες que les écrivains grecs, et latins à leur suite, ont tenté d'expliquer l'ethnique libyque par la vie errante qui était attribuée à ces populations. Strabon, qui sait fort bien que Massyles et Masaesyles cultivent des terres d'excellente qualité (XVII, 3, 11), explique laborieusement cette vie errante hypothétique par le nombre considérable de bêtes fauves. On remarquera que les fauves gênent bien plus la vie pastorale et l'élevage que l'agriculture.

LE ROYAUME MASSYLE DE MASSINISSA ET DE JUGURTHA

Des deux royaumes qui nous sont connus au début de l'Histoire, qui pour les Numides commence réellement avec la seconde guerre punique, le plus puissant paraît avoir été celui des Masaesyles. Cependant, il ne put survivre à l'échec de la politique africaine de son roi Syphax. Celui-ci, après avoir tenté de jouer le rôle d'arbitre entre Rome et Carthage, avait finalement tranché en faveur des Puniques et s'était emparé du royaume massyle, réalisant, pour quelques années, l'unité numide sous sa domination. Mais, finalement, le royaume massyle sortit fortifié de l'épreuve et Massinissa, roi des Massyles, constitua un Etat numide unifié.

Pays massyle, pays de dolmens

La réussite massyle est-elle uniquement due à la forte personnalité de Massinissa et à la bienveillance romaine ? N'existait-il pas antérieurement des facteurs de puissance et des liens de cohésion qui permirent aux Massyles de résister avec plus ou moins de bonheur à la pression de leurs voisins carthaginois et masaesyles ? On remarque tout d'abord que le pays massyle, s'étendant sur l'Algérie orientale et la Tunisie occidentale, présentait une plus grande unité que la partie de la Berbérie progressivement conquise par les Masaesyles. Montagneux et forestier, convenant à l'élevage du gros bétail, le pays massyle possédait également sur les plateaux et les piémonts des sols très favorables aux céréales. Les nécropoles numides de ces régions nous ont révélé l'existence d'une population paysanne certainement plus attachée au sol que les Numides des pays occidentaux. Les conditions géographiques ne sont donc pas négligeables, les conditions historiques sont encore plus avantageuses. Voisins des Carthaginois dont ils subirent les empiètements à maintes reprises, les Massyles leur empruntèrent plusieurs éléments de civilisation. Aux IVe et IIIe siècles, des villes sont déjà mentionnées en Berbérie orientale : en dehors du territoire carthaginois, qui était encore peu étendu, ce sont Dougga, Tébessa et peut-être Constantine. Les grandes nécropoles mégalithiques de la région de Maktar incitent à penser que cette cité numide fut créée antérieurement à la chute de Carthage. Les Massyles possédaient vraisemblablement Cirta, important foyer de civilisation punique au IIIe siècle. Cette ville ne passa sous la domination de Syphax que peu de temps avant le règne de Massinissa.

Ce que Tite-Live et Appien ont raconté au sujet des tentatives de Massinissa pour recouvrer le royaume de son père montre que les Massyles avaient un attachement certain à l'égard de leurs rois. Cette fidélité, qu'on ne saurait toutefois exagérer car Massinissa a connu des trahisons, était un nouvel élément de cohésion des Massyles.

La dynastie massyle et la ville de Dougga

C'est peut-être en raison de cette cohésion et d'une certaine uniformité qu'il est difficile de reconnaître, parmi les territoires qui constituèrent le royaume, le lieu d'origine de la tribu massyle. Les empiètements carthaginois ne permettent pas de dire jusqu'où s'étendait, vers l'est, la domination massyle, en supposant qu'il y ait eu un royaume massyle antérieurement à l'extension punique en Tunisie centrale et occidentale. Cependant, Dougga (Τωκαι) n'appartenait pas aux Carthaginois à l'époque d'Agathocle. Il existait alors un roi des Libyens, nommé Ailymas, dont l'autorité s'exerçait sur cette région ; or d'autres observations permettent de penser que la dynastie massyle existait déjà. On sait, en effet, que les ancêtres de Massinissa avaient régné sur les Massyles et qu'un prince numide, Mazetule, rival de Capussa et de Massinissa, n'appartenait pas à la même lignée qu'eux, ce qui oblige à rechercher leur ancêtre commun plusieurs générations avant eux. Les prétentions de Mazetule et les offres que lui fit Massinissa après l'avoir vaincu montrent bien que ce prince avait aussi des rois parmi ses aïeux. Tite-Live (XXIX, 29, 7) précise qu'il appartenait à une branche de la famille royale hostile à la lignée régnante.

Les règles de succession du royaume massyle, telles que Gsell a pu les dégager, constituaient une véritable tanistry : "La royauté était la propriété d'une famille, dans le sens large de ce terme, c'est-à-dire d'un ensemble d'agnats remontant par les mâles à un ancêtre commun [...]. Dans cette famille, le chef était le plus âgé des mâles vivants issus de mariages légitimes. A lui appartenait la royauté. A sa mort elle passait à celui qui devenait l'aîné du groupe d'agnats." Grâce à l'inscription bilingue de Dougga qui donne le nom du père de Gaïa, et connaissant les règles de succession chez les Massyles, on peut établir le tableau théorique suivant, fondé sur les possibilités de successions les plus simples :

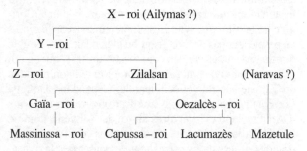

Ces considérations nous amènent à penser qu'au temps de Massinissa la dynastie massyle régnait au moins depuis quatre générations. Il est donc possible qu'Ailymas, le roi libyen, allié puis ennemi d'Agathocle, fût l'un des ancêtres de Massinissa. Dougga, qui fut prise par Eumaque deux années après la mort de ce roi, était peut-être sa capitale.

Cirta, berceau de la puissance massyle

Il semble difficile, cependant, de croire que Dougga et le haut Tell aient pu être le berceau de la puissance massyle. Cette région était en effet sous la domination de Carthage, au moins dès la première guerre punique. On a peine à croire que le royaume massyle ait pu survivre à l'occupation du territoire initial de la tribu à laquelle appartenait la famille régnante. Même si Carthage exerçait une sorte de protectorat sur le royaume massyle, un souverain comme Gaïa, dont le territoire était cependant réduit par les empiètements de ses voisins, gardait une certaine indépendance et n'observait qu'une fidélité conditionnelle envers ses alliés puniques. Jamais Gaïa et son fils Massinissa n'auraient pu suivre une telle politique si le territoire propre des Massyles avait été aux mains des Carthaginois.

C'est plutôt à l'extrémité occidentale du royaume, dans la région de Cirta, que je serais tenté de rechercher les origines de la famille de Massinissa. Il est certain que cette ville devint la capitale de Massinissa et de Micipsa, mais Gaïa ne régnait point sur cette cité, qui appartenait alors à Syphax. Le fait que Micipsa, sinon Massinissa lui-même, ait été inhumé au Khroub est un élément de plus en faveur de Cirta. L'abondance des monuments mégalithiques dans la région cirtéenne permet dans une certaine mesure de croire à un fort peuplement des alentours du djebel Fortas, où furent précisément trouvées des stèles de très grande taille sur lesquelles sont figurés les chefs locaux, à l'oued Khanga et à Sila. Certains documents archéologiques montrent que dès le IVe ou le IIIe siècle, et peut-être même avant, les Numides de cette région étaient en relation avec les marchands puniques.

Mais d'autres faits invitent à rechercher un peu plus au sud le premier territoire de cette tribu. Le Médracen, qui est le tombeau d'un très grand personnage, d'un roi dont le souvenir n'était pas perdu à l'époque romaine, indique peut-être que la famille du souverain qui fit élever au IVᵉ-IIIᵉ siècle ce monument était originaire de l'Aurès. Il est donc contemporain de la dynastie massyle ; on a peine à croire qu'il ait pu servir à un prince appartenant à une autre famille régnante.

L'architecte du Médracen, tout en conservant les traditions des constructions funéraires berbères, a donné au monument des éléments architecturaux que prisaient les Carthaginois. On en déduit que le prince pour qui fut élevé le Médracen devait au moins être en relation avec les Carthaginois et son territoire s'étendre jusqu'à proximité d'une ville punique. La plus proche des cités habitées par des Phéniciens, au IIIᵉ siècle, reste Cirta, mais il est douteux que les quelques familles habitant cette ville aient pu alors donner naissance à un architecte capable d'élever ce monument. On peut donc admettre que le roi dont les restes furent déposés dans le Médracen étendait sa domination au moins jusqu'à Cirta et très vraisemblablement au-delà, vers le littoral et vers l'est.

On est amené à conclure que les Massyles occupaient le territoire de Cirta ; c'est entre cette ville et l'Aurès que s'est constituée la puissance massyle.

Le nom de Massul (Massyle) était encore porté dans cette région à l'époque romaine : il a été reconnu sur une épitaphe de Sila et sur deux inscriptions voisines de l'oued Djermane. Il est remarquable que ce nom n'ait été guère porté ailleurs puisqu'il n'a été retrouvé que sur une inscription de Cillium (Kasserine). Un petit oued, au sud de Constantine, porte encore le nom de Msyl.

Le royaume massyle, avant d'être réduit à une étroite bande comprimée entre le territoire de Carthage et le royaume masaesyle, comprenait donc à l'ouest la région cirtéenne, d'où devait être originaire la famille régnante. A l'est, avec la dorsale tunisienne, que les Carthaginois semblent avoir délaissée, il recouvrait la plus grande partie du bassin du Bagrada (Medjerda). Les longues querelles qui opposèrent Massinissa à Carthage ne paraissent pas avoir surgi uniquement de l'avidité du roi numide ; il s'agit, en fait, de revendications territoriales justifiées, exprimées successivement à mesure que s'accroissait sa puissance.

Relativement étroit dans la partie nord, le royaume massyle disposait d'immenses territoires dans les régions méridionales, parcourues par des tribus gétules. Il s'étendait jusqu'à la Tripolitaine actuelle et Lepcis faisait partie du royaume. Nous ignorons totalement les relations établies entre le roi et ces nomades, et comment était reconnue la suzeraineté numide par les seconds. Mais ces questions fort délicates s'éclairent quelque peu si on admet que la souveraineté berbère repose non pas tant sur la propriété du sol que sur la domination des personnes. Dès lors, peu importent les pertes territoriales si la tribu suzeraine conserve sa cohésion.

LE ROYAUME MASAESYLE DE SYPHAX

Pendant la seconde guerre punique, lorsque Scipion combattait en Espagne les armées carthaginoises, le plus puissant des rois africains était Syphax, souverain des Masaesyles. Le texte le plus explicite sur ce royaume est celui de Strabon : "Au territoire des Maures fait suite celui des Masaesyles qui commence au fleuve Molochath et se termine au cap Trêton" (XVII, 3, 9).

L'étendue du royaume

Je ne reviendrai pas sur l'identification de la Mulucha avec la Moulouya. La position de Siga, capitale de Syphax, sur la rive gauche de la Tafna, rend obligatoire la recherche de la Mulucha à l'ouest de ce fleuve : le choix ne peut donc se faire qu'entre la Moulouya et deux petits oueds côtiers (oued Kiss et oued Tleta). On a vu *supra* que, sans constituer une véritable limite naturelle, la Moulouya séparait cependant assez distinctement les deux provinces archéologiques de la Berbérie centrale et de la Berbérie occidentale. Le cap Trêton s'identifie sans conteste avec le cap Bougaroun dans la péninsule de Collo. La frontière entre la Numidie et la Maurétanie Césarienne passera plus tard à proximité de cette péninsule, à l'oued el-Kébir (Amsaga). Ce cours d'eau avait marqué la limite orientale du royaume de Juba II et, sur le plan archéologique, il s'identifie également à la limite occidentale du pays cirtéen, riche en monuments mégalithiques qui disparaissent brusquement à l'ouest de ce fleuve. L'identification de Strabon n'est peut-être qu'approximative, dans la mesure improbable où la frontière entre Massyles et Masaesyles était stable et rigoureusement tracée.

Les Masaesyles occupaient donc un territoire immense couvrant les deux tiers de l'Algérie et une partie du Maroc oriental. Des textes et une inscription latine les mentionnent même dans le Rif. Entre le moment où Syphax, roi des Masaesyles, est nommé pour la première fois dans le récit de Tite-Live et la date de 203 qui fixe son destin et celui de Massinissa, le domaine de ce roi ne cesse de s'étendre aux dépens des Massyles ; il est donc difficile de fixer les limites initiales du royaume de Syphax. Vers l'ouest, la frontière de la Mulucha, qui subsistera entre Bocchus et Micipsa, puis entre Bogud et Bocchus II, paraît n'avoir connu aucun changement depuis les règnes contemporains de Baga et de Syphax. C'est vers l'est que celui-ci étendit sa domination, en 205. Profitant des querelles entre les princes massyles, il règle à son avantage la succession de Capussa en chassant Massinissa et en le faisant poursuivre par ses lieutenants. Cirta fut-elle annexée à cette époque ou faisait-elle auparavant déjà partie des territoires masaesyles ?

Les citations antérieures à 205 nous montrent au contraire Syphax, cantonné dans l'ouest de la Masaesylie, aussi intéressé aux questions espagnoles qu'aux affaires numides. L'apparition de Syphax dans les régions voisines du pays massyle est donc tardive et en relation avec les troubles qui éclatèrent dans ce royaume après l'assassinat de Capussa. Je serais assez disposé à croire que la vraie capitale de Syphax était Siga et que Cirta ne le devint qu'à la suite de l'annexion du territoire massyle.

Siga et les villes de Masaesylie

La principale ville masaesyle était Siga, toujours mentionnée comme étant la capitale de Syphax. C'est là qu'en 206 il reçut en même temps Scipion et Asdrubal. C'est là sans doute qu'il faisait frapper une partie de sa monnaie ; les traditions monétaires se perpétuèrent dans cette cité où Bocchus le Jeune établira un nouvel atelier.

L'abondance relative des pièces de Syphax trouvées sur ce site, à l'inverse de Cirta, montre bien que Siga était la vraie tête du royaume masaesyle. A proximité s'élevait le tumulus royal de Beni Rhenan. A l'est de Siga, Strabon, qui utilise des documents bien antérieurs à son époque, ne cite que le port des Dieux (c'est le Portus divini des Romains, aujourd'hui Mers el-Kébir), Iol (Cherchell) et Saldae (Bougie). Sa documentation est donc très pauvre, elle ne concerne que les principaux comptoirs puniques. G. Vuillemot a étudié les échelles puniques de la côte oranaise, que nous sommes en droit de considérer comme les débouchés et aussi les centres économiques de la Masaesylie. Quelques-uns remontent à une époque très ancienne ; ainsi, dans l'île de Rachgoun, en face de l'estuaire de la Tafna, la nécropole a pu être datée du VIᵉ-Vᵉ siècle. Le site de Mersa Madakh, occupé par des marchands phéniciens à une époque aussi ancienne, était déjà abandonné au IIIᵉ siècle, après avoir, semble-t-il, connu une première destruction suivie d'une réoccupation. Dans le voisinage d'Oran, aux Andalouses, et à Saint-Leu, des documents d'âge plus récent révèlent l'importance des échanges avec l'Espagne. Parmi les objets d'importation, il faut citer les produits métalliques, qui faisaient particulièrement défaut en Afrique. Des produits d'exportation, nous en connaissons deux : l'ivoire et les coquilles d'œufs d'autruche. Mais nous ne savons si la matière première était seule exportée ou si les objets découverts en Espagne avaient été travaillés en Afrique. Le travail de l'ivoire semble avoir été fait dans les grandes villes phéniciennes du Levant, à Carthage et peut-être aussi à Gadès ; le décor des peignes et des manches en cette matière est entièrement orientalisant.

Pour les coquilles d'œufs d'autruche, la question est plus délicate. Dans un bel ouvrage sur les nécropoles de Villaricos (Espagne), qui ont fourni des centaines de coquilles décorées, M. Astruc a cru prouver que la décoration de presque toutes ces coquilles se faisait sur place. Mais il en est d'autres qui offrent de telles analogies avec la décoration géométrique berbère, telle qu'elle s'est maintenue jusqu'à nos jours, qu'il n'est pas invraisemblable de penser que les coquilles furent d'abord exportées alors qu'elles avaient reçu leur décoration et que plus tard les villes ibéro-phéniciennes préférèrent acquérir des coquilles brutes, dont elles assurèrent l'ornementation suivant les goûts locaux, à vrai dire peu différents de ceux qui prévalaient dans les cités africaines.

Un autre produit d'exportation de la Masaesylie (devenue Maurétanie Césarienne à l'époque romaine) fut le bois de thuya (*citrus* des auteurs latins) dont les loupes servaient à faire des tables précieuses ; Cicéron en avait acheté une un million de sesterces. Le principal mérite du bois de citre, outre son excellente conservation, était de posséder des veines couleur de miel ; certaines étaient ondulées *(tigrinae)*, d'autres bouclées *(pantherinae)*. Les grands centres de production étaient situés à l'ouest de Cherchell (Dahra et vallée du Chélif).

Nous ne savons rien des cités de l'intérieur parce que, jusqu'à l'époque romaine, la connaissance de l'Afrique est presque uniquement littorale. Cependant, il est difficile de croire que certains sites privilégiés, déjà occupés aux temps préhistoriques, ne soient pas alors devenus des places fortes ou des marchés, sinon les deux en même temps. Près d'El-Asnam (Orléansville), des tessons de poteries puniques du IVe siècle sont, dans l'état actuel des connaissances, les témoins les plus anciens et les plus continentaux de la pénétration du commerce phénicien en territoire masaesyle. Dans la région de Tiaret, des établissements du IIIe siècle révèlent l'importance de cette implantation.

Plus à l'est, en Algérie centrale, en dehors des cités puniques littorales, aucun centre intérieur n'a livré de témoignages contemporains de Syphax ou antérieurs à lui.

Organisation du royaume masaesyle

L'organisation politique et l'administration du royaume masaesyle nous échappent complètement. On constate simplement que seul le roi battait monnaie ; aucun vassal ni même aucune cité ne semblent avoir eu ce privilège, à cette époque du moins. Des deux séries monétaires à l'effigie de Syphax, celle qui semble la plus récente montre le roi ceint d'un diadème comme les rois hellénistiques. Celles de Vermina (= *Verminad*), son fils, aussi soignées

111

de facture, montrent aussi le jeune roi imberbe ceint d'un diadème. Les monnaies de Vermina sont vraisemblablement contemporaines de celles de la seconde série de Syphax, alors que Vermina commandait les armées masaesyles. On ne saurait toutefois pousser à fond ces conclusions et affirmer que Syphax avait associé Vermina à sa royauté.

La diversité des régions dont était constitué le royaume masaesyle rend très probable l'opinion que cet Etat était un agrégat de tribus vassales soumises par la force à l'autorité du chef des Masaesyles. On sait que ceux-ci étaient originaires d'Oranie et du Maroc oriental ; c'est dans cette région que subsista, à l'époque romaine, une tribu qui continua à porter leur nom (Pline, V, 17, 52 ; Ptolémée, IV, 2, 5). C'est là qu'était située leur capitale Siga, c'est dans cette province occidentale qu'ils puisaient les forces qui permirent à Syphax de jouer un rôle historique non négligeable. Strabon, copiant sans doute Posidonius, se souvient de cette ancienne prépondérance des provinces occidentales lorsque, traitant de la Masaesylie, il écrit : "Il fut un temps où la partie du pays contiguë à la Maurusie fournissait plus d'argent et de soldats, mais aujourd'hui les cantons qui confinent à la frontière carthaginoise et au territoire des Massyles sont comparativement plus florissants et mieux pourvus en toutes choses."

La politique ambitieuse et conquérante de Syphax fut-elle la cause de ce déclin des régions occidentales ? Suivant une règle générale qu'Ibn Khaldoun a mise en lumière dès le XIVe siècle, les grandes confédérations guerrières créatrices d'empires s'épuisent rapidement. Après l'échec de Syphax, son fils continuera à régner quelque part en Masaesylie occidentale, puis le mouvement de reflux s'achevant, les Massyles, Massinissa et ses fils, étendront leur autorité jusqu'au voisinage des Maures.

Lorsque les auteurs grecs et romains font allusion aux populations libyques les plus occidentales, ils les nomment *Maures* plutôt que *Numides*, mais la distinction ne fut définitive que lorsque les Romains eurent connaissance de l'existence d'un royaume indigène au Maroc. Artémidore, au IIᵉ siècle av. J.-C., considérait encore comme Numides les Libyens qui habitaient au voisinage des colonnes d'Hercule. Il est cependant probable que la distinction entre Numides et Maures était plus ancienne si, comme on l'admet généralement, le nom des Maures n'était qu'une simple désignation géographique, d'origine phénicienne.

Depuis le XVIIᵉ siècle, on explique, à la suite de Bochart, l'origine du nom des Maures par une contraction d'un terme sémitique : *Mahaurim*, signifiant "les Occidentaux". Les Phéniciens auraient ainsi désigné les populations d'Afrique du Nord situées au couchant (*Maghreb* des auteurs arabes), puis, à la suite d'une meilleure connaissance des Libyens de la Berbérie orientale, ils n'auraient conservé cette appellation que pour les peuples de l'Extrême-Occident, ceux du Maroc (*Maghreb el-Aqsa* des auteurs arabes).

S. Gsell, avec son habituelle prudence, fait remarquer qu'il n'y a aucune raison de rejeter l'assertion de Strabon attribuant une origine indigène au nom *Mauri*. Bien mieux, Pline écrit que, parmi les tribus de Maurétanie Tingitane, la principale était jadis celle des *Mauri*, que des guerres auraient réduite à quelques familles (V, 17). A l'appui de ces textes, certains auteurs ont cherché une origine berbère au nom des Maures. Rinn l'assimile à un radical *our* qui se retrouve dans le nom de djebel Amour et qui voudrait dire montagne ; les Maures seraient donc les montagnards, c'est-à-dire les sédentaires s'opposant aux pasteurs, traduction, suivant Rinn, du mot *numide*. Cette explication fantaisiste, qui s'accompagne d'une traduction erronée de Strabon, n'a aucune valeur.

D'autres ont rapproché le nom des Maures du nom actuel (et ancien) du massif des Aurès (Aoures, Aurasius) ; la sifflante qui apparaît dans le nom grec (Μαυρουσιοι) trouverait là son explication. En s'appuyant sur ces hypothèses, on a cru montrer que le royaume maure de Bocchus, le contemporain de Jugurtha, était situé non pas au Maroc mais dans l'Aurès.

Ce glissement considérable vers l'est de toute la géographie de l'Afrique antique se heurte à des contradictions historiques trop flagrantes pour être accepté. Dans l'état actuel de nos connaissances, on ne peut placer les Maures, dont on sait qu'ils s'étendaient jusqu'à l'Océan, ailleurs que dans la Berbérie occidentale.

UN ROYAUME FORT MAL CONNU, DE BAGA A BOGUD

Le royaume des Maures nous reste peu connu ; l'incertitude de nos connaissances s'étend même à une époque bien avancée dans l'Histoire. L'unité du nom que porte cependant le royaume de Berbérie occidentale jusqu'à la mort de Bogud et la ressemblance des noms que portèrent ses maîtres successifs (Baga, Bocchus, Bogud) me font croire que la même dynastie régna depuis le IIIᵉ siècle jusqu'à son extinction par la mort de Bocchus le Jeune.

La dynastie des Bocchus contrôlait, au dernier siècle avant notre ère, des territoires s'étendant au moins jusqu'à l'Atlas. Bogud alla même combattre les Ethiopiens, mais cette assertion de Strabon (XVII, 3, 5) ne permet pas d'affirmer que le royaume de Baga, deux siècles plus tôt, était aussi étendu. Je ne crois pas cependant qu'il était confiné au voisinage du détroit, puisque ce roi s'intéressait aux questions numides ; appuyant les prétentions de Massinissa à la succession massyle, il lui donna 4 000 hommes qui lui servirent d'escorte. Grâce à cette indication sommaire de Tite-Live (XXIX, 29, 7), on peut affirmer que Baga n'était pas un roitelet mais un souverain qui contrôlait au moins les territoires compris entre le détroit et la Masaesylie. C'est aux confins de cette dernière qu'était localisée la tribu des Maures, qui donna son nom au royaume (Pline, V, 17). Pendant la lutte finale entre Scipion et Hannibal, Baga, toujours allié de Massinissa, envoya des contingents qui contribuèrent à la défaite des Carthaginois (Tite-Live, XXIX, 30, 3).

Plus tard, nous avons l'assurance que le royaume maure n'avait pas une organisation centralisée puisque, vers 80 av. J.-C., Ascalis, un roitelet, allié ou vassal du roi de Maurétanie qui était alors Bocchus ou Sosus, régnait sur Tanger et sa région. Il fut détrôné par Sertorius. Il est imprudent de reporter au temps de Baga une organisation analogue du royaume maure, mais il est certain que les royaumes devaient être encore moins centralisés dans les temps primitifs. Les rois n'étaient que des chefs de confédérations plus ou moins lâches.

Les Phéniciens avaient depuis plusieurs siècles établi d'importants comptoirs sur les côtes atlantiques, de part et d'autre du détroit de Gibraltar. En Afrique, Lixus (Larache) était la plus vieille et la plus puissante cité commerciale de l'Extrême-Occident ; les récits légendaires font remonter sa création autour de l'an 1000 av. J.-C. ; en fait les données archéologiques ne permettent pas, pour le moment, d'aller plus haut que la fin du VIIe siècle. L'île de Mogador, en revanche, fut fréquentée par les navigateurs levantins dès le VIIIe siècle, c'est peut-être l'île de Cerné mentionnée par le *Périple d'Hannon*, le

Périple de Scylax, Polybe et Ptolémée. Entre cette île et le détroit, il existait des échelles comme Sala (Salé), qui deviendra une ville importante sous Juba II, ou Banasa sur le fleuve Sebou.

Les relations entre le royaume maure et ces villes phéniciennes installées sur le littoral méditerranéen et atlantique restent bien obscures. L'influence punique, renforcée de l'influence ibérique encore plus ancienne, s'exerça cependant assez profondément pour que les cités, même celles situées à l'intérieur des terres, apparaissent comme des foyers de culture punique avant de devenir des centres de romanisation. Dès le IVe siècle, les grandes amphores fabriquées dans ces villes étaient vendues aux Maures des campagnes et à leurs princes, qui exerçaient peut-être déjà leur autorité sur ces mêmes cités.

Une inscription punique de Volubilis qui mentionne la généalogie du suffète SWYTNKN apporte la preuve que la ville existait dès le IVe siècle et que la fonction de suffète était établie dès le début du IIIe siècle, sinon avant.

UN NOM QUI FIT FORTUNE

Le royaume et surtout le nom des Maures devaient connaître une extension progressive. La première suit la guerre de Jugurtha : Bocchus Ier ayant livré à Sylla son gendre et allié Jugurtha reçut, pour prix de sa trahison et de sa nouvelle alliance, la partie occidentale du royaume numide qui est l'ancienne Masaesylie.

Suivant un schéma bien connu, les nouveaux sujets de Bocchus, roi des Maures, deviennent des Maures et le pays, anciennement numide, se nomme désormais Maurétanie, comme le reste du royaume. Cependant, les vieilles divisions d'origine préhistorique subsistent, ce qui explique

que les Romains, après la mise à mort de Ptolémée, dernier roi maure (40 ap. J.-C.), aient subdivisé le royaume en Maurétanie Césarienne (ancienne Masaesylie) et Maurétanie Tingitane (premier royaume des Maures).

Ces provinces furent moins profondément romanisées que la province d'Afrique, gouvernée par un proconsul, et dont la région militaire reçut plus tard une organisation particulière sous le nom de Numidie. Cette différence dans l'urbanisation et l'acculturation des deux groupes de provinces explique un glissement progressif du nom des Maures, qui servit de plus en plus, au cours des siècles de domination romaine, à désigner ceux qui, en Afrique, demeuraient en dehors de la culture dominante et des structures politiques. Le Maure, pour le Romain ou l'Africain romanisé, est, en quelque sorte, ce que sera le Berbère pour le conquérant arabe. C'est ainsi qu'il y aura des *dii mauri* (cf. chap. "Les Berbères et le divin") – et leur invocation sera plus fréquente en Numidie et Africa que dans les Maurétanies – et qu'aux derniers siècles de la domination romaine et à l'époque vandale et byzantine les auteurs mentionneront couramment des bandes, puis des royaumes "maures" dans les anciens pays numides et jusqu'au cœur de la Tunisie actuelle !

Les Espagnols de la Reconquista, et à leur suite les Européens, conservèrent ce nom en lui donnant même une acception encore plus vaste puisqu'il servit à désigner globalement ceux que nous appelons aujourd'hui Maghrébins ou Nord-Africains. Les Maures chassés d'Espagne vinrent s'établir dans les villes d'Afrique, où les Arabo-Berbères leur conservèrent le nom d'Andalous.

Mais les souvenirs de l'Antiquité classique, auxquels s'ajoutait la connotation "sombre" donnée par l'adjectif grec μαυρος *(mauros)*, ont fait revivre, à l'époque coloniale, le nom des Maures et de Mauritanie (au lieu de

Maurétanie) pour désigner les populations nomades, en grande partie arabisées, et le pays situé au sud du Maroc, ancienne Maurétanie Tingitane.

LES GÉTULES

Le troisième peuple occupant l'Afrique du Nord fut appelé Gétule par les Anciens. La localisation des Gétules est très incertaine car ils sont signalés à la fois au Maroc, en Algérie et en Tunisie, comme si, à partir d'une certaine latitude, les Libyens de ces régions prenaient automatiquement ce nom. Celui-ci n'apparaît que tardivement dans la littérature ; Salluste est l'auteur le plus ancien à le mentionner et il fait jouer aux Gétules un rôle important dans la formation du peuple numide. Tite-Live dit que des Gétules firent partie des armées d'Hannibal (XXIII, 18, 1).

En Maurétanie Tingitane, les Gétules semblent avoir été très menaçants. Au cours d'une poussée vers le nord, des tribus gétules, les Baniures et les Autololes, occupèrent le territoire d'où serait originaire la tribu des Maures. Ces Gétules s'étendaient vers le sud jusqu'aux Ethiopiens ; il en était de même dans les autres provinces romaines d'Afrique. Pendant longtemps, les controverses au sujet de la signification du mot *Ethiopien* rendaient difficile leur localisation : les Gétules couvraient-ils à la fois les steppes et le Sahara ou n'occupaient-ils que les marges méridionales des pays de l'Atlas, le Sahara étant abandonné à des gens de couleur ? Nous savons aujourd'hui que le Sahara présentait au cours de la période antique un peuplement semblable à l'actuel, le problème ne se pose plus : les Gétules nomades parcouraient le désert et les steppes voisines comme les grands nomades actuels, tandis que les Ethiopiens occupaient les oasis, comme les Haratin. De sorte qu'on pourrait tout aussi bien dire que l'Ethiopie commence au nord avec les oasis, ou que la Gétulie se poursuit au sud jusqu'aux limites du nomadisme blanc.

Nous avons tout lieu de croire que les Garamantes, peuple nomade qui vivait au Fezzan et au Tassili n Ajjer, étaient des Berbères et non des Ethiopiens comme le laisse supposer S. Gsell. Ils furent toujours en relation avec les Gétules. Plus à l'est, les Libyens nomades d'Hérodote pénétraient largement dans le Sahara : les Nasamons allaient cueillir les dattes ou plutôt prélever leur part sur la récolte, dans l'oasis d'Augila. Certains allèrent jusque chez les peuplades nègres voisines du Tchad ou du Niger (IV, 172, 182, II, 22). A l'extrême ouest, les Pharusiens, nomades que Strabon distingue des Ethiopiens, habitaient un pays "où les pluies tombent en abondance l'été" (XVII, 3, 7), de telles conditions climatiques n'existent actuellement qu'au sud du Rio de Oro.

Les limites des territoires gétules ne sont pas mieux connues au nord qu'au sud. Nous avons vu l'incertitude qui règne au Maroc atlantique ; elle est encore plus grande en Berbérie centrale où Strabon dit seulement que certains terroirs sont cultivés par les Gétules. Plus à l'est, on sait d'une façon certaine que Gafsa était située en pays gétule au temps de Jugurtha. Marius enrôla des contingents gétules dans son armée. Il leur donna des terres en Numidie et Africa et leurs descendants restèrent de fidèles marianistes pendant les guerres civiles. Un demi-siècle plus tard, pendant la guerre civile, deux "villes gétules" furent prises par Sittius après l'occupation de Cirta ; cela ne signifie pas pour autant que ces bourgades étaient à proximité de la ville numide.

S. Gsell attache une grande importance à l'assertion d'Apulée qui se dit semi-numide semi-gétule et dont la patrie, Madaure, était située aux confins de la Numidie et de la Gétulie (*Apologia*, 24, 1). En revanche, Strabon écrit qu'entre la Gétulie et le littoral méditerranéen "on rencontre beaucoup de plaines et beaucoup de montagnes, voire de grands lacs et des fleuves, et parmi ces derniers quelques-uns dont le cours est brusquement interrompu et se perd sous terre" (XVII, 3, 19). Cette description exacte des régions du Sud constantinois ne paraît pas confirmer l'assertion d'Apulée. S. Gsell range la grande tribu des Musulames parmi les Gétules en s'appuyant, je pense, sur le texte d'Apulée ; sachant que sous l'Empire la limite du territoire des Musulames passait à peine à 4 km de Madaure et qu'Apulée disait que cette ville était aux confins de la Numidie et de la Gétulie, il était tentant de faire le rapprochement. Or ni Tacite ni aucun auteur parlant des Musulames n'a jamais dit que cette peuplade était gétule. Bien mieux, Tacite, qui en parle longuement au sujet de la révolte de Tacfarinas, les traite toujours de Numides. On ne peut même pas objecter qu'il emploie ce terme dans un sens très général puisqu'il distingue soigneusement les Numides (Musulames), sous le commandement de Tacfarinas, les Maures, sous les ordres de Mazippa, et enfin les Garamantes. Paul Orose cite dans la même phrase Musulames et Gétules, ce qui montre que, dans son esprit, les Musulames se distinguent des Gétules. Si les Musulames étaient des Gétules, il faudrait admettre que certains Gétules n'étaient point nomades et ne se distinguaient guère des cultivateurs numides, puisque les nécropoles de Gastel et du djebel Mistiri, en pays musulame, sont manifestement celles de populations paysannes sédentaires et non point de pasteurs nomades.

Gétule n'a donc pas un sens politique, il n'a également aucun sens ethnique puisqu'il est employé systématiquement pour désigner des populations méridionales depuis l'Océan jusqu'aux Syrtes et même au sud de la Cyrénaïque (Strabon, XVII, 3, 19 et 23), c'est-à-dire des populations nécessairement nomades.

Les Gétules, en contact à la fois avec les Garamantes, dont il est difficile de les distinguer, avec les Ethiopiens des oasis et du Soudan, et avec leurs frères de race, Numides et Maures des Pays heureux du Nord, occupaient donc les immenses steppes de la Berbérie présaharienne. Les cultivateurs qu'on signale çà et là en Gétulie peuvent être assimilés aux groupes sédentaires qui occupent la plupart des vallées arrosées de l'Atlas ; mais les Gétules étaient, dans leur très grande majorité, des pasteurs nomades. Successeurs des Bovidiens blancs de la fin du Néolithique, prédécesseurs des chameliers, ces cavaliers nomades avaient déjà appris à remonter, tous les étés, vers les pâturages septentrionaux. Le long de leur route, le long de ces remontées sahariennes de la Berbérie centrale, ils introduisirent certaines formes de monuments plus africaines que méditerranéennes. Ces nomades contemplateurs paraissent avoir attaché une plus grande importance au culte funéraire que leurs voisins du Nord. Autels, repères, cheminements et chapelles accolées aux tombes révèlent des pratiques inconnues des Numides ou des Maures.

PERMANENCE DES DIVISIONS RÉGIONALES

Durant toute l'Antiquité, c'est-à-dire jusqu'à la conquête arabe ou, plus exactement, jusqu'au moment où les sources arabes nous révèlent une Afrique différente, les populations berbères, sans connaître de véritables assises territoriales, se répartissent avec une certaine constance suivant un schéma fixé dès les temps préhistoriques : nomades de l'actuelle Libye et du sud du Maghreb, où ils reçoivent le nom de Gétules et au Sahara oriental celui de Garamantes ; sédentaires et petits nomades dans les provinces du Nord : Libyphéniciens et Afri dans le territoire de Carthage ; Numides en Tunisie occidentale et en Algérie ; Maures au Maroc, ce dernier vocable finissant, comme nous l'avons vu, par désigner la totalité des populations non romanisées de l'ensemble de l'Afrique du Nord.

En fait, la distinction entre Afri, Numides et Maures paraît, même aux acteurs anciens, plus livresque que le reflet d'une réalité ethnique. Ces dénominations reposent sur la situation géographique des principales tribus qui donnèrent leur nom, d'abord aux royaumes africains, puis aux provinces romaines. La politique de cantonnement des tribus, qui fut une constante de l'action administrative romaine, renforça pendant plusieurs siècles cette assise territoriale, même si elle se traduisit par une réduction considérable du domaine conservé.

Les Africains y avaient été préparés quelque peu par leur contact millénaire avec les Carthaginois. Après avoir négligé de s'assurer une véritable domination territoriale (ils payèrent jusqu'au Ve siècle un tribut, ou plus exactement une location du territoire de leur ville, à des roitelets locaux), les Carthaginois se constituèrent un premier domaine qui, d'abord limité aux environs immédiats de la ville, s'étendit au point de couvrir la plus grande partie de la Tunisie et gagna, un moment, la région de Tébessa en Algérie. Cette extension se fit aux dépens des Numides massyles qui, par réaction, attachèrent d'autant plus d'importance aux territoires qui leur restaient. La politique de récupération des terres suivie par Massinissa aux dépens de Carthage pendant un demi-siècle (201-150 av. J.-C.) visait à réduire la ville à son territoire primitif, mais au même moment il agrandissait son royaume vers l'ouest en annexant le royaume de Syphax et de son fils Vermina, c'est-à-dire la Masaesylie.

La disparition des royaumes numide et maures au profit de Rome se fit en plusieurs étapes ; entre la destruction de Carthage (146 av. J.-C.) et l'annexion de la Maurétanie (40 ap. J.-C.), il s'écoula près de deux siècles. On ne peut guère parler d'avidité ni même d'empressement à dominer l'Afrique. Après la mise à mort de Ptolémée, dernier roi de Maurétanie, le pays fut divisé en deux provinces qui, suivant une constante territoriale qu'il importe de signaler, correspondent fidèlement, l'une, la Maurétanie Césarienne, à l'ancien territoire masaesyle (Algérie centrale et occidentale), l'autre, la Maurétanie Tingitane, au royaume maure primitif.

ADMINISTRATION DES TRIBUS A L'ÉPOQUE ROMAINE

Désormais, l'administration romaine n'a plus affaire qu'à des tribus, parfois fort puissantes lorsque, comme les Baquates en Maurétanie Tingitane, les Musulames en Africa, les Bavares en Maurétanie Césarienne, elles prennent la tête de véritables confédérations. Les tribus ou *gentes* connaissent des situations administratives fort différentes. Les unes, étroitement contrôlées, sont administrées par des préfets *(praefectus gentis)*, qui sont le plus souvent d'anciens officiers subalternes de l'armée romaine, d'origine indigène. Ces préfets, en cas de troubles, lèvent un "goum" d'auxiliaires.

Les tribus administrées par les préfets avaient leurs terres à l'intérieur des provinces romaines mais conservaient leur organisation antérieure. Au moment de troubles et d'affaissement du pouvoir impérial, elles retrouvaient

123

facilement leur esprit d'indépendance, se débarrassaient de leurs "caïds" à moins que ceux-ci ne donnassent eux-mêmes le signal de la révolte.

Suivant les lieux et les époques, certaines confédérations sont gouvernées par des chefs qui reçoivent le titre royal, reconnu officiellement par les gouverneurs romains, lesquels signent avec eux des traités d'alliance et leur remettent solennellement les insignes du pouvoir ; au temps de Procope (VIᵉ siècle), ces chefs recevaient une couronne, un sceptre d'argent, un manteau blanc, une tunique blanche et des chaussures dorées. Le cas le mieux connu, parce qu'il nous est révélé par plusieurs dédicaces découvertes dans les ruines de Volubilis (Maurétanie Tingitane), est celui des rois et *principes* baquates. La fréquence de ces "autels de la paix", au IIIᵉ siècle, révèle en réalité la fragilité de la *Pax romana* dans la région. Au Sahara, les Garamantes avaient leur roi, avec qui étaient entretenues des relations suivies et officielles.

CONFUSION DES FONCTIONS ADMINISTRATIVES ET DES CHEFFERIES BERBÈRES A LA FIN DE L'EMPIRE

Au Bas-Empire, l'affaiblissement du pouvoir impérial s'accompagna naturellement d'un regain de puissance des chefs indigènes. A la fin du IVᵉ siècle, on assiste à l'ascension de grandes familles qui cumulent des fonctions administratives provinciales romaines et de grands commandements traditionnels. Le meilleur exemple est donné par cette famille princière de Kabylie : le père, Flavius Nubel, possédait un vaste domaine et une villa fortifiée, nous dirions aujourd'hui un "bordj", dans la région de Blad Guitoun (ex-Ménerville) ; c'est pour lui, vraisemblablement, que fut édifié le beau mausolée voisin. Son fils aîné, Firmus, prend, en 372, la tête d'une vaste rébellion qui s'étendit à une bonne partie de la Maurétanie Césarienne ; le chef berbère reçoit le concours de nombreuses tribus de Kabylie, de l'Ouarsenis, du Dahra. Il s'empara même de la capitale de la province, Caesarea (Cherchell), et incendia Icosium (Alger). Il fallut l'envoi du *magister militum* Théodose, le père du futur empereur du même nom, à la tête d'une véritable expédition, pour venir à bout de l'insurrection. Or l'Histoire connaît quatre frères de Firmus qui exercèrent à leur tour des fonctions les plus hautes : Sammac possédait le château de Petra dans la vallée de la Soummam, au sud de Bougie ; Gildon, qui avait participé aux côtés de Théodose à la lutte contre son frère Firmus, devint, sous Honorius, comte d'Afrique, c'est-à-dire la plus haute autorité militaire dans l'ensemble des provinces africaines. Il se révolta à son tour contre le pouvoir impérial, et plus particulièrement contre Stilicon, tout-puissant ministre du falot Honorius. Ayant fait acte d'allégeance à l'autre empereur (le plus éloigné), Arcadius, qui siégeait à Constantinople, Gildon interrompt la livraison de l'huile et du blé africains ; c'était là faire usage d'une arme économique terrible qui risquait en quelques semaines d'affamer Rome. Son frère Mascezel reçut le commandement des forces envoyées contre lui, il l'écrasa au printemps 398 mais fut mis à mort, à son tour, peu après, en même temps que Dius, le dernier fils de Nubel.

Cette histoire tragique montre à quel degré de puissance et à quelle hauteur dans les dignités était parvenue une famille africaine à peine romanisée mais chrétienne, dont la plupart des membres (Nubel, Gildon, Sammac, Mascezel) portaient des noms berbères. Sous la domination vandale, à la fin du Ve siècle, on vit même un ancien *dux*, Masties, se proclamer empereur en Aurès, revendiquer à la fois sa fidélité à Rome et sa qualité de chrétien.

Ces exemples, s'ils sont les mieux connus, ne sont pas isolés. Dans les mêmes temps s'élèvent à travers les campagnes africaines des *fundus* ou *castellum* privés, châteaux fortifiés, villas et maisons fortes, autant de témoins de l'éclatement du pouvoir.

Cette emprise territoriale des chefs berbères aboutira aux siècles suivants, sous la domination vandale puis byzantine, à la constitution de véritables royaumes indépendants dont les assises ne furent cependant pas assez puissantes pour résister longtemps à la conquête arabe. Les témoignages littéraires, architecturaux, voire épigraphiques, ne manquent pas et on rêve à ce qu'auraient pu devenir ces royaumes qui amalgamaient imparfaitement des rudiments de culture latine, un christianisme élémentaire et de fortes traditions berbères. L'un de ces princes, Masuna, se disait, en Algérie occidentale, roi des Maures et des "Romains". N'est-ce pas une titulature similaire que Clovis pouvait, au même moment, revendiquer dans le nord de la Gaule ?

LES BERBÈRES DU MOYEN ÂGE

AVOIR UN ANCÊTRE

Les différents peuples et principautés berbères de l'Antiquité nous semblent avoir constitué des ethnies relativement stables dont les noms et même parfois la localisation demeurent au cours des siècles, et nous venons de voir qu'à l'époque romaine, du fait de la conception territoriale du pouvoir, une tendance très nette se manifeste chez les Africains à la constitution de territoires propres dévolus d'abord aux *gentes* puis aux princes.

C'est une image toute différente que nous donnent des Berbères les historiens arabes du Moyen Age. Il est vrai que ces écrivains, et particulièrement Ibn Khaldoun, qui est la principale source, n'écrivent que plusieurs siècles après la conquête arabe et que, s'ils se servent de textes plus anciens, parfois écrits par des Berbères érudits instruits dans la langue arabe, ils ont des conceptions totalement différentes de celles des écrivains de l'Antiquité. Ceux-ci avaient une vue globale et territoriale : tel peuple occupant telle région pouvait venir, partiellement ou en totalité, d'un autre pays. Il suffit, pour saisir ce mécanisme, de se reporter à la légende transmise par Salluste sur les origines des Numides et des Maures ou, six siècles plus tard, au texte de Procope sur ces mêmes origines.

Au contraire, les historiens arabes se révèlent en premier lieu des généalogistes. Ce qui fait l'objet de leur recherche et les délices de la rédaction, c'est l'établissement, de proche en proche, de filiations de plus en plus éloignées dans le temps jusqu'à un ancêtre éponyme. C'est là une conception patriarcale, constante chez les Orientaux, et que les Phéniciens avaient déjà introduite chez les Berbères. Certaines stèles de Carthage, mais aussi de villes africaines de culture punique et jusqu'à la lointaine Volubilis, donnent des filiations interminables ; ainsi, la stèle du suffète SWYTNKN, de Volubilis, à laquelle nous avons déjà fait allusion, donne le nom de ses ancêtres depuis six générations. Cette coutume phénicienne avait largement pénétré chez les Libyens mais elle s'atténua à l'époque romaine, où seule est généralement retenue la mention du père.

Pour les historiens du Moyen Age il n'y a plus de peuples mais de grandes familles patriarcales. Par l'existence reconnue ou affirmée d'un ancêtre commun, clans, fractions, tribus se savent ou se disent parents. Cette conception lignagère ne repose évidemment sur aucune base territoriale, aussi des groupes prétendant descendre d'un même ancêtre dont ils portent le nom peuvent se situer à des milliers de kilomètres de distance. Les Sanhadja, fils de Branès, peuvent occuper la Grande Kabylie, le Hoggar, le voisinage du Sénégal (qui leur doit son nom) et avoir, de ce fait, des genres de vie fort différents.

La dispersion, l'éparpillement même sont encore plus grands dans une autre "famille", celle des Zenata, descendant de Dari, lui-même petit-fils de Madghis. Comme l'a dit H. Terrasse, "les Zénètes s'étendaient dans toutes les directions de moindre résistance, se rétractaient ou se déplaçaient en cas d'échec" : on trouve leurs descendants dans toutes les régions du Maghreb et du Nord Sahara.

De ces multiples filiations patiemment gardées dans la mémoire collective, enrichies lorsque les alliances politiques ou des agrégations de nouveaux clans nécessitaient ces modifications, ressort une pénible sensation de dispersion et de confusion qui se situe à l'opposé des répartitions géographiques de l'époque classique. Celles-ci n'étaient cependant pas plus exactes, mais elles reposaient sur une constance territoriale qui échappe totalement aux généalogistes arabes.

Il est vrai qu'entre-temps, en nous plaçant à l'époque de notre source principale, Ibn Khaldoun, c'est-à-dire au XIVe siècle, trois événements de première grandeur ont bouleversé les données géopolitiques et ethniques de l'Afrique ancienne. Le premier, et le plus mystérieux, est l'apparition des grandes tribus chamelières nomades sur le flanc sud-est de l'Afrique romaine à partir du IVe siècle. Le deuxième est la conquête militaire arabe du VIIe siècle. Le troisième est l'arrivée, au XIe siècle, de plusieurs tribus arabes nomades que les historiens nomment invasion hilalienne.

AVANT LA TOURMENTE, UN DÉSERT PAISIBLE

Les grandes tribus chamelières ne commencèrent à exercer une pression vraiment gênante sur la Tripolitaine qu'au IVe siècle. Rome avait organisé aux IIe et IIIe siècles un réseau routier qu'appuyaient de nombreuses places fortes que l'on nomme par simplification le limes. Ce n'était pas une simple ligne de démarcation mais une zone militaire, parfois profonde d'une centaine de kilomètres, qui permit l'implantation de cultivateurs sur d'anciennes terres de parcours et le développement d'un commerce caravanier transsaharien, ainsi que le contrôle des déplacements des petits nomades. Nous avons plusieurs témoignages de cette occupation saharienne et de cette mise en valeur. La splendeur et la richesse d'une ville comme Lepcis Magna en sont la conséquence directe.

Plus émouvantes, peut-être, sont les modestes archives d'un poste militaire, celui de Bu Ngem, dans le désert tripolitain, que R. Rebuffat fouilla pendant de nombreuses années. Ces archives sont les *ostraca*, simples tessons sur lesquels étaient mentionnés, en quelques mots, les moindres événements : l'envoi en mission d'un légionnaire chez les Garamantes, ou le passage de quelques Garamantes conduisant quatre bourricots *("Garamantes ducentes asinos IV…")*. Dès le IIe siècle, des produits romains, amphores, vases en verre, bijoux, étaient importés par les Garamantes jusque dans leurs lointains ksour du Fezzan, et des architectes romains construisaient des mausolées pour les familles princières de Garama (Djerma).

LEVATHAE ET LOUATA : LE PÉRIL CHAMELIER

Le Bas-Empire donne une image moins paisible de ces régions. En 363, Ammien Marcellin nous l'apprend, une tribu nomade, les *Austoriani* (appelés aussi *Austur, Austurii* ou encore *Austuriani*, les Latins et les Grecs ont toujours affreusement écorché les noms berbères), assiège Lepcis Magna et Oea, probablement aussi Sabratha, la troisième cité de Tripolitaine. En 408 et 423, le comte de Tripolitaine doit les combattre à nouveau ; au même moment, ils se manifestent en Cyrénaïque si l'on en croit Synesius qui ne laisse planer aucun doute sur leurs caractères : ce sont de grands nomades chameliers capables de se déplacer sur de très grandes distances en bordure du Sahara. De fait, un siècle plus tard, sous la domination vandale et encore lors de la reconquête byzantine, ces mêmes Austuriens, associés à d'autres tribus, pénètrent en Byzacène (Tunisie centrale et méridionale) et s'allient même avec des Maures, sans doute des montagnards de la Dorsale tunisienne, qui ont constitué un royaume sous la domination d'un certain Antalas. Parmi ces nomades qui pénètrent maintenant si profondément dans les plus riches campagnes d'Afrique, il est une tribu qui nous retiendra plus longuement. Elle est connue sous des appellations diverses, Ilaguas, Laguatan, Levathae, ce sont les mêmes gens que les écrivains arabes nomment *Louata*. Procope et Corippus les montrent pénétrant en Byzacène en 544 et assiégeant, quatre ans plus tard, l'importance cité de Lares (Lorbeus), à mi-chemin sur la route de Carthage à Theveste (Tébessa). El-Bekri et Ibn Khaldoun retrouvent ces mêmes Louata dans le sud de l'Aurès et jusqu'au voisinage de Tiaret. Tout se passe comme si, au cours des siècles, ces grandes tribus nomades avaient lentement progressé de la Cyrénaïque vers le Maghreb central. Il s'agit en fait d'une de ces pulsations qui, depuis la préhistoire, conduit toujours au Maghreb des populations venues de l'est.

Le poème épique du dernier écrivain latin d'Afrique, la *Johannide* de Corippus, raconte les combats que le commandant des forces byzantines, Jean Troglita, dut conduire contre ces terribles adversaires alliés aux Maures de l'intérieur. Ces Berbères nomades sont restés païens, ils adorent un dieu représenté par un taureau, nommé Gurzil, et un dieu guerrier, Sinifere. Leurs chameaux, qui effraient les chevaux de la cavalerie byzantine, sont disposés en cercle et protègent ainsi femmes et enfants qui suivent les nomades dans leurs déplacements.

LE CHAMEAU AU SAHARA : INTRODUCTION
OU MULTIPLICATION ?

On a beaucoup et longuement discuté la brusque apparition du chameau, ou plus exactement du dromadaire, dans l'histoire des Berbères. Cet animal était très rare aux temps capsiens, mais non totalement inexistant, et ne fut jamais représenté dans les gravures et peintures néolithiques. Pline l'Ancien ne le cite pas parmi les animaux d'Afrique, mais il ne cite pas plus l'âne, monture par excellence des pays maghrébins. En revanche, au Ier siècle av. J.-C., le chameau était assez répandu pour que César s'emparât d'une cinquantaine de ces animaux appartenant au roi numide Juba Ier. On apprend incidemment, quatre siècles plus tard, que le corps du rebelle Firmus fut ramené à Théodose attaché sur un chameau. Cette documentation littéraire, étayée de rares figurines en argile ou de reproductions sur mosaïque, ne permet cependant pas d'affirmer que le chameau était commun en Afrique pendant les premiers siècles de l'Empire. De là à imaginer qu'il fut introduit en Afrique au IIIe siècle par les contingents syriens de l'armée romaine et à penser que les Berbères, devenus chameliers par contagion, purent enfin conquérir le Sahara grâce à cette monture adaptée au désert, il y a une distance qu'à la suite d'E. F. Gautier plusieurs historiens n'ont pas hésité à franchir.

Cette opinion ne repose sur aucun argument valable. Nous savons (voir chap. "Les origines") que les Méditerranéens éleveurs de chevaux contrôlaient le Sahara plusieurs siècles avant la prétendue conquête du désert par les Berbères chameliers. Il est plus sage de constater le développement de l'élevage du chameau en Tripolitaine à partir des IVe et Ve siècles et de suivre la progression de ces tribus vers l'ouest et vraisemblablement vers le sud.

BOTR ET BRANÈS, SANHADJA ET ZÉNÈTES

Ces nomades chameliers vont balayer des plaines méridionales la vie sédentaire et l'agriculture que l'organisation du limes avait seule rendues possibles. L'irruption de vrais nomades dans un monde africain où, depuis des siècles, l'administration royale puis romaine avait poussé le Berbère à borner son horizon à ses rangées d'oignons ou ses lignes d'oliviers eut pour ce pays et ce peuple d'immenses conséquences. Avec la disparition du limes, les petits nomades, qui auparavant étaient étroitement contrôlés et filtrés lors de leur transhumance limitée entre le piémont saharien et les plateaux céréaliers, échappent dorénavant à toute contrainte. Pressés par les nomades chameliers ou se mêlant à ces nouveaux venus, ils pénètrent de plus en plus profondément dans les terres riches et cultivées. Cette pénétration des nomades à partir du VIᵉ siècle ainsi que la conquête arabe du VIIᵉ siècle s'accompagnent d'une modification climatique aujourd'hui admise par la plupart des spécialistes ; assèchement qui se manifeste aussi bien dans le Proche-Orient qu'en Grèce et en Tunisie, ce qui explique du même coup l'affaiblissement des sociétés paysannes établies sur les franges méridionales du domaine cultivable. Une autre conséquence fut l'introduction dans un milieu paléoberbère de nouveaux groupes berbères, venus de l'est, qui se distinguent des premiers non seulement par le genre de vie, leur monture et même leur bétail, mais encore plus par les particularités de leur langue. Les linguistes reconnaissent en effet un groupe particulier, le zénète, auquel appartiennent les nouveaux venus. Ces Zénètes ne sont pas les descendants des Numides et des Maures ; ils prennent la place des Gétules et les absorbent dans de nouvelles confédérations, leur donnant par cooptation une généalogie nouvelle.

Parmi eux, le groupe le plus important est celui des Sanhadja, qui créa en différentes régions du Maghreb et du Sahara plusieurs royaumes et empires. On a simplifié à l'extrême en opposant systématiquement Zénètes et

Sanhadja. Si les rivalités furent fréquentes entre eux, il serait faux de penser que tous les nomades berbères sont zénètes, et tous les Sanhadja des sédentaires. En fait, aujourd'hui, il n'existe pratiquement plus de nomades appartenant au groupe linguistique zénète ; ils ont été parmi les Berbères les premiers arabisés. En revanche, les parlers berbères nomades (Touaregs) qui subsistent sont du groupe sanhadja.

LA CONQUÊTE ARABE : LES PREMIÈRES EXPÉDITIONS

Le second événement historique qui bouleversa la structure sociologique du monde africain fut la conquête arabe. Contrairement à une opinion assez répandue en Europe et qui traîne dans les manuels scolaires, cette conquête ne fut pas une tentative de colonisation, c'est-à-dire une entreprise de peuplement. Elle se présenta comme une suite d'opérations exclusivement militaires dans lesquelles le goût du lucre se mêlait facilement à l'esprit missionnaire. Contrairement à une autre image, cette conquête ne fut pas, non plus, le résultat d'une chevauchée héroïque, balayant toute opposition d'un simple revers de sabre.

Le prophète Mohammed meurt en 632 ; dix ans plus tard, les armées du calife occupaient l'Egypte et la Cyrénaïque. En 643, elles pénètrent en Tripolitaine. Sous les ordres d'Ibn Sâd, gouverneur de l'Egypte et frère de lait du calife Othman, un raid de cavalerie est dirigé sur l'Ifriqiya (déformation arabe de l'ancien nom *Africa*), alors en proie à des convulsions entre Byzantins et Berbères révoltés et entre Byzantins eux-mêmes. Cette opération révéla à la fois la richesse du pays et ses faiblesses. Elle alluma d'ardentes convoitises. L'historien En-Noweiri décrit avec quelle facilité fut levée une petite armée composée de contingents fournis par la plupart des tribus arabes. Partie de Médine en octobre 647, cette troupe ne devait pas dépasser 5 000 hommes, mais en Egypte, Ibn Sâd, qui en prit le commandement, lui adjoignit un corps levé sur place qui porta à 20 000 le nombre des combattants musulmans. Le choc décisif contre les Roûm (Byzantins) commandés par le patrice Grégoire eut lieu près de Sbeïtla, en Tunisie. Grégoire fut tué. Mais ayant pillé le plat pays et obtenu un tribut considérable des cités de Byzacène, les Arabes se retirèrent satisfaits (648). L'opération n'avait pas eu d'autre but.

OQBA, PALADIN D'ALLAH

La conquête véritable ne fut entreprise que sous le calife Moawia, qui confia le commandement d'une nouvelle armée à Moawia ibn Hodeidj en 666. Trois ans plus tard, Oqba ben Nafé fonde la place de Kairouan, première ville musulmane au Maghreb. D'après les récits transmis avec de nombreuses variantes par les auteurs arabes, Oqba multiplia, au cours de son second gouvernement, les raids vers l'ouest, s'empara de villes importantes comme Lambèse, qui avait été le siège de la 3e légion et la capitale de la Numidie romaine. Il se dirigea ensuite vers Tahert, près de la moderne Tiaret, puis atteignit Tanger, où un certain Yuliân (Julianus) lui décrivit les Berbères du Sous (Sud marocain) sous un jour fort peu sympathique : "C'est, disait-il, un peuple sans religion, ils mangent des cadavres, boivent le sang de leurs bestiaux, vivent comme des animaux car ils ne croient pas en Dieu et ne le connaissent même pas." Oqba en fit un massacre prodigieux et s'empara de leurs femmes, qui étaient d'une beauté sans égale. Puis Oqba pénétra à cheval dans l'Atlantique, prenant

Dieu à témoin qu'il n'y avait plus d'ennemis de la religion à combattre ni d'infidèles à tuer.

Ce récit en grande partie légendaire, doublé par d'autres qui font aller Oqba jusqu'au fin fond du Fezzan avant de combattre dans l'Extrême-Occident, fait bon marché de la résistance rencontrée par ces expéditions. Celle d'Oqba finit même par un désastre qui compromit pendant cinq ans la domination arabe en Ifriqiya. Le chef berbère Koceila, déjà converti à l'islam, donna le signal de la révolte. La troupe d'Oqba fut écrasée sur le chemin du retour, au sud de l'Aurès, et lui-même fut tué à Tehuda, près de la ville qui porte son nom et renferme son tombeau, Sidi Oqba. Koceila marcha sur Kairouan et s'empara de la cité. Ce qui restait de l'armée musulmane se retira jusqu'en Cyrénaïque. Campagnes et expéditions se succèdent presque annuellement. Koceila meurt en 686, Carthage n'est prise qu'en 693, et Tunis fondée en 698. Pendant quelques années, la résistance fut conduite par une femme, une Djerawa, une des tribus botr maîtresses de l'Aurès. Cette femme, qui se nommait Dihya et que nous savons maintenant avoir été chrétienne, est plus connue sous le sobriquet que lui donnèrent les Arabes : la Kahéna. Sa mort, vers 700, peut être considérée comme la fin de la résistance armée des Berbères contre les Arabes. De fait, lorsque, en 711, Tarîq traverse le détroit auquel il a laissé son nom (Gibraltar : djebel el-Tarîq) pour conquérir l'Espagne, son armée était essentiellement composée de contingents bergères, de Maures.

L'ISLAMISATION ET LA DISPARITION DES ROYAUMES BERBÉRO-CHRÉTIENS

La principale conséquence de la conquête arabe fut l'islamisation, moins rapide qu'on ne le dit, de la plupart des

Berbères. Il ne subsista d'îlots chrétiens que dans les villes, même de création récente comme Kairouan ou Tahert. Certaines tribus qui, dans des conditions mal connues, avaient été judaïsées constituèrent le fond du peuplement juif indigène de l'Afrique du Nord. Malgré les nombreuses "apostasies" dont les accusent les écrivains arabes, les Berbères se convertirent en masse à l'islam. De cette conversion date le souci de la plupart des grandes familles de se rattacher à une généalogie orientale. Se sachant tout de même différents des Arabes du Hedjaz, les généalogistes berbères recherchèrent une origine soit himyarite (Arabie du Sud), soit, comme nous l'avons vu, cananéenne, à laquelle Ibn Khaldoun croit fermement. L'existence, dès l'époque romaine et byzantine, d'une tradition analogue fondée sur un lointain souvenir des origines puniques ne pouvait qu'encourager les clercs dans cette première tentative pour oublier leur identité.

Une autre conséquence, encore plus évidente, de la conquête du VIIe siècle fut d'avoir rendu impossible le développement de ces royaumes maures appuyés à la fois sur la force des tribus et sur ce qui restait de culture latine dans les villes, où elle se confondait avec le christianisme, partout florissant dans les limites de l'ancienne Afrique romaine. De ces royaumes berbéro-chrétiens sans lendemain il subsiste des monuments parfois imposants, tels sont les énormes djedars (Frenda, Algérie occidentale), dont les plus récents sont largement postérieurs au Ve siècle, et le Gour, près de Meknès (Maroc), qui a pu être daté du milieu du VIIe siècle (640 ± 90 d'après le C14). Entre ces deux sites funéraires qui témoignent de l'existence de principautés puissantes, les villes d'Altava (Hadjar Roûm, ex-Lamoricière) et de Pomaria (Tlemcen) ont livré des épitaphes funéraires chrétiennes et la célèbre inscription du roi Masuna ; plus à l'ouest, dans la cité de

Volubilis, fut mise au jour une remarquable série de textes épigraphiques chrétiens, encore datés suivant l'ère provinciale romaine, et qui s'échelonnent de 595 à 655.

LE SIÈCLE DU KHAREDJISME

La conversion des Berbères à l'islam s'accompagna d'une floraison de schismes, comparables aux convulsions dont le christianisme africain avait déjà donné de nombreux exemples. Les plus importants de ces mouvements sont nés du problème de succession des califes, et particulièrement de l'éviction d'Ali, le gendre du Prophète, au profit de Moawia et des Omeyades. Lassés de ces querelles et des assassinats et massacres qui les accompagnaient, des croyants attachés à la pureté de l'islam se détachèrent de la masse des musulmans (d'où le nom de kharedjisme : dissidence), professant une doctrine démocratique sur le choix du calife. Le kharedjisme, né en Orient, eut un succès considérable chez les Berbères. La plupart des historiens de l'époque coloniale ne voient en ce succès qu'une manifestation de la résistance des Berbères à la domination arabe ; on a donné la même signification au développement du donatisme lors de la domination romaine en Afrique. Personnellement, je crois que le caractère austère et relativement démocratique du kharedjisme convenait particulièrement à la mentalité berbère (cf. chap. "Les Berbères et le divin"). Le succès du kharedjisme fut tel que le Maghreb fut en feu pendant une bonne partie du VIIIᵉ siècle. L'un des soulèvements kharedjites, déclenché par un porteur d'eau du Maghreb el-Aqsa (Maroc), se répandit jusqu'en Ifriqiya. Un autre soulèvement berbère, de la secte sofrite, dans le sud de l'Ifriqiya, mit en péril la domination arabe, Kairouan fut prise (757). Deux ans plus tard, une autre tendance kharedjite, l'ibadisme, qui subsiste aujourd'hui au Mzab, à Jerba et au djebel Nefoussa, triompha dans les mêmes lieux. Finalement, une nouvelle expédition, venue d'Egypte, rétablit l'orthodoxie sunnite dans l'actuelle Tunisie, qui demeura, jusqu'au début du Xe siècle, sous l'autorité des émirs aghlabites, représentants des califes abbassides. Mais le reste du Maghreb s'est donné d'autres maîtres : une principauté kharedjite, le royaume rostémide de Tahert en Algérie centrale, a pour chef un imam d'origine perse ; une autre, dans le Tafilalet, contrôle le commerce caravanier de la vallée de la Saoura et du lointain Soudan (actuel Mali), sa capitale est Sidjilmassa. Dans le nord du Maroc, un autre royaume d'origine religieuse s'organise au profit d'un chérif (descendant du Prophète), Idriss, arrière-arrière-petit-fils d'Ali et de Fatima, qui s'établit à Volubilis. Son fils Idriss II fonde la ville de Fès en 809. Cette dynastie durera jusqu'à la fin du Xe siècle.

L'ÉPOPÉE DES KETAMA ET LE CALIFAT FATIMIDE

Pendant ce temps se déroulait, au Maghreb central d'abord, puis en Ifriqiya, une aventure prodigieuse. Alors que les Berbères, Botr, Zénètes, s'étendaient progressivement dans les hautes plaines, les Berbères de l'autre branche, les Sanhadja, conservaient les territoires montagneux de l'Algérie centrale et orientale. L'une de ces tribus qui occupait la Petite Kabylie depuis l'époque romaine, les Ketama, avait accueilli un missionnaire chiite. Les chiites sont les partisans d'Ali, le gendre du Prophète, qui avait été écarté du pouvoir et assassiné. Ce missionnaire, Abou

Abd Allah, annonçait la venue de l'imam "dirigé" ou Mahdi, qui ne pouvait être qu'un descendant d'Ali et de Fatima. En quelques années, la milice ketama, parfaitement organisée et dirigée par Abou Abd Allah, qui se révèle un remarquable stratège, s'empare tour à tour de Sétif, Béja, Constantine. En mars 909, les chiites s'emparent de Kairouan et proclament imam le Fatimide Obaïd Allah, encore prisonnier, à l'autre bout du Maghreb, dans la lointaine Sidjilmassa. Une expédition ketama, toujours conduite par l'infatigable Abou Abd Allah, le ramena triomphant à Kairouan (décembre 909) non sans avoir, au passage, détruit les principautés kharedjites. En 916, le mahdi, ayant fondé une nouvelle capitale, Mahdia, sur la côte orientale de Tunisie, envoya ses fidèles ketama en Sicile et l'année suivante en Egypte. Quatre ans plus tard, cette milice sanhadjienne combat de nouveau, dans le Maghreb extrême, où elle détruit le royaume idrisside avec l'aide des Miknasa.

La dynastie issue d'Obaïd Allah, celle des Fatimides, réussit donc un moment à contrôler la plus grande partie de l'Afrique du Nord, mais de terribles révoltes secouent le pays. La plus grave fut celle des kharedjites, menés par Mahlad ben Kaydad, dit Abou Yazid, l'homme à l'âne. Mais la dynastie est une nouvelle fois sauvée par l'intervention des Sanhadja du Maghreb central, sous la conduite de Ziri. Aussi lorsque les Fatimides, ayant toujours avec l'aide des Sanhadja conquis l'Egypte, établissent leur capitale au Caire (973), ils laissent le gouvernement du Maghreb à leur lieutenant Bologguin, fils de Ziri. De cette décision, qui paraissait sage et qui laissait la direction du pays à une dynastie berbère, devait naître la pire catastrophe que connut le Maghreb.

En trois générations, les Zirides relâchèrent leurs liens de vassalité à l'égard du calife fatimide. En 1045, El-Moezz rejeta le chiisme et proclama la suprématie du calife abbasside de Bagdad ; la population maghrébine était, en effet, dans sa majorité restée dans l'orthodoxie sunnite. Pour punir cette sécession, le calife fatimide "donna" le Maghreb aux tribus arabes, trop turbulentes, qui avaient été cantonnées dans le Saïs, à l'est du Nil, en Haute-Egypte. Ces tribus, Djochem, Atbej, Zoghba, Riyah, Rebia et Adi, se rattachaient à un ancêtre commun, Hilal, d'où le nom d'invasion hilalienne donnée à cette nouvelle immigration orientale en Afrique du Nord ; les Beni Hilal, bientôt suivis des Beni Solaïm, pénètrent en Ifriqiya en 1051.

On aurait tort d'imaginer l'arrivée de ces tribus comme une armée en marche occupant méticuleusement le terrain et combattant, dans une guerre sans merci, les Zirides puis leurs cousins hammadites qui avaient organisé un royaume distinct en Algérie. Il serait faux également de croire qu'il y eut entre Arabes envahisseurs et Berbères une confrontation totale, de type racial ou national. Les tribus qui pénètrent au Maghreb occupent le pays ouvert, regroupent leurs forces pour s'emparer des villes, qu'elles pillent systématiquement, puis se dispersent à nouveau, portant plus loin pillage et désolation.

Les princes berbères, Zirides, Hammadites, plus tard Almohades, n'hésitent pas à utiliser la force militaire, toujours disponible, que constituent ces nomades qui, de proche en proche, pénètrent ainsi plus avant dans les campagnes maghrébines.

Bien qu'ils aient pillé Kairouan, Mahdia, Tunis et les principales villes d'Afrique, bien qu'Ibn Khaldoun les ait dépeints comme une armée de sauterelles détruisant tout sur son passage, les Beni Hilal, Beni Solaïm et bientôt Beni Mâqil furent bien plus dangereux par les ferments d'anarchie qu'ils introduisirent au Maghreb que par leurs propres déprédations.

Nous verrons dans le chapitre suivant comment l'arrivée des Arabes bédouins devait transformer radicalement le visage de la Berbérie et l'arabiser en grande partie. Mais on ne saurait en accablant les Hilaliens, qui ne dépassèrent pas une centaine de milliers, laver les Berbères, et particulièrement les Zénètes, de toute responsabilité dans l'anarchie et la désolation qui s'étendirent à toutes les campagnes, de l'Ifriqiya au Maghreb el-Aqsa. En fait, en renforçant par leur présence la part de population nomade, les Arabes arrivés au XIᵉ siècle ont été d'un poids insignifiant sur le plan démographique, mais déterminant sur le plan culturel et socioéconomique.

L'AVENTURE ALMORAVIDE, LES BERBÈRES SAHARIENS EN ESPAGNE

Nouveau paradoxe, dont l'histoire du Maghreb est particulièrement riche, c'est au moment où se répand, avec les campements bédouins, un dangereux facteur de dissolution et d'anarchie, que se constituent successivement les grands empires berbères. Tandis que les royaumes sanhadjien, ziride d'Ifriqiya et hammadite du Maghreb central, se désintégraient, autant sous les coups de boutoir des tribus hilaliennes que par la lente diffusion du poison nomade due à la conjonction des dangers zénète et arabe, le Maghreb el-Aqsa fut le théâtre d'une nouvelle aventure guerrière à fondement religieux. Le résultat en fut la constitution très rapide de l'Empire almoravide, qui s'étendit du Sénégal à l'Espagne, de l'Atlantique au méridien d'Alger. Le paradoxe réside dans le fait que cet empire fut créé par une tribu berbère nomade du Sahara occidental : les Lemtouna, d'ascendance sanhadjienne. Le désir de retrouver un islam pur et austère conduisit certains notables des Lemtouna à faire appel à un réformateur de Sidjilmassa, Ibn Yasin, qui groupa ses adeptes dans un couvent fortifié (ribat : d'où *al-murâbitun* : hommes du ribat, devenus almoravides). Les Lemtouna, farouches et supérieurement entraînés par Youssouf ibn Tachfine, fondateur de Marrakech, conquirent le Maroc, la plus grande partie de l'Algérie et assujettirent l'Espagne musulmane.

Autre paradoxe, les Almoravides créèrent cet empire au nom d'une réforme religieuse ; ils détruisirent d'abord les hérétiques berghawata, puis mirent au pas les roitelets musulmans d'Espagne, qui vivaient dans un luxe et une promiscuité avec les chrétiens que la rigueur almoravide ne pouvait admettre. Mais du fait de cette domination, les Almoravides eux-mêmes introduisirent dans un Maghreb el-Aqsa resté très austère tous les ferments de la culture andalouse. Ces rudes Sahariens firent donc connaître au Maroc la plus brillante des civilisations citadines de l'islam.

En moins de trois générations, les fils des farouches guerriers au litham (comme la plupart des Sahariens, les Lemtouna portaient le voile), amollis par le luxe, étaient à leur tour emportés par un autre vent de réforme, à la fois guerrière et tribale.

L'EMPIRE ALMOHADE

Cette fois, le mouvement réformateur a ses racines dans une autre tribu sanhadja, montagnarde celle-ci, les Masmoûda du Haut-Atlas ; mais le processus est identique à celui qui fit des Ketama puis des Lemtouna des créateurs d'empire. L'initiateur, comme dans les deux circonstances précédentes, est un voyageur, Ibn Toumert, de la tribu des Hergha, dont la famille, bien que berbère, prétendait descendre d'Ali, le gendre du Prophète. Masmoûda de naissance, il n'en choisit pas moins, pour lui succéder, son fidèle Abd el-Moumen, un autre Berbère sanhadja de Nédroma (Algérie occidentale) appartenant à la tribu des Koumïa. La doctrine professée par Ibn Toumert, qui se déclare mahdi, repose sur un dogme fondamental : l'unicité absolue de Dieu (*almouwah'hid* : confesseur de l'unité de Dieu). Le nom d'almohade désigne et la doctrine et la dynastie issue d'Abd el-Moumen. L'Almohade rejette tout accommodement, toute compromission avec les infidèles, tout signe de richesse et de luxe. Ce fut le plus fanatique des mouvements réformateurs de l'islam maghrébin : par le sabre furent éliminées et les dernières communautés chrétiennes dispersées à travers le pays, et les rares principautés judaïques, qui gardaient un lointain souvenir de l'ancienne expansion du judaïsme dans certaines tribus berbères.

Les Masmoûda, aidés des Koumïa contribules d'Abd el-Moumen, balayant les derniers Almoravides, s'emparent en 1147 de Fès, Tlemcen, Marrakech. En moins de dix ans le Maghreb passe, du moins nominalement, sous la domination almohade ; l'Ifriqiya elle-même, qui avait échappé à l'emprise almoravide, fut conquise et assujettie. Pour la première fois depuis l'Empire romain, l'Afrique du Nord était rassemblée sous une seule domination et, pour la seule fois dans son histoire, ce pouvoir était issu de son sol.

Ce serait une grave erreur que d'imaginer les Almohades soucieux de faire triompher je ne sais quel "berbérisme", dont ils ne pouvaient avoir la moindre conscience. Certes, Abd el-Moumen et les chefs masmoûda organisèrent l'empire en se contentant de transposer les éléments du droit tribal à l'administration des pays conquis, mais les nouveaux califes s'entourèrent de vizirs andalous. Certes, Abd el-Moumen écrasa à Sétif les Atbej, Zoghba et Riyah, toutes tribus hilaliennes, mais il prit les vaincus comme auxiliaires et ses successeurs en firent autant, ouvrant le Maghreb el-Aqsa à ces nomades impénitents. Certes, le mouvement almohade, puritain, farouche, sobre dans ses manifestations, convenait au tempérament berbère, mais l'Empire almohade, étendu également à l'Espagne, s'ouvrait largement à la culture hispano-mauresque, préparant l'apogée de celle-ci au Maroc sous les Mérinides, successeurs zénètes de la dynastie almohade.

FIN DES DOMINATIONS BERBÈRES AU MAGHREB

La dynastie fondée par Abd el-Moumen ne disparaît que dans la seconde moitié du XIIIe siècle, mais la décadence commence très tôt. On peut la faire débuter par la grave défaite de Las Navas de Tolosa, qui réduit la domination musulmane en Espagne à l'Andalousie (1212).

Au Maghreb, l'empire se disloque en l'espace de deux générations. L'Ifriqiya, dont la population est désormais presque entièrement arabisée, devient un royaume indépendant sous la domination des descendants d'un gouverneur almohade, Abou Hafç. C'est contre l'un de ces rois hafçides, El-Mostancer, que Saint Louis conduisit la dernière croisade (1270).

Au Maghreb central, la longue période de domination sanhadja (Hammadites, Almoravides, Almohades) est définitivement close ; ici règnent les Abd el-Wadides, zénètes arabisés dont la capitale est Tlemcen. Quant au Maroc, il est devenu un royaume contrôlé par les Beni

Merin, autres Zénètes qui furent en compétition constante avec les Abd el-Wadides. Un roi mérinide, Abou l'Hassan, momentanément maître de Tlemcen, tente vainement de refaire l'unité du Maghreb.

Cette division tripartite de l'Afrique du Nord n'est pas sans rappeler celle des temps protohistoriques et de l'époque romaine qui se retrouve, toutes proportions gardées, dans l'actuel tracé des frontières issu de la domination turque et de l'époque française. Mais cette constante ne devrait pas nous induire en erreur : la conception orientale et médiévale de l'allégeance personnelle, le développement du nomadisme, le refus des tribus montagnardes, restées berbérophones, de toute autorité extérieure à leurs propres groupes ne permettent pas de définir les limites territoriales exactes de ces royaumes mouvants. Ces souverains de l'ère post-almohade, dont certains furent cependant de grands hommes d'Etat, virent souvent leur autorité réduite à la banlieue de leur capitale.

Au mal interne qui ronge ces royaumes s'est très vite ajouté un autre péril, extérieur celui-ci. Après le reflux de l'islam, les Etats chrétiens d'Europe vont se lancer à l'assaut du Maghreb. Dès l'époque fatimide, les Normands de Sicile donnèrent le signal. Au XIIIᵉ siècle, la huitième croisade contre Tunis ne fut qu'un épisode sans lendemain. Bien plus pressantes furent les actions des Portugais puis des Espagnols. La fin du XVᵉ et le XVIᵉ siècle ne furent qu'une longue succession de débarquements, de coups de main, voire d'alliances éphémères qui aboutirent à la fondation d'une série d'escales portugaises solidement défendues sur la côte atlantique, et à l'occupation, par les Espagnols, de *presidios* sur la côte méditerranéenne. Conséquence prévisible, un troisième larron profitera et de l'épuisement des royaumes maghrébins et de cette lutte extérieure contre l'infidèle : le Turc établira sa domination sur l'Algérie, la Tunisie et son prolongement tripolitain. Mais ces nouveaux venus, en nombre restreint, qui n'ont de commun avec les Arabo-Berbères du Maghreb que leur foi islamique (encore qu'ils soient de rite hanéfite alors que les Maghrébins sont malékites) n'intéressent pas notre sujet. Désormais, les Berbères ne jouent plus de rôle historique. Finis les empires et royaumes, finies les dynasties même éphémères ; cultivateurs sédentaires ou pasteurs nomades, les Berbères, dans le nord, limitent leur ambition politique au maintien d'une indépendance tribale constamment menacée ; au Sahara central et méridional, en revanche, ils ne cessent d'accroître leur domination sur les ethnies noires.

DOMINATIONS ÉTRANGÈRES
ET ACCULTURATIONS

L'histoire du Maghreb n'est souvent, pour les auteurs, que l'histoire des dominations étrangères. Elle n'est que la succession des maîtres d'un moment : Phéniciens, Romains, Vandales, Byzantins, Arabes, Turcs, Français. Lorsqu'au détour d'un chapitre il est fait mention des Berbères, ce n'est que pour expliquer les démêlés des nouveaux maîtres étrangers, détenant l'autorité, avec ces rebelles impénitents. Cette vue coloniale de l'Histoire est aujourd'hui dépassée ; voilà près d'un quart de siècle que je dénonce ce travers, par ailleurs fort compréhensible, puisque, malheureusement, seuls les étrangers ont laissé les documents écrits qui sont les matériaux de l'Histoire.

Il fut facile à la jeune école historique maghrébine de dénoncer, parfois avec un esprit très polémique, cette histoire entachée de colonialisme, mais nous la voyons sombrer dans un travers comparable, lorsque par souci d'unité nationale ou culturelle, elle oublie, elle aussi, les données fondamentales du peuplement nord-africain pour ne retenir que l'apport prestigieux de l'islam, confondu avec l'arabisme.

En bref, à toutes les époques, les Berbères sont les oubliés de l'Histoire.

Mais ne sont-ils pas eux-mêmes responsables de cet état de chose ? En passant en revue les différentes époques, traditionnellement retenues dans l'histoire de leur pays, nous allons tenter d'analyser la réaction des Berbères en face des cultures extérieures qui leur étaient offertes ou imposées.

LES BERBÈRES
ET LA CIVILISATION PUNIQUE,
UNE ACCULTURATION RÉUSSIE
ET MÉCONNUE

On condamne les Berbères à un rôle entièrement passif lorsqu'on les imagine, dès le début de l'Histoire, recevant de l'Orient une civilisation toute formée qu'ils acceptèrent avec un plus ou moins grand enthousiasme. Une poignée de navigateurs orientaux, véritables démiurges, auraient apporté à une masse inorganique et sauvage dépourvue de la moindre culture tous les éléments d'une véritable civilisation longuement mûrie sur la côte phénicienne. A l'arrivée de ces premiers navigateurs phéniciens, les Libyens n'étaient pas de pauvres hères, des sortes d'Aborigènes encore enfoncés dans la primitivité préhistorique. Depuis des siècles, des échanges avec les péninsules européennes et les îles, comme avec les régions orientales de l'Afrique, avaient introduit les principes d'une civilisation méditerranéenne qui, pour l'essentiel de sa culture matérielle, s'est maintenue dans les massifs montagneux littoraux, du Rif jusqu'aux Mogods. Quoi qu'en aient dit Polybe et les historiens qui le copièrent, les Numides n'attendirent pas le règne de Massinissa pour mettre en culture leurs plaines fertiles. Les immenses nécropoles mégalithiques groupent par milliers des tombes de paysans sédentaires qui y déposèrent leur poterie, dont la technique, les formes et les décors demeurent étrangement identiques chez leurs descendants actuels.

Les origines de Carthage montrent cependant que la ville avait dû faire face non pas à une hostilité déclarée, mais du moins à des exigences émanant d'une autorité constituée, et non point de groupuscules nomades qu'une simple démonstration de force aurait suffi à disperser. En fait, une redevance fut payée régulièrement pour le loyer du sol couvert par la légendaire peau de bœuf (explication fantaisiste du nom de Byrsa). Bien mieux, lorsqu'Elissa-Didon se sacrifia sur le bûcher, ce fut pour échapper aux exigences de Hiarbas, roi des Maxitani. Eusthate dit de ce personnage qu'il était roi des Mazices. Nous savons que ce nom, qui fut porté par de nombreuses peuplades de l'Afrique antique, est la transcription du berbère *Amazigh-Imazighen* par lequel ce peuple se désigne lui-même. On pensait que les Maxitani cités par Justin portaient le même nom, corrompu par une langue malhabile ; mais récemment J. Desanges a proposé une autre explication qui me paraît très intéressante et riche de conséquences : les Maxitani étaient les habitants d'un territoire effectivement proche de Carthage dont le nom subsiste dans celui de Pagus Muxi, lui-même héritier d'une circonscription territoriale carthaginoise. Ainsi, le récit légendaire s'accroche singulièrement aux réalités politiques.

Dès les origines mêmes de Carthage, nous voyons donc face à face deux entités : la ville marchande orientale et une certaine souveraineté libyenne. De la rencontre de ces deux entités, orientale et africaine, est né le fait punique. Ce n'est pas la simple transplantation sur la terre africaine de ce qui était à Sidon et à Tyr. Si la tradition punique fut si vivace chez les anciens Africains c'est que, précisément, elle ne leur était pas étrangère mais constituée au milieu d'eux, au sein de cités où l'onomastique, essentiellement sémitique, n'arrive pas à cacher l'apport ethnique africain.

Il faut nous débarrasser de conceptions trop rigides liées à notre notion d'Etat, de frontière, de territoire, de royaume. Ces entités que j'évoquais à l'instant n'étaient pas des personnes juridiques strictement définies. Il est certes facile d'opposer Carthage et son empire, tel que nous le connaissons au IVe siècle, aux royaumes numide et maures, mais lorsqu'on examine de plus près les données géographiques, on devine une imbrication quasi inextricable de deux puissances. Lorsque, au IVe siècle, le pseudo-Scylax, après les avoir cités, dit que tous les comptoirs ou villes de Libye, depuis la Grande Syrte jusqu'aux colonnes d'Hercule, appartiennent aux Carthaginois, on pourrait douter de la puissance, voire de l'existence des royaumes numide et maures si, au même moment, elles n'étaient prouvées par la construction de monuments de l'ampleur du Médracen.

Si une hostilité réelle, durable, avait subsisté entre Carthage et les Africains, comme le laisserait croire la liste des guerres ou révoltes que S. Gsell a collationnées chez les auteurs anciens, on ne comprendrait pas comment de petites bourgades puniques, même entourées de remparts, auraient pu se maintenir en un long et fragile chapelet tout le long du littoral numide et maure. Plus qu'à une domination strictement définie et affirmée, nous pensons à un tissu très lâche de relations entre trois pôles : le comptoir carthaginois (ou l'ancienne ville phénicienne assujettie à Carthage), la métropole punique et les royaumes indigènes.

La précarité de la domination carthaginoise sur le sol d'Afrique apparaît encore plus clairement dans le traité de 201 et ses conséquences. On sait que Scipion avait reconnu à Carthage la possession des territoires situés à l'est des

"Fosses phéniciennes", mais Massinissa était autorisé à revendiquer, à l'intérieur de ces limites, les terres qui avaient appartenu à ses ancêtres. Le roi massyle usa de cette clause, qui se révéla être la véritable origine de la troisième guerre punique. Ch. Saumagne a bien montré que Massinissa utilisa les arguments juridiques les plus efficaces, en démontrant que Carthage ne détenait ses territoires que par la violence, qu'elle n'avait aucun *proprius ager* et que l'origine même de la possession est injuste. Nous dirions aujourd'hui que Massinissa fait le procès du colonialisme.

Mais ne nous laissons pas entraîner par les mirages de la comparaison historique : ce Numide était aussi un Punique, ni physiquement ni culturellement il ne se distinguait de ses adversaires carthaginois. Il coulait dans ses veines autant de sang carthaginois qu'il coulait de sang africain dans celles d'Hannibal. L'interpénétration de ce que nous croyons être deux mondes opposés était telle qu'il existait un parti numide à Carthage au début du IIᵉ siècle. N'oublions pas les très nombreuses alliances matrimoniales entre les chefs africains et l'aristocratie carthaginoise. Dans le temps de deux générations, l'Histoire nous a conservé le souvenir de multiples mariages ou promesses de mariage : Hamilcar promet une de ses filles à Naravas pendant la guerre des Mercenaires, Oezalcès, oncle de Massinissa, eut pour femme une nièce d'Hannibal, on connaît le tragique destin de Sophonisbe, et Massinissa qui, selon Appien avait été élevé à Carthage, donna une de ses filles à un Carthaginois, qui en eut un fils nommé Adherbal. Ce n'est pas impunément que pendant des siècles les princes et les chefs berbères considèrent Carthage comme leur métropole, que les familles royales réclament les filles de l'aristocratie punique qui, avec leurs parfums et leurs bijoux, introduisent les dieux de Tyr et la politique de Carthage. Qu'importe si cette politique échoue en définitive : l'Afrique ne fut jamais autant punique qu'après le saccage de 146. L'Histoire, qui se plaît aux symboles, nous montre les fils de Massinissa recevant des mains de Scipion Emilien les manuscrits sauvés de l'incendie, gage matériel de l'héritage spirituel de Carthage.

La rivalité qui opposait les Massyles à Carthage n'était guère plus féroce et violente que celle qui les affrontait aux Masaesyles ou celle qui divisait entre elles les cités d'origine phénicienne.

LES VILLES, FOYERS DE CULTURE PUNIQUE

On souhaiterait pouvoir faire l'inventaire exact des interactions phéniciennes et libyennes dans ce monde punique ou libyphénicien. Un spécialiste de Carthage pourra un jour recenser ce que la culture punique a de spécifique par rapport aux Phéniciens d'Orient et à l'hellénisme. Il est plus facile d'examiner l'autre volet du diptyque, celui de la pénétration des influences orientales en milieu libyen, ce que R. Basset avait déjà tenté il y a un demi-siècle.

Il faut retenir en premier lieu l'existence de villes puniques hors du territoire de Carthage. Nous ne reviendrons pas sur le statut ambigu des cités littorales, qui portent presque toutes un nom phénicien, certaines un nom phénico-libyen telle Russucuru, d'autres un nom purement berbère comme Siga. On se demande si toutes ces villes n'étaient que des créations puniques ou ibéro-puniques et si on ne doit pas tenir compte de créations spontanées, c'est-à-dire africaines. Que des bourgades littorales reçoivent dès leur origine les productions méditerranéennes carthaginoises, ioniennes, attiques est un fait tellement normal et universel qu'il ne peut être présenté comme un argument scientifiquement valable en faveur de leur origine propre ; mais que les sépultures des habitants de ces villes contiennent, en outre, un mobilier authentiquement indigène et identique à celui des tombes rurales et qu'elles révèlent des rites funéraires peu répandus chez les Phéniciens, voilà des indications non négligeables sur la qualité du peuplement de ces cités. Bien qu'elle portât un nom peut-être d'origine phénicienne et que sa culture fût entièrement punique, Cirta, capitale des Numides massyles, ne fut jamais une ville sous domination carthaginoise, et encore moins une fondation phénicienne. Nous avons retenu le cas d'une autre capitale numide, la ville de Siga, citée également comme possession carthaginoise. La troisième ville qui attire notre attention est Volubilis, qui occupe une situation plus continentale au pied du massif du Zerhoun au Maroc. Cette ville du royaume maure existait plusieurs siècles avant le roi Juba II. Les stèles puniques découvertes en ce lieu attestent que, comme tant d'autres villes africaines (Cirta, Thubursicu Bure, Maktar, Dougga…), les noms phéniciens et les noms berbères alternent régulièrement dans les mêmes familles.

En plus de ces villes numides et maures ayant eu les fonctions de capitales, il faudrait en citer d'autres qui, malgré leur nom phénicien, sont situées à l'intérieur des terres, telles Macomades et Tipasa de Numidie, Calama, Zucchabar dans la future Maurétanie Césarienne. A vrai dire, les villes des royaumes numide et maures, qu'elles soient littorales ou continentales, qu'elles portent un nom phénicien ou berbère, sont toutes d'authentiques foyers de culture punique.

Elles le sont non seulement par les productions céramiques dites puniques, que l'on retrouve aussi bien à Cirta que dans tous les comptoirs de la côte et jusque dans la lointaine Volubilis, mais surtout par leurs sanctuaires, leur langue écrite et aussi vraisemblablement parlée. La langue officielle des royaumes numide et maures, même (certains auteurs disent surtout) après la destruction de Carthage, est le punique. C'est en punique que sont rédigés les dédicaces religieuses, les rares textes administratifs conservés, les épitaphes royales et les légendes monétaires, et non pas seulement chez les Numides de l'Est, mais d'un bout à l'autre de l'Afrique du Nord.

Seule la cité de Dougga tenta un moment, sous Massinissa et Micipsa, d'utiliser le libyque dans ses inscriptions officielles ; c'est un fait unique, dans l'état de nos connaissances.

La langue punique survécut longtemps et à Carthage et aux royaumes indigènes : sous Marc Aurèle, on parlait encore punique à Leptis mais on le transcrivait avec des lettres grecques (inscription sur un pilier de l'arc de triomphe). Dans la même région, de nombreuses inscriptions utilisent les caractères latins pour écrire une langue punique. Un demi-millénaire après la destruction de Carthage, saint Augustin dit que les paysans voisins d'Hippone parlent le punique. On sait la discussion ouverte par Ch. Courtois à ce sujet. Mais un siècle plus tard, nous l'avons vu, certains Maures se disaient encore, d'après Procope, descendants des Cananéens ; c'est là un lointain souvenir de la culture à laquelle ils voulaient se rattacher.

Or si, dans les villes, la culture est punique, l'administration municipale n'est pas toujours simplement calquée sur un modèle phénicien. Certes, le suffétat est très répandu dans les villes d'Afrique, on en dénombre une vingtaine de cas, sans compter les cités dont le monnayage mentionne deux magistrats éponymes qui pourraient être des suffètes. Mais la similitude des noms ne correspond pas nécessairement à des fonctions identiques : ainsi il existe trois suffètes à Maktar alors que Carthage n'en eut jamais plus de deux. Enfin, à Dougga, certaines fonctions municipales sont si peu phéniciennes de conception et de nom que les termes libyques qui les désignent subsistent sans être traduits dans les textes puniques.

Ces villes africaines de culture punique ne constituent nullement des enclaves étrangères dans les royaumes ; au contraire, c'est par leur entremise que se manifeste l'existence de ces royaumes dont elles sont les capitales, les places fortes, la richesse. La politique citadine d'un Massinissa, d'un Micipsa, d'un Bocchus ou d'un Juba Ier prouve que si les rois tiraient leur puissance de la tribu ancestrale qui imposa leur souveraineté, c'est dans les villes qu'ils établissaient le siège de leur pouvoir.

La religion elle-même n'échappa point à cette interpénétration, à cette fusion des mondes africain et oriental. Chez les Numides, on pense en premier lieu à l'extension généralisée du culte de Baal Hammon, qui devint le Saturne africain de l'époque romaine, et à celui de Tanit, ou plutôt de Tinit, dont le nom a d'ailleurs une consonance berbère. Même dans la religion populaire, voire rustique, les nombreux dieux ou génies locaux, qui furent plus tard appelés *dii mauri*, ne portaient pas toujours les noms libyques qu'on attendait (cf. chap. "Les Berbères et le divin").

Pendant des siècles, l'Afrique romaine baignera dans une ambiance profondément religieuse, sémitique et punique, distincte des vieilles croyances italiques ou des apports hellénistiques. Les innombrables stèles consacrées à Saturne en portant témoignage, autant par leur contenu iconographique que par leur dédicace au grand dieu africain.

Une même interaction des pratiques orientales et africaines se retrouve dans la religion funéraire. Les dolmens, si nombreux dans les pays numides de l'Est (Algérie orientale et Tunisie centrale), connaissent une évolution bien connue qui les rapproche des caveaux de style néopunique : des niches latérales ou de chevet sont creusées dans les parois comme dans les tombes puniques ; des glissières pour une herse sont aménagées de part et d'autre de l'ouverture. Parmi les *haouanet*, hypogées creusés à flanc de falaise, adoptées par les Africains en dehors de toute influence carthaginoise, les tombes les plus récentes possèdent des banquettes et des lits funéraires sculptés dans le roc. Les transformations de la tombe punique, de la chambre à puits profondément enfouie au caveau construit semi-aérien, ne doivent pas s'expliquer uniquement par une évolution interne mais aussi par le souci, toujours affirmé dans les monuments protohistoriques paléoberbères, d'avoir un accès facile à la chambre funéraire. Cette option fondamentale, opposée aux préoccupations carthaginoises les plus anciennes, mais certainement liée à des croyances religieuses, se manifeste dans la multiplication des allées, des couloirs, parfois symboliques, et des niches et chapelles qui flanquent le tombeau.

L'incinération, qui fut pratiquée sporadiquement à Carthage, surtout à partir du Ve siècle, était inconnue chez les Numides de l'Est ; elle fut introduite dans les villes littorales et adoptée dans les familles princières. Le tombeau du Khroub, un grand tumulus voisin du Médracen, et peut-être le Médracen lui-même recouvraient des sépultures à incinération.

Il reste peu de souvenirs de l'architecture monumentale punique, bien que les fouilles de Kerkouane et du quartier récemment mis au jour à Byrsa nous permettent de nous représenter ce qu'était une ville de l'Afrique préromaine. Les inconséquences de l'Histoire veulent que les principaux monuments se situent en dehors du territoire de Carthage, dans ce royaume numide qui fut à la fois facteur de la disparition de Carthage et conservatoire fidèle de la culture punique. On pourrait citer les mausolées sur plan carré de Dougga, Maktar et du Khroub, qui servirent longtemps de modèles mais dont la conception est autant hellénique que phénicienne. Méritent également d'être signalés les beaux mausolées de Sabratha et de Beni Rhenan, qui sont des ouvrages hellénistiques à soubassement original de forme triangulaire curviligne.

Le Médracen, vaste mausolée indubitablement royal, qui s'élève au cœur de la Numidie, a déjà retenu notre attention. Ce mausolée circulaire, d'un diamètre de 59 m, est constitué d'un tambour cylindrique couronné de gradins qui donnent à l'ensemble une forme tronconique ; la hauteur totale est de 19 m. Les moulures et l'entablement des fausses portes et de la porte du caveau, la corniche à gorge égyptienne, le plafond en troncs de cèdre du couloir, les chapiteaux doriques sont autant d'éléments gréco-orientaux qui se retrouvent dans d'autres monuments de Carthage, mais, par sa forme générale, qui est celle de la *bazina* à base cylindrique et à degrés, tombe paléoberbère la plus répandue, par le système d'entrée de la galerie partant du couronnement, le Médracen est un mausolée berbère. Comme la dynastie numide qui le fit élever à la fin du IVe siècle ou au début du IIIe siècle av. J.-C., il est le produit magnifique de cette rencontre des influences gréco-orientales introduites par Carthage et de la tradition protohistorique berbère. Il mérite donc pleinement le qualificatif de punique.

LA ROMANISATION DE L'AFRIQUE :
GRANDEUR D'UN ÉCHEC

La civilisation punique nous apparaît donc comme une symbiose réussie des données culturelles protohistoriques, que nous sommes en droit d'appeler libyques ou paléoberbères, et de l'apport oriental de la civilisation phénicienne. Cette empreinte orientale, qui laissa relativement peu de traces matérielles sur le sol africain, marqua, en revanche, profondément la mentalité berbère.

UNE PRUDENTE ET LONGUE CONQUÊTE

Rome domina l'Afrique bien plus sûrement et efficacement que ne l'avaient fait les Carthaginois. Cette domination n'est pas née de circonstances imprévisibles. Elle fut organisée, longuement préparée et conduite avec une opiniâtreté vraiment romaine. Après la défaite de Carthage en 201 av. J.-C. et avant même la destruction de la ville en 146 av. J.-C. et la déduction de son territoire en province romaine, le Sénat avait pratiquement fait du royaume numide un Etat "protégé", confié, plus que rendu, à Massinissa. Celui-ci, qui fut un grand roi et un habile politique, eut toujours une vue très claire de sa condition réelle de roi client, ce qui à l'époque se disait "ami et allié du peuple romain". Cette situation apparaît au grand jour lorsqu'à la veille de sa mort, après un règne glorieux de près d'un demi-siècle, Massinissa décida en 148 av. J.-C. d'appeler Scipion Emilien afin de le consulter pour le règlement de sa succession. Puis, comprenant que le Romain arriverait trop tard, il décida de lui laisser le soin de prendre les mesures qu'il jugerait les meilleures. Comme l'écrit S. Gsell : "Il termina sa vie par une sorte d'aveu que les destinées de la Numidie dépendaient des Romains."

Pour ne pas l'avoir compris ou pour avoir tenté de nier cette domination non avouée, Jugurtha perdit la vie, et son royaume fut amputé de sa partie occidentale au profit du roi des Maures, Bocchus, qui devint à son tour, et peut-être du fait de cette cession, un client de Rome (104 av. J.-C.).

Ce qui restait du royaume numide des Massyles fut à son tour divisé après la mort de Gauda. Les deux petits Etats nés de cette scission disparurent au cours des guerres civiles entre césariens et pompéiens. Vainqueur de Juba Ier, César annexa son royaume à la province d'Afrique (Africa Nova) ; l'autre partie devint une principauté originale dominée par un aventurier italien, Sittius, et qui ne tarda pas à se fondre dans la nouvelle province tout en conservant une organisation particulière (confédération cirtéenne). Le royaume des Maures connut un destin parallèle. Au moment des guerres civiles, il est divisé en deux Etats, puis à nouveau unifié sous la domination de Bocchus le Jeune, allié d'Auguste. A sa mort, Auguste en hérite. Après un court essai d'administration directe, l'empereur, jugeant le pays encore trop barbare, le confie à Juba II, fils de l'adversaire de César et époux de Cléopâtre Séléné, fille de la grande Cléopâtre et de Marc Antoine. Ainsi la descendance des ennemis de Rome était chargée d'ouvrir davantage la Maurétanie au commerce italien. Auguste introduisait en même temps dans ce vaste territoire de puissants ferments de latinité, voire de romanisation : il créa en effet des colonies, au nombre de neuf, qui furent autant de bases militaires et d'implantations démographiques. Chaque colonie est, en effet, une fraction de Rome, ses habitants jouissent totalement des droits de citoyen. Ainsi, lorsque, après la mise à mort de Ptolémée, fils de Juba II, le royaume de Maurétanie donna naissance à deux nouvelles provinces romaines (42 après J.-C.), celles-ci étaient déjà partiellement préparées à la vie municipale, sur laquelle Rome porta l'essentiel de son action. Entre la création de la province d'Africa et celle des deux Maurétanies, cent quatre-vingt-huit ans s'étaient écoulés.

LES VILLES ET L'ÉLÉVATION SOCIALE

Dans les provinces de l'Empire, les villes avaient des statuts différents et assez rigoureusement hiérarchisés. Au sommet se situaient les colonies romaines et à un degré inférieur étaient placés les municipes romains, dont les habitants étaient aussi citoyens romains mais ne bénéficiaient pas des mêmes exemptions fiscales que les colonies. Le municipe latin possédait les mêmes institutions qu'un municipe romain, mais ses habitants n'avaient pas le titre de citoyens romains. Cette qualité était acquise automatiquement par les citoyens qui occupaient des charges municipales. Ainsi, suivant l'importance des municipes, les décurions (nous dirions aujourd'hui les conseillers municipaux) devenaient citoyens romains ; dans les autres, moins peuplés ou moins riches, seules les charges de duumvir (le maire et son adjoint) permettaient l'accession à la citoyenneté romaine.

En dehors de ces trois catégories, il existait d'autres centres urbains : les villes libres qui, en Africa, conservaient une administration de style punique, les villes stipendaires, *civitates, oppida*, simples bourgades indigènes dans lesquelles pouvaient résider des citoyens de droit latin ou de droit romain, qui pouvaient constituer un embryon d'organisation municipale *(conventus civium romanorum)*.

Le souci de ces différentes cités est évident : en obtenant de changer de catégorie municipale, la ville gagnait à coup sûr. Ses charges fiscales diminuaient, ses habitants accédaient ou pouvaient accéder à la qualité recherchée de citoyen romain.

Le renom d'une ville, sa gloire pour parler noblement, se traduisait également dans la richesse de ses constructions, la beauté de ses temples, l'étendue de son forum, le nombre de ses statues, voire la longueur et la hardiesse de ses aqueducs. Le financement de ces travaux était en grande partie assuré par la fortune personnelle des candidats aux différentes magistratures municipales. Largesses qu'ils n'omettaient pas de mentionner dans la dédicace de ces monuments. Très rapidement, cette munificence devint une obligation ; les historiens ont pu même définir la *summa honoraria* qu'impliquait toute élection. On comprend donc pourquoi les ruines des cités romaines sont si monumentales et paraissent parfois disproportionnées, compte tenu de l'importance réelle de la ville et du nombre de ses habitants. La trace de Rome en Afrique est surtout matérielle. Elle est incomparable.

Une hiérarchie semblable existait dans les conditions des habitants de l'Afrique. Parmi les hommes libres, le pérégrin pouvait accéder, par élection ou par faveur individuelle de l'empereur, au droit latin. Un citoyen de droit latin pouvait devenir citoyen romain de la même manière. Au-dessus encore, à condition que sa fortune atteignît un niveau fixé, le même pour toute l'étendue de l'Empire, le citoyen accédait au rang de chevalier *(eques romanus)* et pouvait entrer dans l'administration impériale, occuper les fonctions les plus hautes, civiles ou militaires, devenir gouverneur de province ou même, dignité insigne, être nommé préfet du prétoire, deuxième puissance de l'Empire. La qualité de chevalier pouvait être accordée comme une récompense, par faveur de l'empereur. Enfin, sommet de la hiérarchie sociale, l'ordre sénatorial accueillait les possesseurs des plus grandes fortunes et ceux qui, parmi les chevaliers, s'étaient particulièrement distingués au service de l'empereur.

Ainsi, en jouant habilement de cette hiérarchie entre les cités et entre les catégories sociales, Rome a pratiqué une assimilation progressive de l'élite municipale africaine. "Rome détermine, comme le dit E. Albertini, dans l'ensemble de la population un mouvement d'ascension vers la vie romaine." Ce mouvement crée un appel qui se répercute de proche en proche dans toutes les couches de cette société censitaire strictement hiérarchisée, mais nullement bloquée.

L'ARMÉE, AGENT D'ASSIMILATION

L'armée était, parallèlement, un puissant agent d'assimilation. En Afrique, comme dans toutes les provinces, les troupes auxiliaires étaient ouvertes aux pérégrins tandis que la légion (il n'y en avait qu'une seule, la *Legio tertia augusta*, dont le siège était à Lambèse en Numidie) ne comptait que des citoyens romains. L'auxiliaire, fantassin des cohortes ou cavalier des ailes, recevait le droit de cité, c'est-à-dire qu'il devenait citoyen romain, après vingt-cinq ans de service.

Ces cohortes et ailes portaient des noms d'origine ethnique : ainsi, en Maurétanie Césarienne, on connaît l'aile des Thraces, la cohorte II des Sardes, celle des Breuques, etc. Or, très rapidement, ces ethniques n'ont plus qu'une signification traditionnelle car tous les corps de troupe stationnés normalement en Afrique connaissent un recrutement local. Cela devient définitif dès 150.

Les soldats des troupes auxiliaires n'avaient pas toujours une origine citadine, c'était plutôt parmi les Numides et les Maures des campagnes que les officiers recruteurs recherchaient de solides gaillards. Des corps de troupe créés sur place portent d'ailleurs des noms africains : cohorte des Musulames, cavaliers maures…

Ces recrues, au cours du quart de siècle que durait leur service, avaient le temps d'apprendre, avec la discipline militaire, un latin élémentaire, qui devait différer sensiblement de la langue de Cicéron, et les principes de la culture romaine. De retour dans son *douar* ou sa *mechta*, avec son pécule et le titre de citoyen romain, le vétéran devenait l'image même de la réussite. Comme nous l'avons vu, ces vétérans pouvaient se voir confier la direction d'une tribu *(praefectus gentis)*.

On estime que dans les deux Maurétanies l'effectif total des troupes s'élevait, en temps normal, à 15 000 hommes ; en Numidie, les corps auxiliaires devaient avoir un effectif égal à celui de la légion, soit 5 000 à 6 000 hommes. C'est donc quelque 20 000 hommes qui étaient susceptibles de devenir citoyens romains. Mais combien arrivaient au terme de leurs vingt-cinq ans de service ? Combien de temps survivait le vétéran ayant acquis le droit de cité ? En un mot, quel était l'impact réel de cette romanisation, individuelle et rare, sur l'ensemble de la population africaine ?

Quoi qu'il en soit, et ceci est d'importance, ce sont les Africains eux-mêmes qui, sous les aigles romaines, ont assuré, en temps normal, l'ordre en Afrique.

La citoyenneté romaine pouvait être accordée également aux chefs de tribus *(gentes)* ralliées ou pacifiées ; ces chefs sont qualifiés de princes *(princeps)*, parfois de rois, et doivent donc être distingués des préfets, qui sont des fonctionnaires nommés par le pouvoir impérial. L'octroi de la citoyenneté romaine apparaissait comme une récompense et permettait aux gouverneurs de province, qui en faisaient la demande à l'empereur, de réduire la pression que des tribus puissantes pouvaient exercer sur les frontières ou à l'intérieur même de la province. La célèbre "table de Banasa", plaque de bronze qui était affichée à proximité des thermes de cette ville de Maurétanie Tingitane, permet d'analyser avec précision cette politique durant quelques années du IIe siècle. Ce texte, unique dans l'Empire, fut récemment publié et étudié par W. Seston et M. Euzennat ; il nous a conservé trois documents officiels. Le premier est une lettre des empereurs Marc Aurèle et Lucius Verus à Coiiedius Maximus, gouverneur de Maurétanie Tingitane, accordant la citoyenneté romaine à un Zegrenses nommé Julianus, à son épouse Zidotina et à leurs enfants ; cette décision date de 168-169. Dans cette lettre les empereurs insistent sur le caractère exceptionnel de cette décision, justifiée par la parfaite fidélité de Julianus, dont ils souhaitent qu'elle serve d'exemple à ses contribules. Le deuxième document retranscrit sur la table de Banasa est une nouvelle lettre des empereurs Marc Aurèle et Commode au gouverneur Vallius Maximianus accordant la citoyenneté romaine à Faggura, épouse d'Aurelius Julianus, prince des Zegrenses, et à leurs enfants. Le troisième document est le texte officiel (le *commentarius*) émanant du Conseil de l'empereur et cosigné de douze membres du Conseil. Il est daté du 6 juillet 177.

Le texte de la table de Banasa est intéressant à plus d'un titre ; nous ne retiendrons que celui relatif à la politique indigène. Parmi les clans de la puissante tribu des Zegrenses, qui occupait vraisemblablement les versants du Rif, le gouverneur a distingué celui de Julianus dont il a transmis la requête à l'empereur. Le fils de Julianus, devenu, quelques années plus tard, prince des Zegrenses, a épousé une pérégrine, Faggura. Pour que ses enfants soient eux aussi citoyens romains il faut obtenir une nouvelle décision impériale. Comme le cas de ces Zegrenses est exemplaire, les documents sont affichés et portés à la connaissance de tous.

On saisit, grâce à ce texte, un aspect de la politique d'assimilation, conduite avec une remarquable efficacité par les gouverneurs de province, mais ceux-ci ne sont que les fonctionnaires d'une bureaucratie impériale dont les archives ont été aussi scrupuleusement tenues que celles d'une administration moderne.

LE POIDS DE LA ROMANISATION

Cette politique d'assimilation, ou plus exactement de romanisation, peut heurter nos conceptions démocratiques actuelles, mais si nous voulons bien nous replacer au IIe et au IIIe siècle de notre ère, elle ne peut paraître que très sage, efficace et réellement progressiste. Quoi qu'on en ait dit (mais ne le dit-on pas également de notre propre société ?), la société romaine de l'époque impériale n'était pas une société bloquée. Elle ne l'était pas à Rome, où des écrivains atrabilaires et imbus de leur noblesse, parfois de fraîche date, se plaignaient de l'ascension sociale d'affranchis et de l'enrichissement de parvenus. Elle ne l'était pas non plus dans les provinces.

Mais comment mesurer le degré de romanisation réelle des Berbères ? Pour répondre à cette question fondamentale, il faudrait posséder une documentation autrement plus précise que celle dont nous disposons.

Les documents matériels, certes, ne manquent pas ; les sources écrites, historiques et juridiques, ne sont pas négligeables. Il s'y ajoute une abondante moisson de textes épigraphiques : ils atteignent le chiffre très élevé de 50 000 pour les provinces romaines d'Afrique. Les ruines des villes, capitales ou simples bourgades, se comptent par centaines et donnent une image impressionnante de l'emprise de Rome. Le limes enfin, zone de peuplement militaire, fait pénétrer la *romanitas* jusqu'au désert en Tripolitaine et Numidie, jusqu'aux hauts plateaux steppiques en Maurétanie Césarienne. Cette région était occupée, encore sous le Bas-Empire, par des *limitanei*, soldats-cultivateurs qui vivifiaient ces terres arides et qui subirent, comme nous l'avons vu, le choc des tribus chamelières. En arrière du limes, les terres de culture ont été loties et les traces de cette cadastration déterminent encore le paysage en Tunisie et dans certains secteurs de Numidie.

Tout ce poids de pierres de taille, de villes prestigieuses, de dédicaces, de murets en pierres sèches sur les versants des collines, ces fossés et forts du limes, les bornes militaires et les ouvrages d'art d'un réseau routier imposant nous plongent dans l'émerveillement. Les cinq siècles de domination romaine ont laissé sur le sol africain infiniment plus de traces durables que les quatorze siècles qui les suivirent.

On comprend l'admiration quelque peu béate que suscitèrent les ruines antiques dans l'esprit des premiers historiens de l'époque coloniale. Nos érudits du XIXᵉ siècle, tout imprégnés de culture classique, retrouvaient, au milieu des buissons de jujubiers ou de palmiers nains, les inscriptions révélant une mise en valeur de ces mêmes terres que la pioche des nouveaux colons tentait de revivifier au prix d'efforts et de misères bien oubliés aujourd'hui. Ils retrouvaient, non sans émotion, les lieux cités par César, Salluste, Tite-Live ou saint Augustin. Comment Rome ne serait-elle pas devenue la référence évidente pour cette nouvelle latinité qui s'établissait en terre africaine ? Comment ne pas chanter les louanges de Rome, qui avait permis à des Africains d'accéder à l'opulence révélée par les monuments et d'atteindre les sommets de la culture ? Ne vit-on pas, dès le IIe siècle, l'Africain Fronton, né à Cirta, devenir le maître du plus sage des empereurs, Marc Aurèle ! Le plus "moderne" des écrivains latins, à la fois romancier, philosophe et orateur, Apulée, était natif de Madaure et se disait à demi numide, à demi gétule. Ce Latin, loin de renier ses origines africaines, en tirait, non sans quelque snobisme, une gloire certaine.

Il est vrai que l'Afrique était un des plus beaux fleurons de l'Empire. A la fin du IIe siècle, elle donne une dynastie à Rome avec l'élévation à l'Empire du lepcitain Septime Sévère, puis quarante ans plus tard, sur son sol même, est proclamé à Thysdrus (El-Djem) le vieux Gordien, qui s'adjoint immédiatement son fils. Thysdrus était la plus riche ville de Byzacène. Cette fortune récente, la ville la devait au développement agricole, et particulièrement à celui des olivettes, bien adaptées aux conditions de sol et de climat.

On ne saurait, en effet, oublier la mise en valeur des terres africaines : elle correspondait non seulement au développement naturel de l'agriculture lorsque celle-ci est protégée, mais aussi à une volonté politique, affirmée à tous les niveaux de l'administration impériale. Cet impact sur la vie agricole fut si puissant que de nombreux termes latins, à peine déformés, subsistent aujourd'hui dans la plupart des dialectes berbères pour désigner la charrue, le joug, des plantes cultivées et des arbres. Les mois du calendrier julien ont conservé leur nom latin chez tous les cultivateurs de l'Afrique du Nord et même du Sahara, car l'influence latine s'est exercée au-delà des limites officielles de l'Empire.

Cette extension s'explique par d'autres facteurs que ceux de la romanisation, au sens juridique d'assimilation : les siècles de domination romaine ont correspondu aussi à l'évangélisation des Africains. La propagation du christianisme a été favorisée en Afrique, comme dans les autres provinces, par les aspirations mystiques que la circulation des idées à l'intérieur d'un empire uni avait amenées d'Orient. Les conditions économiques et sociales, issues de la société romaine, facilitaient également le succès d'une religion de salut proclamant l'égalité des hommes et le mérite des pauvres. A ces conditions, qui étaient largement répandues dans l'ensemble de l'Empire, s'ajoutait pour l'Afrique l'importance particulière de l'influence orientale, entretenue par les longs siècles de prédominance phénicienne et par le maintien des relations avec l'Orient sémitique. De fait, de toutes les provinces d'Occident, les provinces africaines étaient les plus orientales par leur mentalité et les origines de leur culture : elles étaient, surtout l'Africa, particulièrement préparées à recevoir la nouvelle religion. Le christianisme africain fut riche en martyrs et en écrivains : Tertullien, Arnobe, Cyprien. Le plus grand de tous fut Augustin, qui devint l'un des maîtres de la pensée occidentale pour de nombreux siècles. Issu d'une famille de Thagaste (Souk-Ahras), évêque d'Hippone, Père de l'Eglise, saint Augustin atteint une stature universelle qui transcende et sa province et l'Empire et son temps. Il n'est pas indifférent que le plus grand penseur de l'Occident latin, l'auteur de *La Cité de Dieu* et des *Confessions*, fût un Berbère chrétien. Il peut sembler comme le modèle achevé de cette romanisation patiemment poursuivie pendant quatre siècles. Tragique ironie du sort, Augustin, qui mourut durant le siège d'Hippone par les Vandales, assista à l'écroulement de ce monde romano-africain qui l'avait engendré.

Car il y eut, disent les historiens qui prennent le contre-pied de l'admiration "coloniale", un échec de Rome dans sa tentative d'assimilation : les Africains ont rejeté Rome et la latinité ; ces réussites, que l'Histoire retient, ne seraient que des cas individuels ; la romanisation n'aurait touché qu'une élite fortunée tandis que l'ensemble du peuplement berbère, dans les *gentes*, restait en dehors de la latinité.

Rejetant la domination romaine, les Africains, nous dit-on, "résistent" vigoureusement, comme le prouve la longue liste de troubles, de coups de main, de soulèvements, qui éclaire d'un jour inattendu la *Pax romana*.

De fait, de Tacfarinas (17 à 24 de notre ère) à Gildon (396), Rome dut faire face à de terribles insurrections qui affectèrent surtout les Maurétanies. Pour les historiens particulièrement pessimistes quant à la romanisation des Africains, tel Ch. Courtois, Rome n'avait guère pénétré les régions montagneuses qui, de ce fait, devinrent des réserves de barbarie. On veut y voir pour preuve les limes intérieurs qui, au Bas-Empire, cloisonnaient les provinces, tel le fossé qui entourait le massif du Bou Taleb en Maurétanie Sétifienne. Lorsque le pouvoir s'affaiblit, de ces régions montagneuses déferlent des hordes guerrières farouches qui, bousculant les lignes de défense intérieures, pillent ou détruisent fermes et bourgades. Les choses vont encore plus mal lorsque ces mouvements locaux tendent à fusionner ; des fédérations s'ébauchent alors entre les tribus, comme celles des Baquates et des Bavares en Maurétanie Tingitane. Parfois une figure sort du néant de la barbarie et, brusquement, se révèle un chef prestigieux. Le monde berbère est coutumier de ces météores guerriers : on songe à un Mathos (ou Matho) qui dirigea l'insurrection libyenne pendant la guerre des Mercenaires contre Carthage, à un Tacfarinas qui, au début du Ier siècle, malmena pendant sept ans les légions d'Afrique, à un Faraxen qui eut son heure de gloire en Maurétanie Césarienne lors de la grande insurrection du milieu du IIIe siècle, à un Abou Yazid, l'homme à l'âne, qui faillit renverser la dynastie fatimide en Ifriqiya au Xe siècle, à un Abd el-Krim en 1920 ou même à un Amirouche de nos jours.

A consulter la longue série des combats, l'image de cette Afrique prospère, grenier de Rome, conduisant progressivement les Berbères à ce qui nous semble un étage supérieur de civilisation s'assombrit singulièrement. Les cendres des incendies, les éclaboussures de sang ternissent l'éclat des marbres et le chatoiement des mosaïques. D'ailleurs, certaines de ces mosaïques ne représentent-elles pas, sans vergogne, des captifs africains étroitement ligotés, comme à Tipasa en Maurétanie, ou livrés aux bêtes de l'amphithéâtre, comme à Zliten en Tripolitaine ?

LES DEUX VISAGES DE L'AFRIQUE ROMAINE

Ces deux volets du diptyque de l'Afrique romaine contrastent trop violemment pour être exacts. Je sais qu'il est de bon ton aujourd'hui de dire que l'Histoire ne saurait être impartiale et que les "présupposés", consciemment ou non, infléchissent le jugement de l'historien. Mais l'Histoire n'a pas à juger, elle doit analyser et expliquer les faits, aussi bien la continuité économique et sociale que les événements. Car si l'Histoire n'est pas seulement "événementielle", les événements sont des faits historiques parfois très lourds de conséquences pour les sociétés et les mentalités : songeons à la décision de l'emir fatimide du Caire de donner le Maghreb aux Beni Hilal ! Les événements ne peuvent être simplement gommés au profit d'une seule vision économique.

Or les faits sont les suivants : il n'y a pas *une* Afrique romaine mais *des* provinces de statuts, de peuplements, d'intérêts différents. Si on examine une carte de l'implantation romaine en Afrique au moment où, au IIIe siècle, elle atteint son plus grand développement, un contraste marqué apparaît entre l'est et l'ouest. La Tunisie et l'Algérie orientale actuelles, qui correspondent à la province d'Afrique et à son prolongement militaire de la Numidie, étaient très urbanisées. Aux villes et stations de la poste impériale, dont les noms nous ont été transmis par les bornes militaires et les itinéraires, doivent s'ajouter des centaines de bourgades dont les noms restent inconnus mais qui témoignent d'une exceptionnelle densité de peuplement. En bordure méridionale de ces provinces, un large boulevard militaire gagne sur la steppe et même, en Tripolitaine, sur le désert. Nous avons vu comment, à la suite d'une volonté politique continue, ces terres arides, ces *solitudines* que décrivait Salluste au Ier siècle av. J.-C., avaient été mises en valeur et peuplées.

Les Maurétanies ont un réseau routier et urbain infiniment plus lâche. Les villes sont moins peuplées, moins somptueuses mais entourées de remparts, souci de protection inconnu en Africa et en Numidie. Le boulevard militaire, longtemps confondu avec la vallée du Chélif en Césarienne, n'a été porté à la limite du Tell qu'au IIIe siècle. En Tingitane, l'étendue de la province est encore plus réduite et la jonction par terre entre les deux Maurétanies n'était pas assurée durablement par une route contrôlée.

Cependant, en cas de péril, les deux provinces étaient placées sous le même commandement militaire. En un mot, les Maurétanies étaient nettement moins romanisées que la Numidie et l'Africa. L'insécurité y était plus fréquente et les grands soulèvements qui y prirent naissance gagnèrent parfois les franges de la Numidie.

Pour analyser sérieusement la situation de l'Afrique sous la domination romaine et le comportement des Berbères à l'égard de cette domination, il importe donc de distinguer soigneusement les deux ensembles de provinces. Un autre fait qui ne peut être mis en doute est la faiblesse des effectifs militaires dans un pays aussi vaste : en additionnant ceux de l'unique légion *(Legio tertia augusta)*, des cohortes et des ailes de cavalerie réparties de la Tripolitaine à l'Atlantique, on atteint à peine le chiffre de quelque 27 000 hommes. S'il y avait eu, au cours des siècles, une résistance farouche et continue des Africains contre les rares colons implantés dans les villes et les plus riches plaines, ces effectifs ridicules auraient été balayés. Or non seulement ces troupes sont peu nombreuses, mais il est impossible de les considérer, dans une optique moderne, comme une armée coloniale ou une armée d'occupation. Ces troupes sont, dans leur grande majorité, recrutées sur place parmi les Africains peu ou prou romanisés. Toutefois, en cas de grand danger, le gouvernement impérial n'hésitait pas à envoyer en Maurétanie des troupes prélevées dans d'autres provinces.

Les historiens soucieux de souligner la résistance africaine devraient comparer les effectifs militaires des provinces africaines à ceux de certaines provinces d'Europe : les deux Germanies, la Rhétie, la Pannonie, la Mésie, la Dacie. Le long du Rhin et du Danube était rassemblé le plus grand nombre de légions de l'Empire. Il est vrai qu'ici les frontières subissaient la pression constante des

177

peuples germains, nombreux et puissants, tandis qu'en Afrique c'étaient les terres de l'Empire qui ne cessaient de s'étendre, grâce au contrôle de plus en plus étroit des tribus nomades et semi-nomades.

Un troisième fait, qui est difficilement analysable, mais qui ne peut être rejeté, est le poids réciproque de la population urbaine, donc romanisée, et de celle qui échappe à cette romanisation. Ce rapport est, nous l'avons vu, très différent entre l'Africa et les Maurétanies, mais les montagnes n'ont pas toujours été les zones refuges que les contrastes de la colonisation moderne avaient laissé croire. Les blancs qui apparaissent encore sur les atlas archéologiques ne correspondent pas toujours à une absence de ruines antiques, mais le plus souvent à une exploration insuffisante ; c'est particulièrement vrai pour l'Aurès. Inversement, même dans les régions les plus romanisées, il subsistait des *gentes* conservant leur organisation particulière et dont la bourgade principale portait le nom de la tribu (Civitas Nattabutum, Civitas Nybgeniorum…). Les terres de ces tribus étaient soigneusement délimitées, mais on ne peut considérer ces territoires comme des sortes de réserves ou de "Batouland" car ils se romanisent à un rythme à peine plus lent que les terres de vieille colonisation. Leurs cités connaissent la même progression que les autres. Un bon exemple est donné par Thubursicu Numidarum, d'abord simple agglomération sur le terrain d'une *gens* numide qui aurait obtenu de former une commune *(civitas)* et qui devint municipe sous Trajan ; à ce moment, le *princeps* de la tribu, devenu citoyen romain, siège au conseil municipal. Encore une génération, et la ville de Thubursicu ainsi que le territoire de la tribu ont perdu toute originalité ; il ne s'agit plus que d'un municipe comme les autres entouré de ses terres communales. Cette évolution exemplaire peut être suivie aussi bien à l'orée du désert, chez les Nybgenii, dont la *civitas*, devenue municipe, change même de nom (Turris Tamellani).

LE CHRISTIANISME SURVIT A ROME

L'évangélisation de l'Afrique fut-elle aussi importante et profonde que le font croire les prestigieuses figures d'Augustin et, avant lui, de Cyprien et de Tertullien ? Le schisme donatiste, qui est présenté souvent comme une manifestation de la résistance africaine, n'était-il pas, en raison même de son importance, une preuve de la profondeur et de l'extension des conversions à la nouvelle religion ? Mais le christianisme n'était-il pas cantonné dans les seules villes et finalement confondu avec une nouvelle forme d'assimilation ?

On doit s'inscrire en faux contre cette vue restrictive. Les longues listes épiscopales des conciles africains, les basiliques de simples bourgades dont nous ignorons jusqu'au nom, les épitaphes d'humbles paysans et même de chefs berbères dans des régions apparemment peu romanisées, comme la chaîne des Babors où le roi des Ukutameni (les futurs Ketama du Moyen Age) se dit *servus Dei* au Ve siècle, sont autant de témoignages d'une évangélisation qui, en certains points, semble même avoir dépassé les limites de la domination impériale. L'évangélisation franchit également les limites chronologiques de la domination romaine, elle se poursuivit pendant les époques vandale et byzantine. Un écrivain espagnol de l'époque byzantine, Jean de Biclar, fait état de l'évangélisation des Garamantes du Sahara vers 568-569. Si Corippus, au VIe siècle, décrit les pratiques religieuses, voire magiques, des nomades chameliers levathae restés païens,

179

il le fait déjà avec la curiosité d'un ethnologue : il s'agit pour lui de pratiques étrangères à son monde.

De fait, malgré la conversion massive des Berbères à l'islam, le christianisme devait survivre jusqu'au XIe siècle, comme en témoignent plusieurs séries d'épitaphes en Tripolitaine (En-Ngila) et en Tunisie (Kairouan) mais aussi la correspondance du pape Grégoire VII qui nous fait connaître, en 1053, le maintien d'un évêque à Gummi (Tunisie) et de rares textes d'écrivains arabes : El-Bekri mentionne une communauté chrétienne à Tlemcen au XIe siècle, tandis que T. Lewichi pense reconnaître un important peuplement chrétien au milieu des Berbères ibadites de Ouargla, entre le Xe et le XIIIe siècle. Parallèlement, on constate que pendant des siècles, longtemps après la conquête arabe, des Africains continuaient à parler latin, un latin d'Afrique (*al-li-san al-latini al-Afariq*, dit El-Idrisi) qui aurait pu devenir une langue romane.

Seule la conjonction du fanatisme almohade et de l'anarchie bédouine vint à bout de ces reliques culturelles et religieuses de l'Afrique romaine. Au même siècle s'effondra la prospérité agricole léguée par le patient effort des Libyphéniciens de l'époque de Carthage, des Numides de la dynastie massyle, des Romano-Africains, autant de noms qui recouvrent la réalité et la continuité des Paléoberbères.

La Berbérie ne devint pas un pays latin comme l'Espagne, pourtant si proche, qui connut, elle aussi, les déprédations des barbares germains, une reconquête byzantine et plusieurs siècles de domination arabo-islamique. Mais la latinité ibérique s'appuyait sur une Europe féodale et chrétienne tandis que la Berbérie n'avait, sur ses arrières, que la steppe par laquelle s'engouffrèrent d'abord les nomades chameliers restés païens, puis les Hilaliens et la mentalité bédouine.

DES PASSANTS SANS POSTÉRITÉ CULTURELLE :
VANDALES ET BYZANTINS

Les réactions berbères aux dominations vandale et byzantine, qui couvrent à peine un peu plus de deux siècles, ne nous retiendront guère. Ces passants, rapidement emportés par le vent de l'Histoire, ne laissèrent rien ou presque rien en Afrique. Certes, durant ce temps, l'évangélisation se poursuit, malgré les querelles théologiques qui ne cessent d'affaiblir le pouvoir des rois, des gouverneurs ou des exarques.

Les Vandales qui étaient, suivant Victor de Vita, 80 000 au moment de leur débarquement – ou 160 000 si le chiffre donné ne concerne que les hommes et les enfants de sexe mâle – s'évanouissent après la défaite et la mort de Gélimer. Les Byzantins, malgré un effort militaire remarquable, n'occupèrent qu'une faible partie des anciennes provinces romaines. De leur passage en Afrique il subsiste surtout des forteresses imposantes, qui furent édifiées avec des pierres de taille retirées des villes voisines. Celles-ci avaient été, parfois, mais moins souvent qu'on ne l'a dit, ruinées et détruites par les troubles qui, depuis la chute de la domination romaine, n'avaient cessé de s'étendre et de s'aggraver.

Les époques vandale et byzantine ne sont pas cependant sans intérêt pour notre propos. Bien au contraire. Ces deux siècles voient, en effet, un renouveau des traditions berbères du fait de l'affaissement de la latinité. Ce berbérisme latent est renforcé par les nomades chameliers zénètes, tandis que se constituent chez les Maures différents royaumes, dont l'élite est constituée par les "Romains" des villes. On a vu que ces royaumes berbéro-chrétiens avaient des bases trop fragiles pour résister longtemps aux coups de boutoir des armées arabes.

Ch. Courtois avait cru reconnaître au VIe siècle quelque huit royaumes, dont plusieurs me paraissent fort douteux. Personnellement, j'estime qu'il existait un royaume correspondant à l'ancienne Maurétanie Césarienne et dont nous connaissons le roi, Masuna, qui régnait en 508, à qui succédèrent Mastigas puis Garmul.

Ce renouveau berbère est sensible également dans les arts décoratifs où triomphe d'une manière définitive le schématisme géométrique. En un rapide processus, qui paraît renforcé par le souffle desséchant du désert, les motifs floraux perdent toute souplesse et prennent les formes angulaires que conservera jusqu'à nos jours l'art rural maghrébin. Les figurations humaines et animales se raidissent et deviennent des silhouettes stéréotypées, géométriques. Ce même vent de sécheresse souffle sur toutes les manifestations de la gravure, de la peinture, de l'architecture, sur un art qui oublie facilement, parce qu'il est populaire et surtout rural, les règles savantes des styles classiques. Il en résulte de curieuses résurgences : les bas-reliefs de cette époque sont plus proches des gravures et rares sculptures préromaines que des œuvres citadines des siècles précédents.

Toutes proportions gardées, n'est-ce pas le même phénomène qui, en Gaule, prépare la naissance de cet art roman dans lequel reviennent à la surface de vieilles traditions celtiques qui avaient été, quelque temps, étouffées par les canons de l'art officiel romain ?

L'ISLAM ET L'ARABISATION DE LA BERBÉRIE

Comment l'Afrique du Nord, peuplée de Berbères en partie romanisés, en partie christianisés, est-elle devenue en quelques siècles un ensemble de pays entièrement musulmans et très largement arabisés, au point que la majeure partie de la population se dit et se croit d'origine arabe ?

Plutôt que de rechercher les causes d'un relatif échec de la romanisation, il me paraît plus positif de montrer le mécanisme de l'arabisation.

L'ISLAMISATION N'EST PAS L'ARABISATION

Il importe, en premier lieu, de distinguer l'islam de l'arabisme. Certes, ces deux concepts, l'un religieux, l'autre ethno-sociologique, sont très voisins l'un de l'autre puisque l'islam est né chez les Arabes et qu'il fut, au début, propagé par eux, encore qu'il existe des populations arabes ou arabisées qui sont demeurées chrétiennes (Syrie, Liban, Palestine, Iraq, Egypte), et des millions de musulmans qui ne sont ni arabes ni même arabisés (Noirs africains, Berbères, Turcs, Kurdes, Albanais, Iraniens, Afghans, Pakistanais, Indonésiens…). Tous les Berbères auraient pu, comme les Perses et les Turcs, être islamisés en restant eux-mêmes, conservant leur langue, leur organisation sociale, leur culture. En théorie, cela leur aurait été même plus facile, puisqu'ils étaient plus nombreux que certaines populations qui ont conservé leur identité au sein de l'*umma* musulmane, et qu'ils étaient plus éloignés du foyer initial de l'islam.

Comment expliquer, parallèlement, que l'Africa, la Numidie et même les Maurétanies, qui avaient été évangélisées au même rythme que les autres provinces de l'Empire et qui possédaient des églises vigoureuses, aient été entièrement islamisées alors qu'aux portes mêmes de l'Arabie ont subsisté des populations chrétiennes : coptes des pays du Nil, maronites du Liban, nestoriens et jacobites de Syrie et d'Iraq ?

LA FIN D'UN MONDE

L'islam, c'est un truisme, fut introduit, en Afrique comme au Proche-Orient, par la conquête arabe. Nous avons vu combien les épisodes de cette conquête sont mal connus, encombrés de récits légendaires destinés à mettre en valeur les exploits de guerriers placés à la tête de lignées puissantes. Certains récits d'Ibn Abd el-Hakam ou d'En-Noweiri ont déjà le souffle épique des chansons de geste.

La conquête fut facilitée par la faiblesse des Byzantins. Le patrice Grégoire, qui fut vaincu et tué à la bataille de Sufetula (Sbeïtla), s'était lui-même rebellé contre l'empereur de Constantinople. Depuis deux siècles, l'Afrique était la proie de l'anarchie ; tous les ferments de désorganisation et de destruction économique s'étaient rassemblés sur ce malheureux pays. Depuis l'irruption des Vandales, la plus grande partie des anciennes provinces échappait à l'administration des Etats héritiers de Rome. Le royaume vandale, en Afrique, ne s'étendait qu'à la

Tunisie actuelle et à une faible partie de l'Algérie orientale, limitée au sud par l'Aurès et à l'est par le méridien de Cirta. Or, Ch. Courtois a montré, en exploitant les récits de Procope et de Corippus, que dès la fin du règne de Thrasamond, vers 520, les nomades chameliers, sous la conduite de Cabaon, pénètrent en Byzacène. A partir de cette date, Vandales puis Byzantins doivent lutter constamment contre leurs incursions venues du sud-est. Au cours de cette lutte sans cesse renouvelée, ils trouvent parfois des alliés parmi les chefs ou rois des populations montagnardes sédentaires ou semi-nomades, mais plus souvent encore ils doivent faire face à la coalition des deux groupes berbères, confondus sous le nom de Maures.

Du reste de l'Afrique, celle que Ch. Courtois avait appelée l'Afrique oubliée, nous ne connaissons, pour cette période de deux siècles, que des noms de chefs, de rares monuments funéraires comme les djedars près de Saïda ou le Gour près de Meknès et les célèbres inscriptions de Masties à Arris (Aurès) et de Masuna à Altava (Oranie). On devine, à travers les bribes transmises par les historiens et par le contenu même de ces inscriptions, que l'insécurité n'était pas moindre dans ces régions "libérées".

Autre source d'anarchie et de décadence économique, la rupture, devant les nomades, des ligues de défense et de contrôle. La disparition des zones de culture méridionales, qui fut plus tardive qu'on ne le pensait, fut une première atteinte à la vie sédentaire de l'arrière-pays.

Les querelles théologiques enfin ne furent pas moins fortes chez les chrétiens d'Afrique que chez ceux d'Orient. L'Eglise, qui avait eu tant de mal à lutter contre le donatisme, est affaiblie dans le royaume vandale par les persécutions, car l'arianisme est devenu religion d'Etat. L'orthodoxie triomphe à nouveau dès le règne d'Hildéric (525). Au cours de cette période, non seulement de nombreux évêchés

185

semblent avoir disparu, mais surtout le particularisme provincial et le repliement accompagnent la rupture de l'Etat romain.

La reconquête byzantine fut, en ce domaine, encore plus désastreuse. Elle réintroduisit en Afrique de nouvelles querelles sur la nature du Christ : le monophysisme et la querelle des Trois Chapitres, sous Justinien, ouvrent la période byzantine en Afrique, la tentative de conciliation proposée par Héraclius, le monothélisme, à son tour condamné comme une nouvelle hérésie, clôt cette même période. Alors même que la conquête arabe est commencée, une nouvelle querelle née de l'initiative de l'empereur Constant II, celle du Type, déchire encore l'Afrique chrétienne (648).

En même temps s'accroît la complexité sociologique, voire ethnique, du pays. Aux Romano-Africains (*Afariq* des auteurs arabes) qui habitaient les villes et les campagnes, parfois très méridionales, comme la société paysanne que font connaître les "tablettes Albertini" trouvées à une centaine de kilomètres au sud de Tébessa, et aux Maures non romanisés issus des *gentes* paléoberbères se sont ajoutés les nomades zénètes, les débris du peuple vandale, le corps expéditionnaire et les administrateurs byzantins (les Roûm des auteurs arabes). Cette société devient de plus en plus cloisonnée dans un pays où s'estompe la notion même de l'Etat.

En bref, les conquérants arabes, peu nombreux mais vaillants, ne vont pas trouver en face d'eux un Etat prêt à résister à une invasion, mais des opposants successifs : le patrice byzantin, puis les chefs berbères, principautés après royaumes, tribus après confédérations. Quant à la population romano-africaine, enfermée dans les murs de ses villes, bien que fort nombreuse, elle n'a ni la possibilité ni la volonté de résister longtemps à ces nouveaux maîtres envoyés par Dieu. La capitation imposée par les Arabes n'était guère plus lourde que les exigences du fisc byzantin, et, au début du moins, sa perception apparaissait plus comme une contribution exceptionnelle aux malheurs de la guerre que comme une imposition permanente. Quant aux pillages et aux prises de butin des cavaliers d'Allah, ils n'étaient ni plus ni moins insupportables que ceux pratiqués par les Maures depuis deux siècles.

LES VOIES DE LA CONVERSION

Nous disions qu'il fallait distinguer l'islamisation de l'arabisation. De fait, la première se fit à un rythme bien plus rapide que la seconde. La Berbérie devient musulmane en moins de deux siècles alors qu'elle n'est pas encore entièrement arabisée treize siècles après la première conquête arabe.

L'islamisation et la toute première arabisation furent d'abord citadines. La religion des conquérants s'implanta dans les villes anciennes, que visitaient des missionnaires guerriers puis des docteurs, voyageurs rompus aux discussions théologiques. La création de villes nouvelles, véritables centres religieux, comme Kairouan, première fondation musulmane (670), et Fès, création d'Idriss II (809), contribua à implanter solidement l'islam aux deux extrémités du pays.

La conversion des Berbères des campagnes, sanhadja ou zénètes, se fit plus mystérieusement. Ils étaient certes préparés au monothéisme absolu de l'islam par le développement récent du christianisme, mais aussi par un certain prosélytisme judaïque dans les tribus nomades du Sud et peut-être encore, pour certains, par le souvenir de l'omnipotence du grand dieu africain, nommé Saturne par les Latins, successeur du Baal Hammon punique, dont la prééminence sur les autres divinités préparait au monothéisme.

Quoi qu'il en soit, la conversion des chefs de fédérations importantes répandit l'islam dans le peuple. Les contingents berbères, conduits par ces chefs dans de fructueuses conquêtes faites au nom de l'islam, furent amenés tout naturellement à la conversion.

Pour gagner le cœur des populations dans les villes et surtout les campagnes, les missionnaires musulmans eurent recours à l'exemple. Il fallait montrer à ces Maghrébins, dont la religiosité fut toujours très profonde, ce qu'était la vraie communauté des défenseurs de la foi. Ce fut le ribat, couvent-forteresse occupé par des moines-soldats toujours prêts à défendre la terre d'Islam contre les infidèles ou les hérétiques et s'instruisant aux sources de l'orthodoxie la plus rigoureuse. Ces *m'rabtines* savent, le cas échéant, devenir des réformateurs zélés et efficaces. Ceux qui, parmi les Lemtouna, avaient fondé un ribat près du Sénégal (ou dans une île du fleuve) furent à l'origine de l'Empire almoravide, qui leur doit son nom (Al-morabitun) au prix d'une hispanisation imposée par l'Histoire.

Lorsque l'islam fut condamné à une politique défensive, le ribat militaire protégea le littoral contre les incursions des Byzantins, puis des Francs et Normands de Sicile : certains, comme ceux de Sousse ou de Monastir, sont de véritables citadelles.

Dans les zones non menacées, le ribat perdit son caractère militaire pour devenir le siège de religieux très respectés. Des confréries, qu'il serait exagéré d'assimiler aux ordres religieux chrétiens, s'organisent, à des époques plus récentes, en prenant appui sur des centres d'études religieuses, les zaouïas, qui sont les héritiers des anciens ribats.

Ce mouvement, souvent mêlé de mysticisme populaire, est lié au maraboutisme, autre mot dérivé aussi du ribat. Le maraboutisme contribua grandement à achever l'islamisation des campagnes, au prix de quelques concessions secondaires à des pratiques anté-islamiques qui n'entament pas la foi du croyant.

Infiniment plus dangereux pour l'orthodoxie sunnite avaient été dans les premiers siècles de l'islam ces missionnaires kharedjites venus d'Orient qui, tout en répandant l'islam dans les tribus surtout zénètes, séparèrent une partie des Berbères de l'orthodoxie musulmane. Si le schisme kharedjite ensanglanta le Maghreb à plusieurs reprises, il eut le mérite de conserver à toutes les époques, la nôtre comprise, une force religieuse minoritaire mais exemplaire par la rigueur de sa foi et l'austérité de ses mœurs.

Autres missionnaires et grands voyageurs : les *daï* chargés de répandre la doctrine chiite. On sait le succès extraordinaire de l'un d'eux, Abou Abd Allah, chez les Ketama, qui fut à l'origine de l'Empire fatimide. Il faut dire qu'en ces époques qui, en Europe comme en Afrique, nous paraissent condamnées à une vie concentrationnaire en raison de l'insécurité, les clercs voyagent beaucoup et fort loin, ils s'instruisent auprès des plus célèbres docteurs, se mettant délibérément à leur service jusqu'au jour où ils prennent conscience de leur savoir, de leur autorité et deviennent maîtres à leur tour, élaborant parfois une nouvelle doctrine. Ce fut, entre autres, l'histoire d'Ibn Toumert, fondateur du mouvement almohade. Antérieurement, Ibn Yasin avait joué le même rôle dans l'origine des Almoravides.

Il fut cependant des parties de la Berbérie où l'islam ne pénétra que tardivement : non pas dans les groupes compacts des sédentaires montagnards qui, au contraire, jouèrent très vite un rôle important dans l'islam maghrébin, comme les Ketama ou les Masmoûda, mais chez les grands nomades du lointain Hoggar et du Sahara méridional. Il semble qu'il y eut, chez les Touaregs, si on en croit leur tradition, une islamisation très précoce, œuvre des Sohaba (compagnons du Prophète) ; mais cette islamisation, si elle n'est pas légendaire, n'eut guère de conséquences. A ces mêmes récits se rattache la présence d'Oqba au Fezzan avant même la fondation de Kairouan. L'idolâtrie subsista chez les Isabaten jusqu'à la conquête touareg. Des missionnaires, les *'anbiya*, réintroduisirent l'islam au Hoggar, sans grand succès. En fait, la véritable islamisation ne semble guère antérieure au XVe siècle.

Il est même un pays berbérophone qui ne fut jamais islamisé ; les îles Canaries dont les habitants primitifs, les Guanches, étaient restés païens au moment de la conquête hispano-normande, aux XIVe et XVe siècles.

LES MÉCANISMES DE L'ARABISATION

L'arabisation suivit d'autres voies, bien qu'elle fût préparée par l'obligation de prononcer en arabe les quelques phrases essentielles d'adhésion à l'islam. Le Coran, révélation immédiate de Dieu à son Prophète, ne doit subir aucune altération, il ne peut donc être traduit, en conséquence la langue et l'écriture arabes sont sacralisées. Cette contrainte et cette aura contribuèrent grandement à l'arabisation linguistique. Celle-ci fut, pendant la première période (XIIe-XIe siècle), essentiellement citadine. Un certain nombre de villes maghrébines, surtout sur le littoral, ont conservé une langue assez classique, souvenir de cette première arabisation, renforcée par l'afflux des Andalous chassés d'Espagne au XVe siècle, lesquels étaient le plus souvent des Berbères totalement arabisés. L'arabe citadin, classique, fut cependant presque partout submergé par une autre forme plus populaire, rude et mêlée de termes berbères. Cet arabe dialectal, lui-même très divers, est, en fait, l'image linguistique de l'arabisation du Maghreb. Il est issu de la langue bédouine introduite au XIe siècle par les tribus hilaliennes, car ce sont elles, en effet, qui ont véritablement arabisé une grande partie des Berbères.

C'est une étrange et à vrai dire assez merveilleuse histoire que cette transformation d'une population de plusieurs millions de Berbères par quelques dizaines de milliers de Bédouins. On ne saurait, en effet, exagérer l'importance numérique des Beni Hilal : quel que soit le nombre de ceux qui se croient leurs descendants, ils étaient, au moment de leur apparition en Ifriqiya et au Maghreb, tout au plus quelques dizaines de milliers. Les apports successifs des Beni Solaïm, puis des Mâqil, qui s'établirent dans le sud du Maroc, ne portèrent pas à plus de 100 000 les individus de sang arabe qui pénétrèrent en Afrique du Nord au XIe siècle. Les Vandales, lorsqu'ils franchirent le détroit de Gibraltar pour débarquer sur les côtes d'Afrique en mai 429, étaient au nombre de 80 000, ou le double si les chiffres de Victor de Vita ne portent que sur les hommes et les enfants de sexe mâle. C'est dire que l'importance numérique des deux invasions est sensiblement équivalente. Or que reste-t-il de l'emprise vandale en Afrique deux siècles plus tard ? Rien. La conquête byzantine a gommé purement et simplement la présence vandale, dont on rechercherait en vain les descendants ou ceux qui prétendraient en descendre. Considérons maintenant les conséquences de l'arrivée des Arabes hilaliens du XIe siècle : la Berbérie s'est en grande partie arabisée et les Etats du Maghreb se considèrent comme des Etats arabes.

Ce n'est bien entendu ni la puissance génésique des Beni Hilal ni une prétendue extermination des Berbères dans les plaines qui expliquent cette lente transformation.

Les tribus bédouines vont, en premier lieu, porter un nouveau coup à la vie sédentaire, par leurs déprédations et les menaces qu'elles font planer sur les campagnes ouvertes. Elles renforcent ainsi l'action dissolvante des nomades néoberbères qui avaient, dès le Ve siècle, pénétré en Africa et Numidie. Précurseurs des Hilaliens, les nomades zénètes furent facilement assimilés par ces nouveaux venus. Ainsi, les contingents nomades arabes, qui parlaient la langue sacrée et en tiraient un grand prestige, loin d'être absorbés culturellement par la masse berbère nomade, l'attirèrent à eux et l'adoptèrent.

L'identité des genres de vie facilita la confusion. Il était tentant pour les nomades berbères de se dire aussi arabes et d'y gagner la considération et le statut de conquérants ; voire de chérifs, c'est-à-dire descendants du Prophète. L'assimilation était encore facilitée par une fiction juridique : lorsqu'un groupe ou une fraction devient le client d'une famille arabe, il a le droit de prendre le nom de son patron, comme s'il s'agissait d'une sorte d'adoption collective. L'existence de pratiques analogues, chez les Berbères eux-mêmes, facilitait encore le processus.

L'arabisation gagna donc en premier lieu les tribus berbères nomades et particulièrement les Zénètes. Elle fut si complète qu'il ne subsiste plus, aujourd'hui, de dialectes zénètes nomades ; ceux qui ont encore une certaine vitalité sont parlés par des Zénètes fixés soit dans les montagnes (Ouarsenis), soit dans les oasis du Sahara septentrional (Mzab).

A la concordance des genres de vie, puissant facteur d'arabisation, s'ajoute le jeu politique des souverains berbères, qui n'hésitent pas à utiliser la mobilité et la force militaire des nouveaux venus contre leurs frères de race. Par la double pression des migrations pastorales et des actions guerrières accompagnées de pillages, d'incendies ou de simples chapardages, la marée nomade, qui désormais s'identifie pour la plus grande partie du Maghreb avec l'arabisme bédouin, s'étend sans cesse, gangrène les Etats, efface la vie sédentaire des plaines. Les régions berbérophones se réduisent à des îlots montagneux. A ces raisons d'ordre ethno-sociologique s'ajoutent des modifications climatiques qui, à partir du VIIe siècle, favorisèrent le genre de vie pastorale et nomade aux dépens des agriculteurs sédentaires.

AFFIRMATIONS ET RÉALITÉS

Mais ce schéma est trop tranché pour être exact dans le détail. On ne peut faire subir une telle dichotomie à la réalité humaine du Maghreb. Les nomades ne sont pas tous arabisés : il subsiste de vastes régions parcourues par des nomades berbérophones. Tout le Sahara central et méridional, dans trois Etats, est contrôlé par eux. Dans le Sud marocain, l'importante confédération des Aït' Atta, centrée sur le jbel Sagho, maintient un nomadisme berbère entre les groupes arabes du Tafilalet, d'où est issue la dynastie chérifienne, et les nomades du Sahara occidental qui se disent descendre des tribus arabes mâqil, aujourd'hui contrôlés par les Regueibat. Il faut également tenir compte des petits nomades de l'important groupe braber du Moyen Atlas : Zaïan, Beni Mguild, Aït Seghrouchen.

Inversement il ne faudrait pas imaginer que tous les Arabes sont exclusivement nomades ; bien avant la période française, qui favorisa, ne serait-ce que par le rétablissement de la sécurité, l'agriculture et la vie sédentaire, des groupes arabophones menaient depuis des siècles une vie sédentaire autour des villes et dans les campagnes les plus reculées. Je citerai, parce qu'il est le plus exemplaire et qu'il se situe à l'opposé du schéma habituellement présenté, le cas des habitants de Petite Kabylie et de l'ensemble des massifs et moyennes montagnes littorales de l'Algérie orientale et du nord de la Tunisie. Tous ces montagnards et habitants des collines sont arabisés de longue date ; cependant, vivant de la forêt, d'une agriculture proche du jardinage et de l'arboriculture, ils ont toujours mené une vie sédentaire appuyée sur l'élevage de bovins. Bien d'autres cas semblables dans le Rif oriental, l'Ouarsenis occidental, pourraient être cités.

Mais il n'empêche qu'aujourd'hui, hormis le Sahara, les zones berbérophones sont toutes des régions montagneuses, comme si celles-ci avaient servi de bastions et de refuges aux populations qui abandonnaient progressivement le plat pays aux nomades et semi-nomades, éleveurs de petit bétail, arabes ou arabisés. C'est la raison pour laquelle au XIXᵉ siècle l'Afrique du Nord présentait de curieuses inversions de peuplement : montagnes et collines au sol pauvre, occupées par des agriculteurs, avaient des densités de population bien plus grandes que les plaines et grandes vallées, au sol riche, parcourues par de petits groupes d'éleveurs.

Certains groupes montagnards sont si peu adaptés à la vie en montagne que leur origine semble devoir être recherchée ailleurs. Des détails vestimentaires et surtout l'ignorance de pratiques agricoles, telles que la culture en terrasse, dans l'Atlas tellien, amènent à penser que les montagnes ont été non seulement des bastions qui résistèrent à l'arabisation, mais qu'elles furent aussi de véritables refuges dans lesquels se rassemblèrent les agriculteurs, fuyant les plaines abandonnées aux déprédations des pasteurs nomades.

Si la culture en terrasse est inconnue chez les agriculteurs des montagnes telliennes (alors qu'elle est si répandue dans les autres pays et îles méditerranéens), elle est en revanche parfaitement maîtrisée, et certainement de toute antiquité, chez les Berbères de l'Atlas saharien et des chaînes voisines. Les plus belles terrasses se trouvent chez les Chleuhs de l'Anti-Atlas (Maroc), mais dans les monts des Ksour et dans l'Aurès (Algérie), ainsi que chez les Matmata (Tunisie), l'agriculture est normalement pratiquée sur terrasses soigneusement entretenues.

Quelles que soient leurs origines, les Berbères qui occupent les montagnes du Tell sont si nombreux sur un sol pauvre et restreint qu'ils sont contraints de s'expatrier. Ce phénomène, si important en Kabylie, n'est pas récent. Comme les Savoyards des XVIIIᵉ et XIXᵉ siècles, les Kabyles se firent colporteurs ou se spécialisèrent, en ville, dans certains métiers : commerce de l'huile, maraîchage…

L'essor démographique consécutif à la colonisation provoqua l'arrivée massive des montagnards berbérophones dans les plaines mises en culture et dans les villes. Ce mouvement aurait pu entraîner une sorte de reconquête linguistique et culturelle aux dépens de l'arabe, or il n'en fut rien. Bien au contraire, le Berbère, qu'il soit kabyle, rifain, chleuh ou chaouïa, arrivé en pays arabe abandonne sa langue et souvent ses coutumes, tout en les retrouvant aisément lorsqu'il retourne au pays.

Comme les montagnes berbérophones continuent d'être le grand réservoir démographique de l'Algérie et du Maroc, on assiste à ce phénomène apparemment paradoxal : ces pays voient la part de sang arabe, déjà infime, se réduire à mesure qu'ils s'arabisent culturellement et linguistiquement.

LE BERBÈRE ET LE DIVIN

C'est pendant les siècles de domination romaine qu'on peut le mieux saisir les principaux éléments de la religion des Berbères antérieurement au développement du christianisme. La religion des anciens Africains présente des aspects fort divers et parfois contradictoires dans la mesure où, comme la société dont elle est l'émanation, elle est une juxtaposition et une stratification de croyances et de pratiques appartenant à des ethnies et à des niveaux culturels différents.

DES *DII MAURI* DE L'ANTIQUITÉ
AUX *DJENNOUN* MODERNES

Ne seront examinées dans ce chapitre que les croyances populaires répondant aux inquiétudes et aux espoirs des Africains en dehors de toute influence classique. Mettre en lumière les croyances berbères, cachées sous la chape apparemment monolithique de la religion officielle romaine, n'est pas une démarche aisée. Elles nous échappent, pour l'essentiel, dans la mesure où, en raison de leur caractère populaire, elles n'ont pu bénéficier des mêmes moyens d'expression que la religion officielle citadine. Dieux de pauvres, génies de petite fortune, ces entités sont elles-mêmes peu puissantes, de faible rayonnement, limitées à un canton ou une tribu. Comment leur souvenir aurait-il pu se conserver à travers les siècles alors que leurs fidèles ne s'exprimaient guère par écrit ? Pour ces différentes raisons, la documentation épigraphique est particulièrement pauvre et risque, de plus, d'être déformée ou vidée d'une partie de sa religiosité du fait de son expression en une langue qui n'est pas celle des fidèles.

Une autre source de nos connaissances est constituée de quelques bribes tirées de la littérature antique, et particulièrement des auteurs chrétiens africains, qui étaient les mieux placés pour nous transmettre ces croyances ; malheureusement, on ne peut exiger d'un évêque ou d'un Père de l'Eglise de faire œuvre d'historien ou d'ethnologue. Les

allusions aux croyances païennes spécifiquement africaines n'apparaissent qu'au détour d'un sermon, dans la
condamnation de pratiques entachées de paganisme local
ou la dénonciation de faux dieux, qui sont autant de
démons ou de vains simulacres de bois et de pierre (Tertullien, *Ad nationes*, I, 36 ; II, 8). La somme de ces nota-
tions épigraphiques et littéraires reste bien insuffisante.
Encore ne faut-il pas les exploiter abusivement pour en
tirer un argument majeur de la résistance africaine à la
domination romaine.

MONTAGNES, GROTTES ET ROCHERS SACRÉS

Dans les conceptions magiques et religieuses des anciens
Africains, on reconnaît, dans un mélange assez hétéro-
gène de phénomènes naturels sacralisés, de génies innom-
més et d'entités ayant accédé à la qualité de dieux
individualisés, une attitude fondamentale faite de circons-
pection, de crainte et de vénération aboutissant à un culte
plus ou moins organisé. Comme la plupart des peuples
primitifs, les Africains avaient conscience d'une puissance répandue dans la nature et pouvant se manifester, à
tout moment, dans un accident topographique comme
dans un phénomène inhabituel. Mais le sacré peut
atteindre ou frapper un animal sans que celui-ci devienne
nécessairement une divinité nouvelle. Il peut aussi se
manifester à l'homme sans intermédiaire : c'est, à des
degrés divers, le songe, la vision, la révélation.
    La plus sensible des manifestations du sacré, la plus
répandue dans le monde et celle dont le souvenir est le
mieux conservé est ce que nous appellerons l'accident
topographique, en premier lieu la montagne, mais aussi le
simple rocher. Est-ce la forme de la montagne qui attire

ainsi la divinité ou bien son élévation qui, rapprochant l'homme du ciel, siège d'une divinité toute-puissante, justifie la vénération dont elle est entourée ? Ces deux attitudes, apparemment contradictoires puisque l'une serait chtonienne et l'autre ouranienne, peuvent, en fait, avoir contribué simultanément à la sacralisation de la montagne.

De ces hauts lieux nous ne citerons que les sanctuaires puniques ou de tradition punique, tel le temple de Saturne *Balcaranensis* sur le djebel Bou Kournaïn (ou Bou Kornine), dont la silhouette si caractéristique se dresse au fond du golfe de Carthage. On pourrait penser que ces sanctuaires à Baal ou à Saturne établis sur des reliefs sont de tradition sémitique, mais la fortune même de ces lieux de culte, où se succèdent parfois téménos à ciel ouvert, temple punique ou romain, église paléochrétienne et marabout, révèle la profondeur et la durée de cette vénération. Le caractère autochtone de la vénération des hauts lieux est prouvé par de nombreux autres monuments, certains plus anciens, telles les gravures rupestres de signification religieuse groupées sur certaines montagnes du Haut-Atlas marocain (Yagour, Rhat). Ces figurations, aujourd'hui bien connues, remontent, certaines, au Néolithique, mais la plupart se situent à l'âge du bronze et au début de l'âge du fer. Les pèlerinages plus ou moins islamisés qui se perpétuent sur les mêmes lieux conservent à ces sites sacrés leur profonde religiosité.

C'est de l'Atlas encore que Pline l'Ancien (V, 1, 7) dit qu'il brille la nuit de mille feux et retentit des ébats des égipans et des satyres qui jouent de la flûte et du tambourin. Comment s'étonner qu'une crainte religieuse s'empare de ceux qui s'en approchent ? Maxime de Tyr (VIII, 7) prétend que l'Atlas est à la fois un temple et un dieu. Saint Augustin (*Sermones*, XLV, 7) reprochait à ses ouailles la coutume qu'ils avaient de gravir les montagnes pour se sentir plus près de Dieu.

Les Guanches des Canaries, qui, n'ayant été ni christianisés ni islamisés, avaient conservé les croyances fondamentales des anciens Africains, tout en développant une religion originale, donnaient à Dieu, d'après l'Espagnol Galindo, le nom, certainement mal transcrit, d'*Atguaychafuntaman* "celui qui soutient les cieux", nom que portait aussi le pic du Tenerife. Dans la Grande Canarie, il existait, dans deux cantons séparés, deux rochers sacrés, Tismar et Vimenya, qui étaient des lieux de pèlerinage. Au cours de la visite au lieu saint, on versait du lait et du beurre sur les rochers en chantant des airs lugubres, puis on se rendait sur le bord de la mer et on battait l'eau avec des baguettes en poussant des cris aigus. Dans le déroulement de ce pèlerinage se conjuguent des pratiques pour obtenir la pluie (libation, cris, battue de la mer) et le culte des rochers.

Aujourd'hui encore la montagne est le siège de croyances confuses. Certains sommets sont tellement hantés par les génies (*djinn,* pluriel *djennoun*) qu'ils sont pratiquement interdits aux hommes ; cette croyance est particulièrement forte chez les Touaregs, au Hoggar (Garaet ed-Djennoun), comme dans l'Aïr (mont Greboun). Comment ne pas retrouver dans ces interdits l'écho de ce que rapportait Pline au sujet de l'Atlas ? Le culte de la montagne, ou sur la montagne (car celle-ci peut n'être que le support du sacré), doit être rapproché de la vénération constante pour les grottes que les Berbères ont manifestée à toutes les époques. L'enfoncement de la grotte au sein de la terre permet la communication avec les divinités chtoniennes et peut-être avec la divinité suprême, puisque certains contemporains de saint Augustin croyaient se rapprocher de Dieu en s'enfonçant dans des souterrains (*Sermones*, XLV, 7).

Des divinités adorées dans les grottes par les anciens Africains nous ne connaissons le nom que d'une seule, le dieu Baccax dans le djebel Taya, près de la ville romaine de Thibilis (Announa). Dans le flanc de la montagne s'ouvre la Ghar el-Djemaa (grotte de l'église), où les deux *magistri* du pagus se rendaient en pèlerinage tous les ans, au printemps. Ils offraient sans doute un sacrifice et faisaient graver une dédicace à Baccax Augustus. Un culte identique était rendu, dans la région de Constantine, par le *magister* du Castellum Phuensium, dans le djebel Chettaba. Les pratiques associées à ces accidents naturels sont encore nombreuses et vivaces dans les campagnes nord-africaines. Rares sont les trous de rocher ou les porches de grotte qui ne soient transformés en modestes sanctuaires (*mzara*, *haouita*) dans lesquels sont déposés des offrandes, des ex-voto en poterie, des lampes, des nouets, voire des galets ou des boulets, car le trou est fréquenté par quelque *djinn* ou *ahssès* ("gardien") dont il est bon de s'assurer la bienveillance et à tout le moins la neutralité.

L'EAU DU CIEL ET LA SÈVE DE LA TERRE

Dans un pays qui connaît un climat semi-aride, en dehors d'une mince frange de climat méditerranéen, le problème de l'eau a toujours gravement occupé les esprits des communautés agricoles ou pastorales. A l'époque romaine, les divinités tutélaires des sources, Neptune et les nymphes, étaient particulièrement honorées : les nymphées construits sous l'Empire sont souvent monumentaux. Le plus célèbre est le grandiose temple des eaux du Zaghouan, d'où partait la canalisation principale de l'aqueduc qui alimentait la capitale de la province. Les eaux guérisseuses ont reçu également des marques de vénération, les mieux connues sont celles de l'Aqua Septimiana de Timgad. Une dédicace datée de 213 décrit la construction de portiques, d'un *viridarium* orné de peintures, d'un pronaos et d'un entourage formé d'une balustrade de bronze autour de la source. Certains puits étaient aussi l'objet de vénération, ainsi au Castellum Dimmidi, mais encore aujourd'hui le Bir Barouta de Kairouan.

En dehors de ces cultes officiels, les populations africaines devaient, comme les Berbères d'aujourd'hui, multiplier les pratiques magiques pour obtenir la pluie. La plus connue et la plus répandue est la procession de la "fiancée de la pluie", simple cuiller de bois habillée de chiffons. Une symbolique naïve voudrait que cette fiancée s'offre à la fécondation de la pluie (*anzar*, qui est un nom masculin). Dans le même esprit, on se livre à des baignades bénéfiques au solstice d'été, c'est le rite de l'*aoussou*, bien connu en Libye et Tunisie mais également répandu au Maroc. Ces pratiques avaient été condamnées par saint Augustin, qui reprochait à ses contemporaines de se baigner nues le jour du solstice d'été et d'allumer ainsi la concupiscence des spectateurs. Ces aspersions, ces baignades qui agitent les masses aquatiques, ces coups mêmes portés par les Guanches à la mer ont pour but ultime de provoquer la chute de l'eau céleste. La nudité des baigneuses d'Hippone était une invite à la fécondation de la terre asséchée.

Ces pratiques sont, en effet, étroitement associées, par magie imitative, au symbolisme sexuel ; pluie, fertilité de la terre, fécondité des troupeaux sont des enchaînements que par leurs actes sexuels les humains pensent provoquer. Cette succession, des religions plus évoluées l'ont également admise, soit dans sa crudité, soit en la couvrant des voiles transparents de la fable. J. Carcopino pensait que la fortune du culte des Cereres chez les Numides s'expliquait précisément par le maintien chez eux d'un

vieux fonds naturiste de l'ancienne civilisation méditerranéenne dans laquelle ce culte hellénique plongeait de
lointaines racines. Par son mysticisme sexuel, par cette
communion avec les forces qui fécondent la nature, le
culte de Tellus et de Coré (Cereres) était celui qui se rap-
prochait le plus des préoccupations magiques du cultiva-
teur africain. Aux Thesmophories qui, en Grèce, n'avaient
plus qu'un caractère symbolique les Berbères préféraient
les cérémonies plus concrètes des "nuits de l'erreur", dont
Nicolas de Damas décrit le déroulement, parfaitement identique à ce qui se pratiquerait encore de nos jours dans
certaines campagnes, dans le Dahra comme dans le Sud marocain. Au XVIe siècle, Jean-Léon l'Africain reconnaissait ces
mêmes pratiques dans la région de Sefrou au Maroc.

LES ASTRES

L'eau, comme la vie, vient du ciel et c'est au ciel que siè-
gent les divinités majeures des anciens Africains. Les
témoignages sont anciens et très respectables. Hérodote
(37) dit que le Soleil ainsi que la Lune recevaient des
sacrifices de tous les Libyens à l'exception de ceux qui
habitaient sur les bords du lac Tritonis ; Pline l'Ancien (II,
103) et Diodore (III, 57) confirment cette assertion. Ibn
Khaldoun la répétera en affirmant que parmi les Berbères
se trouvaient, au moment de la conquête arabe, des adora-
teurs du Soleil et de la Lune (I, p. 157). Mais le texte
majeur nous semble être dû à Cicéron (*De republica*, IV,
4). Lorsque Massinissa, pourtant fortement imprégné de
culture punique, accueille Scipion Emilien, ce n'est ni
Baal Hammon, ni Tanit, ni Melqart qu'il invoque : "Je te
rends grâce, Soleil Très-Haut et vous autres divinités du
Ciel, de ce qu'il me soit donné avant de quitter la vie d'ici-bas

de voir sous mon toit, dans mon royaume, P. Cornelius Scipion…" On ne peut, évidemment, garantir la véracité de ce texte, mais si la forme a reçu quelques enjolivures sous la plume de Cicéron, le fond est vraisemblable et l'ensemble ne manque pas de grandeur.

Cependant les traces de ce culte astral sont rares, hormis les figurations de *Sol* et de *Luna* qui apparaissent dans le cortège de Saturne sur de nombreuses stèles de l'époque romaine.

Sans oublier les affinités du Soleil et du Lion, dont la représentation est très fréquente et possède un caractère astral reconnu, il importe de rappeler les figurations de disque solaire ou de rosace qui ornent quelques hypogées *(haouanet)*, grottes funéraires et dalles de chevet des dolmens.

La dédicace au dieu Ieru est la seule inscription mentionnant la divinité lunaire sans cortège astral, et sous sa forme berbère, qui est masculine *(Eior, Iour)*.

La pauvreté ou plutôt l'imprécision des témoignages, pour les divinités chtoniennes, aquatiques et célestes, décourage toute tentative de définir les croyances fondamentales des anciens Berbères. Ce défaut de témoignages n'implique pas nécessairement une pauvreté des croyances ; nous n'avons pas le droit d'affirmer, comme cela a été souvent écrit, que les Berbères n'avaient qu'une religion élémentaire. Ils seraient les seuls des peuples de langue chamito-sémitique à être ainsi frappés d'une telle incapacité métaphysique.

En fait, le sacré était et resta largement répandu dans la nature ; aujourd'hui encore, malgré le triomphe de l'islam, une multitude de génies peuple rochers, grottes, arbres et sources. Bien qu'il ne rejette pas l'existence des *djennoun*, l'islam n'a pu éliminer les très nombreuses pratiques, mêlées de magie contraignante et de vénération, qui ont ces génies pour objet. Ces pratiques ont, en fait, une très grande antiquité et ce n'est pas sans surprise que l'archéologue retrouve, dans les sépultures protohistoriques, les microcéramiques votives, parfaitement identiques à celles offertes aujourd'hui à ces génies dans leurs misérables sanctuaires.

LES ANIMAUX ET LE SACRÉ

Existait-il, à l'époque antique, une zoolâtrie chez les Africains ? Les auteurs répondent généralement par l'affirmative bien que les documents littéraires ou figurés ne soient guère nombreux ni convaincants. Avec un certain dédain pour la chronologie et en se fondant sur la continuité des croyances, ils se rapportent volontiers aux gravures rupestres, en particulier aux figurations, très nombreuses, de béliers coiffés d'un "sphéroïde" orné de plumes ou de rameaux. Ces représentations, répandues dans tout l'Atlas saharien, ont alimenté une abondante littérature. On y a vu, un certain temps, l'image du dieu égyptien Amon-Râ et considéré le "sphéroïde" comme l'équivalent du disque solaire égyptien. Les progrès réalisés dans la chronologie préhistorique nord-africaine obligent aujourd'hui à rejeter totalement cette interprétation. Ces gravures appartiennent à une phase ancienne du Néolithique, largement antérieure aux figurations égyptiennes issues de la fusion du dieu Amon de Thèbes et du Soleil.

L'analyse des scènes où figurent les béliers à sphéroïde ne permet pas d'affirmer que ces animaux étaient des divinités. Dans la plupart des cas, ces ovins suivent un homme en position d'orant qui, par conséquent, leur tourne le dos. On est conduit à penser que le geste d'adoration est dirigé vers une autre entité et que le bélier, paré d'une coiffure majestueuse et parfois d'un collier tressé, est plus simplement l'offrande présentée à la divinité. C'est bien ce qu'il est resté à travers les millénaires, particulièrement dans les rituels sémitiques.

Il figure, concurremment avec le taureau, autre victime de choix, sur un très grand nombre de stèles à Saturne, et les textes célèbres de N'Gaous (Algérie) nous apprennent qu'au IIIe siècle de notre ère les Africains, restés longtemps fidèles aux sacrifices rigoureux des prémices, avaient accepté, non sans réticence, et en s'entourant de précautions rituelles, presque juridiques, de substituer l'agneau souffle pour souffle, sang pour sang, vie pour vie, à l'enfant premier-né réclamé par le dieu. Il n'y a aucune trace de zoolâtrie dans cette substitution.

En fait, la seule mention précise se référant à un culte du bélier en Afrique du Nord se trouve dans El-Bekri et concerne une tribu montagnarde du Sud marocain. La mention est très brève et on ne sait en quoi consistait réellement ce culte. Le fait paraissait cependant tellement exceptionnel et honteux que ces hérétiques cachaient leur identité quand ils se rendaient dans d'autres tribus.

Le taureau passe également pour un animal sacré. Il fut aussi la victime prestigieuse que l'on sacrifiait aussi bien à Saturne qu'à Jupiter.

Corippus (V, 12-26), au VIe siècle de notre ère, rapporte une croyance particulière des Laguatan (ancêtres des Louata), peuplade des Syrthes, qui lâchaient sur l'ennemi un taureau représentant leur dieu Gurzil, né de l'accouplement d'Ammon et d'une vache. Les Laguatan possédaient des idoles en bois et en métal qui figuraient Gurzil. C'est le seul texte relatif à un culte du taureau, encore ne faut-il reconnaître dans l'animal qu'une image du dieu ; et rien dans cette pratique ne rappelle la vénération que, par exemple, les Egyptiens avaient à l'égard du taureau Apis.

Si on en croit Diodore (XX, 58), les singes auraient joui, dans une région que le texte nous invite à situer dans les confins de l'Algérie et de la Tunisie, au-delà des chaînes littorales, de privilèges tels qu'on a pu y voir la trace d'un véritable totémisme. Ces singes, dit Diodore, occupent maisons et celliers sans que personne les chasse, car les habitants les regardent comme des dieux, et les mettre à mort est un sacrilège digne du dernier supplice.

Les serpents, sujets d'effroi et de vénération en même temps, ont été l'objet de certains cultes. On connaît plusieurs dédicaces à Draco ; l'une à Tighnica, une autre à Numluli peuvent être rapprochées de la légende qui veut que les légions de Regulus aient dû combattre un serpent gigantesque (Pline, VIII, 37) dans cette même vallée du Bagrada (Medjerda). Le culte de Draco s'étendait à la Numidie et à la Maurétanie : aux Aquae Flavianae, le serpent est associé aux Nymphes ; à Tipasa de Maurétanie, la *Passion de sainte Salsa* fait connaître l'existence d'une idole représentant un serpent en bronze à tête dorée.

Dans le sanctuaire néopunique de Thinissut, voisin de Bir Bou Rekba, une statue de terre cuite figurait une déesse léontocéphale. La même effigie apparaît sur les monnaies de Metellus Scipion accompagnée de la légende GTA, qui est habituellement lue : *Genius Terrae Africae*. Le lion est l'animal pour lequel les marques de vénération sont les plus nombreuses. Sa crinière flamboyante qui se prête à une stylisation rayonnante permit très tôt une assimilation facile avec le Soleil, mais le lion avait d'autres significations. Il joue un rôle important dans la décoration sculptée de plusieurs monuments funéraires. Il faut également tenir compte de la fréquente association du lion et de Saturne sur les stèles dédiées au grand dieu africain. Cette association est si étroite que le roi des animaux prend même parfois la place du dieu entre les Dioscures ou entre *Sol* et *Luna*. Arnobe (*Adversus nationes*, IV, 10) établit fermement la liaison entre le lion et Frugifer, c'est-à-dire Saturne.

On peut imaginer que le lion et le soleil qui, lui aussi, participe à la décoration des sépultures, sont deux images de cette même divinité et que leur présence dans la tombe éclaire et glorifie le mort, ainsi placé sous la protection du grand dieu, maître du temps, de la vie et de la mort.

La zoolâtrie chez les anciens Africains, du moins pendant l'Antiquité, reste donc sujette à caution. Que des animaux, pour différentes raisons, aient eu des liens puissants avec le sacré et qu'ils aient joui de privilèges particuliers (singes, serpents, certains oiseaux), que d'autres, servant habituellement et préférentiellement d'offrandes sacrificielles, aient finalement bénéficié de la relation étroite qui s'établissait avec les dieux (béliers), que d'autres, comme le taureau du dieu Gurzil, ou le lion pour le Soleil ou Saturne, aient été les simulacres vivants de la divinité, cela ne suffit pas à établir un culte des animaux. Il y eut, et il y a, en Afrique du Nord, des animaux sacrés ou, à tout le moins, vénérés, mais il n'y eut pas de dieux-animaux. Saint Augustin (*Sermones*, CXCVIII, 1) n'aurait pas précisé que seuls les Egyptiens adoraient les animaux si la zoolâtrie avait existé chez les Africains de son époque.

Il n'en était pas de même au Néolithique, du moins dans les régions sahariennes qui, en plus des gravures et peintures rupestres, dont la signification religieuse n'est pas toujours apparente, ont livré de nombreuses sculptures animalières en roche dure : béliers, taureaux, antilopes qui ne peuvent être que des idoles. Mais, répétons-le, ces manifestations sont trop largement antérieures à l'époque romaine pour qu'il soit possible de les utiliser. Il est même vraisemblable qu'une certaine zoolâtrie ou une très grande vénération à l'égard de certains animaux aient été connues chez les nomades sahariens ancêtres des Touaregs. Ceux-ci portent encore aujourd'hui des noms d'animaux : Amaïas (le guépard), Ilou (l'éléphant), Abeggi (le chacal). Des clans, chez les Kel Rela, ont pour ancêtres des animaux ou des personnes portant des noms d'animaux (la gazelle, la hase, etc.).

L'HOMME, SUPPORT DU SACRÉ

Il est vrai que l'homme lui-même peut être le support du sacré, voire un simulacre vivant de la divinité. Le meilleur exemple me paraît être donné par Hérodote. Au voisinage du lac Tritonis (région de Jerba et du Jerid), les Machlyes et les Auses célébraient une fête en l'honneur d'Athéna (peut-être Tanit, ou plus vraisemblablement une divinité libyque assimilée à cette déesse). D'abord, les jeunes filles des deux peuplades simulaient un combat à coups de bâtons et de pierres ; celles qui, par accident, mouraient des coups reçus étaient considérées comme de fausses vierges. Puis le combat s'interrompait et dans chaque parti on choisissait la plus belle des jeunes filles, qui était parée d'armes grecques et promenée dans le pays sur un char ; elle représentait la déesse (IV, 180).

De tels combats de jeunes filles, plus ou moins ritualisés, subsistaient encore vers 1950 dans les oasis fezzanaises (Fête du sel à Ghat).

Plus simplement, l'homme, par son action, peut participer aux grands mouvements de la nature. Le développement de l'agriculture accentua cette croyance que les actes humains ont des répercussions à l'échelle cosmique. Ainsi s'expliquent toutes les précautions qu'observent les cultivateurs le jour où, sous la poussée des bœufs, s'ouvre le premier sillon. Ainsi se comprennent les curieuses pratiques qui, sous le couvert d'une totale licence, permettent aux humains de contribuer, lors des "nuits de l'erreur", à la fertilité et à la fécondité universelles.

LA FOULE DES PETITS DIEUX LOCAUX

A un stade supérieur sinon de religiosité du moins de conceptualisation, le divin répandu dans la nature se personnalise ; un nom est donné à certaines entités qui font l'objet de dédicaces ou de citations qui nous ont été conservées. Parmi ces divinités, certaines occupent une place prééminente, tel Saturne, dont l'omniprésence dans les provinces africaines montre bien qu'il était vraiment le maître de ces terres et de ces peuples. Parmi les divinités secondaires, nombreuses sont celles qui gardèrent leur nom africain et se refusèrent à toute assimilation à un dieu du panthéon gréco-latin. Certaines sont regroupées sur les inscriptions, comme à Vaga (Béja) ou à Magifa (Ksar el-Boum), où elles constituent de véritables panthéons, peut-être d'importance régionale. Mais la plupart nous apparaissent comme des divinités topiques, à peine distinctes des simples génies locaux par le nom qui leur fut donné.

Nous connaissons les noms d'une cinquantaine de ces divinités, la plupart sont donnés par les inscriptions ; quelques-uns, appartenant sans doute à des dieux et déesses d'un rang supérieur, sont cités par les écrivains chrétiens. La plupart portent un nom africain dont le sens peut être parfois saisi grâce au berbère.

D'autres divinités portent des noms qui se retrouvent dans la toponymie, tels Gilda, associée à Tellus sur une dédicace de Calama (Guelma), et dont une localité de Maurétanie Césarienne porte le nom, ou Masidicce, dieu de Magifa, dont une localité d'Africa semble porter le nom (la seule inscription connue a été lue Vasidicce). Auzius est le dieu vénéré à Auzia. Suggen, autre dieu de Magifa, a laissé son nom au sommet dominant la région, appelé aujourd'hui Doukkan, mais orthographié au XIXe siècle Souggan. Certains noms de divinités africaines ne peuvent s'expliquer que par la langue punique : Abbadir (père puissant), Bonchor (contraction de *Bodmelqart* : serviteur de Melqart), Baliddir (*Baal Addir* : maître puissant), Matilam (serviteur de la déesse) ; nouvelle démonstration de l'interpénétration très étroite des cultures punique et libyque. Parmi ces divinités plusieurs catégories sont décelables : émergent en premier lieu les dieux groupés par sept, cinq ou trois qui constituent des panthéons locaux. Ainsi sont les dieux de Béja et d'Henchir Ramdan, dont les dédicaces sont assez proches. Elles s'adressent à des divinités dont deux sont communes, nous semble-t-il : Varsissima (= Varsis) et Macurtum. De même, une des divinités de Magifa, Thililua, semble être connue sous sa forme masculine à Madaure : Lilleu (de *lilu*, eau de pluie). L'inscription d'Henchir Ramdan permet de penser que la plupart de ces dieux sont aussi parfois appelés collectivement *dii mauri*.

Une autre catégorie, particulièrement nombreuse et qui n'est pas exclusive de la précédente, permet une approche différente. Elle comprend des dieux et déesses dont les noms sont également portés par des mortels, soit que ces divinités aient été des hommes divinisés, soit, plus vraisemblablement, que les hommes et les femmes aient porté des noms théophores. Entrent dans cette catégorie une dizaine de noms : Baccax, Bonchor, Iemsal, Iuba, Macurgum, Macurtum, Masgav(a), Matilam, Monna, Suggen.

Parfois, des noms divins sont des épithètes accolées au nom habituel d'une divinité du panthéon latin : Marti

Canapphari (datif), Herculi Irsiti (datif), Pluto Variccala. D'autres fois, les dieux africains sont associés à une ou plusieurs divinités romaines, mais gardent leur personnalité : ainsi, Juba est associé à Jupiter, Motmanius à Mercure, Sesase, qui n'est qu'un génie, est mis sur le même pied que Mercure et Panthée. Enfin, des divinités, sans doute plus importantes et suffisamment renommées, sont citées par des auteurs chrétiens comme des dieux caractéristiques des Maures : tels sont Tisianes et Buccures Mauri, Varsutina Maurorum ; de même des dédicaces s'adressent à Diana Maurorum, à la Dea Maura, au Numen Maurorum, au Numen Mauretaniae.

Mais la plupart des dieux que nous font connaître les inscriptions ne sont pour nous que des noms, parfois réduits à des initiales (GDAS au djebel Chettaba près de Constantine). Ces divinités ne règnent que sur un territoire très restreint et se distinguent mal des simples génies locaux. De fait, le long catalogue des divinités locales devrait être complété par la liste des génies topiques, dont le caractère indigène est souvent masqué par le titre officiel qui leur est donné dans le culte municipal. Nous citerons Genius Subtabarti (El-Eulma), Genius Ausum (Sadouni), Genius Auburutensium (Guettar el-Aïech), Genus Thesecti (Henchir Bou Skikine), et d'autres. D'autres sont les maîtres inconnus des sommets : Genius Montis (Chemtou), Genius Montis Rufinae (Khenchela), Genius Summus Thasuni (Aflou) ; d'autres sont les génies des fleuves.

LES DÉDICACES AUX *DII MAURI*

Cette foule de petits dieux et de génies jouissait auprès des anciens Berbères d'une ferveur certainement plus grande que le territoire sur lequel s'exerçait leur pouvoir et que nous laisse deviner un nombre infime d'inscriptions. Le plus grand nombre de leurs fidèles ne se souciait pas de laisser un témoignage écrit de leur dévotion. Cependant Romains et Africains romanisés, désireux de capter leur faveur ou du moins de s'assurer leur neutralité, à défaut de leur bienveillance, eurent recours à un procédé à la fois simpliste et efficace : ils les évoquèrent collectivement, écartant ainsi le danger qu'il y aurait à oublier l'une ou l'autre de ces divinités jalouses et mal connues. Ils les appelèrent *dii mauri*.

Nous connaissons dix-huit dédicaces aux *dii mauri*, auxquelles il convient d'ajouter deux autres inscriptions s'adressant à des entités africaines, telles que les énigmatiques et douteux *dii gaetulorum* et le *numen maurorum*.

Les inscriptions montrent que les *dii mauri* ne sont pas assimilables aux divinités majeures de l'Olympe. En revanche, l'inscription d'Henchir Ramdan donne le nom de trois d'entre eux : Fudina, Macurtum, Varsis, dont deux sont également mentionnés et figurés à Béja sous les noms de Macurtum et Varsissima. Sur ce dernier bas-relief, deux dieux cavaliers, Macurtum et Iunam, ont pu être comparés aux Dioscures ou *Castores*, or une dédicace de Musti, qui date des premières années du IIIe siècle, s'adresse précisément aux *Mauris Castoribus*.

Ces recoupements confirment que les *dii mauri* invoqués collectivement sont bien les multiples dieux africains, dont certaines inscriptions nous donnent les appellations locales. Il est donc intéressant de comparer les deux séries de dédicaces qui nous ont été conservées : celles aux dieux locaux nommément désignés et individualisés, celles aux *dii mauri*.

Les épithètes données aux dieux locaux n'apportent pas d'éléments à une meilleure connaissance de leur personne, elles ne font que révéler une vénération banale : ils sont dits *augusti, sancti, patrii*, ce qui affirme leur caractère local. Un seul dieu, Aulisva, invoqué par un militaire, est qualifié d'*invictus*.

Les *dii mauri* sont souvent invoqués sous cette seule qualification, mais ils sont aussi *augusti, patrii, sancti, immortales*. Il s'ajoute une liste d'épithètes qui insistent sur leur caractère protecteur et bienveillant : *salutares, conservatores, prosperi, hospites*, mais ils sont aussi appelés *barbari*, ce qui révèle que leur dédicant les sent étrangers à son univers culturel.

Ces différences dans les qualificatifs donnés aux dieux locaux et aux dieux maures sont révélatrices non pas d'une différence de nature entre ces deux groupes de divinités, mais de l'état d'esprit différent des auteurs des dédicaces. Dieux locaux nommés individuellement et *dii mauri* confondus dans la même évocation n'ont pas la même clientèle. En recensant les renseignements sur la qualité des dédicants, il apparaît que le culte des dieux locaux est plus populaire que celui des *dii mauri*. Un simple examen révèle que le culte des dieux locaux est surtout affaire de civils (74 %), tandis que ceux qui invoquent les *dii mauri* sont surtout des militaires, des fonctionnaires impériaux, des gouverneurs (73 %). Ainsi, contrairement à l'opinion de certains qui voyaient dans le culte des *dii mauri* la manifestation d'un patriotisme maure, je pense que ce culte a essentiellement un caractère officiel et militaire, intimement mêlé aux luttes contre les *gentes* rebelles.

Il n'est pas indifférent que, malgré leur nom, ces divinités soient évoquées autant dans les autres provinces qu'en Maurétanie. Leurs autels sont particulièrement nombreux à Lambèse, siège de la légion ; sur les vingt et un recensés, six sont dans cette ville. On en retrouve dans une autre cité de Numidie (Mascula) et dans cinq de Proconsulaire : Theveste, Madaure, Vaga, Henchir, Ramdan, Musti. En Maurétanie Césarienne, les dédicaces aux *dii mauri* les plus occidentales sont celles d'Altava. Jusqu'à présent, aucune inscription aux *dii mauri* n'a été découverte en Tingitane, la plus "maure" des provinces d'Afrique puisque les Maures en sont originaires.

Le qualificatif de *mauri* n'est donc pas lié au découpage provincial de l'Afrique romaine. Nous avons vu que "Maure", dans l'Afrique romaine, désignait préférentiellement ce qui était indigène et dans une certaine mesure inassimilé, voire inassimilable. On comprend que les *dii mauri* aient été qualifiés parfois de *barbari*.

De même qu'il existe des tribus maures qui restent en dehors de la *Romanitas* et en quelque sorte étrangères à l'intérieur même de l'Afrique romaine, il est aussi des dieux et des génies africains, des divinités aux caractères fuyants qui n'ont pas trouvé place dans le panthéon latin. Les unes et les autres sont maures.

Cette collectivité divine peut représenter, par l'addition de puissances secondaires, une force non négligeable que les Romains, et particulièrement ceux qui ont à administrer ou à combattre les tribus "maures", veulent se concilier : ils lui donnent le nom de dieux maures, puisque, comme les Maures, ces dieux ne sont pas romanisés. Le culte des *dii mauri* est surtout un culte militaire.

Ainsi, les *dii mauri* et ceux que nous avons appelés les dieux locaux et dont nous connaissons les noms sont les mêmes divinités, mais les premiers sont évoqués collectivement, de préférence par des militaires et des fonctionnaires impériaux, les seconds sont honorés localement par de simples particuliers ou des magistrats municipaux. Les divinités sont les mêmes, ce sont les dédicants qui changent.

Les Africains avaient-ils placé, au-dessus de cette plèbe de petits dieux et de génies, un dieu suprême dont les divinités secondaires ne seraient, en définitive, que les assesseurs ? A l'époque romaine, cette question trouve une réponse sans équivoque : Saturne domine aussi sûrement l'Afrique que l'empereur le monde romain. Si Saturne succède indubitablement au Baal Hammon punique, on peut se demander si sa fortune extraordinaire en Afrique ne vient pas d'une autre source et s'il n'est pas assimilé à une autre divinité suprême proprement indigène qui, confondue avec Baal Hammon, aurait déjà préparé les esprits à un quasi-monothéisme. Les auteurs répondent généralement par l'affirmative et désignent même ce dieu : ce serait Ammon, devenu célèbre dans le monde grec dès le VIᵉ siècle par son oracle de l'oasis de Siouah.

La question est particulièrement complexe car cette divinité a eu tour à tour des relations avec l'Amon-Râ égyptien, le Baal Hammon punique, le Zeus grec, puis le Jupiter romain. Au début du siècle, on pensait que l'Egypte, mère des civilisations, avait essaimé ses dieux à travers l'Afrique. Les béliers à sphéroïde des gravures rupestres de l'Atlas avaient été assimilés au dieu de Thèbes ; R. Basset retrouvait chez les Guanches le nom d'Aman signifiant Seigneur et appliqué au Soleil. Amon, dieu-bélier, devenu dieu solaire par sa fusion avec Râ, aurait ainsi établi de proche en proche sa domination sur les panthéons inorganisés des Barbares de l'Ouest africain. L'Ammon de Siouah, divinité oraculaire, ne serait qu'un avatar du grand dieu thébain, tandis que les Africains de l'Ouest, restés à un stade plus primitif, l'adoraient sous sa forme animale.

La thèse était trop simple. Nous avons vu que le bélier à sphéroïde n'est pas l'animal d'Amon-Râ et lui est très largement antérieur, puisque les gravures de l'Atlas appartiennent au Néolithique ancien.

Quant aux origines de l'Ammon de Siouah, deux opinions s'affrontent depuis longtemps. La première l'assimile complètement à l'Amon de Thèbes, qui aurait pris possession de l'oasis bien avant le VIe siècle, époque pour laquelle nous possédons des témoignages grecs. La seconde, plus complexe, a été présentée par O. Bates, qui estime que le dieu égyptien fusionna avec un dieu local qui rendait des oracles. Ce dieu était lié au culte des morts.

Quelles que soient les origines exactes de l'Ammon de Siouah, il faut reconnaître que son oracle eut une réputation internationale qui dépassa largement le cadre géographique libyen. Par l'intermédiaire des Grecs de Cyrénaïque, son nom, sa réputation, son effigie, complètement humanisée sous l'influence hellénique, gagnèrent le monde méditerranéen. Ammon, bientôt appelé Zeus-Ammon, est représenté sous les traits d'un personnage barbu, débonnaire, ne conservant du bélier thébain que les cornes plus ou moins perdues dans la chevelure bouclée. Cette effigie cornigère eut un succès remarquable dans le monde hellénistique, surtout à la suite de la visite d'Alexandre à l'oasis d'Ammon et de la proclamation de son ascendance divine.

Certains auteurs ont cru que la faveur dont jouissait Ammon auprès des Libyens expliquerait, dans le territoire punique, la suprématie de Baal Hammon, qui s'identifierait totalement au dieu oraculaire de Siouah. Sans aller aussi loin, M. Le Glay estime également que Baal Hammon "punico-berbère" emprunte au dieu libyco-égyptien ses cornes de bélier et une partie de sa personnalité en devenant un dieu solaire.

Alors qu'Ammon, sous sa forme grecque puis latine, eut en Cyrénaïque et Tripolitaine un succès constant qui se traduit par une épigraphie abondante, une empreinte durable dans la toponymie et l'existence d'un dieu "serviteur d'Ammon" à Golas (Bu Ngem), les provinces à l'ouest de la petite Syrte sont particulièrement pauvres en témoignages de son culte. On ne peut citer que deux dédicaces, l'une de Carthage, à Jupiter Hammon, et l'autre, d'Auzia, qui le qualifie de *Cornifer* et de *Tonans*. L'onomastique africaine est aussi discrète à son sujet : on ne connaît que cinq Ammonus ou Ammonianus. C'est vraiment peu pour une divinité que l'on veut placer au sommet du panthéon africain préromain.

En définitive, le dieu de Siouah ne semble avoir joué qu'un rôle infime dans la religion des Africains qui habitaient à l'ouest de la petite Syrte.

La même incertitude règne sur l'existence d'une grande divinité féminine proprement libyque qui serait distincte de la Tanit punique. Certes Tanit, à qui succédera Caelestis, presque toujours confondue avec Junon, fut la principale divinité féminine du panthéon punique, mais ce ne fut qu'à Carthage et à une époque relativement basse que cette déesse acquit une véritable primauté, peut-être après son assimilation à une déesse-mère, comme l'Héra sud-italique.

A l'époque romaine, Caelestis est la parèdre de Saturne, comme Tanit était la "face" de Baal Hammon. Aussi le culte de Caelestis fut-il très répandu dans l'Afrique romaine, mais bien plus en Proconsulaire et Numidie qu'en Maurétanie. Comme celui de Saturne, son culte garde un caractère sémitique et aucun fait ne permet de croire à une origine autochtone de cette déesse. Le nom même de Tanit, qui a un aspect berbère, du fait de la marque féminine signalée par un *t* au début et à la fin, aurait un sens proprement sémitique et signifierait, d'après G. Dossin, la "neuve", la "fiancée", d'où le caractère virginal de Caelestis affirmé par Tertullien (*Apologeticus*, 23 : *Virgo*

Caelestis) ou par les inscriptions (*Dea Magna Virgo Caelestis* à Albulae, Aïn Temouchent).

Il existe une divinité plus mystérieuse, la *dea maura*, qui à Albulae recevait un culte très officiel et possédait un temple. On ne sait trop s'il s'agit de la même divinité dans l'inscription métrique de Saldae *(Gens Maura)* ou s'il faut la reconnaître dans la Diana Augusta Maurorum de Thanaramusa (Berrouaghia).

Certains auteurs tendent à confondre simplement cette *dea maura* avec Caelestis, c'est possible mais il faut noter qu'à notre connaissance le qualificatif de *maura* n'est jamais donné à Caelestis, même à Albulae qui, possédant un temple de la *dea maura*, honore cependant Dea Magna Virgo Caelestis.

D'autres rapprochements restent possibles : on songe à l'énigmatique Varsutina dont Tertullien (*Ad nationes*, II, 8) dit qu'elle est la déesse caractéristique des Maures, au même titre que Caelestis chez les Afri et Atagartis chez les Syriens.

LES ROIS DIVINISÉS. LES TÉMOIGNAGES

On admet généralement que les anciens Berbères avaient placé leurs rois au rang des dieux ; effectivement, les témoignages d'un culte rendu aux rois maures sont assez nombreux. La plupart émanent d'auteurs chrétiens. Minucius Felix (*Octavius*, 21, 9) écrit : "Après leur mort, vous imaginez qu'ils deviennent des dieux […] ainsi Juba, par la volonté des Maures, est un dieu." Tertullien dit que "chaque province, chaque cité a son dieu, la Syrie a Astarté… l'Afrique, Caelestis, la Maurétanie, ses rois" (*Apologeticus*, 24). Saint Cyprien renchérit en affirmant que les Maures adorent leurs rois ouvertement et n'en font aucun mystère. Dans ses *Institutions divines*, Lactance répète que Juba est adoré par les Maures, qui ont immortalisé leurs rois (I, 15, 6). En revanche, aucun document littéraire n'indique que les rois de Numidie, de Massinissa à Juba Ier, aient été divinisés et adorés.

Les documents épigraphiques donnent-ils plus de précisions ? On peut regrouper ces documents en deux séries : les inscriptions puniques contemporaines des rois massyles et les inscriptions latines qui leur sont largement postérieures.

Des premières, la plus célèbre est la dédicace à Dougga d'un temple à Massinissa en l'an 10 du règne de son fils Micipsa ; le roi défunt est simplement qualifié de prince (HMMLKT).

L'inscription néopunique de Cherchell dédiée à Micipsa apporte plus de précisions : il s'agit encore d'une inscription funéraire, dédicace du "Sanctuaire funéraire du vivant des vivants Micipsa roi des Massyles". Le dédicant, qui se dit "ordonnateur du dieu", a offert une statue, le monument funéraire et les instruments du culte. Cette inscription apporte donc la preuve de l'existence d'un culte funéraire des rois numides, mais nullement celle que les rois étaient divinisés de leur vivant.

Les inscriptions latines s'adressent surtout à Ptolémée, dernier roi de Maurétanie, mais aussi à un fils de Massinissa, Gulussa, roi de Numidie (Gadiaufala : Ksar Sbahi), et au roi Hiempsal (Thubursicu Numidarum : Khamissa). En fait, le "culte" du roi Hiempsal dans cette ville s'explique surtout par le désir de rappeler les origines numides de la cité, qui honore également le *genius gentis Numidiae*. Ce culte rétrospectif explique à son tour l'hommage fait à Gulussa dans la ville voisine de Gadiaufala. Seul un patriotisme de clocher incitait les "Numides" de ces deux villes à honorer des princes qui n'avaient laissé qu'un médiocre souvenir.

Quant à Juba II, dont les écrivains chrétiens disent qu'il fut un dieu adoré des Maures, une seule inscription découverte dans la région de Bordj Bou Arréridj place une foire annuelle sous la protection de certaines divinités : Jupiter, Juba, le génie du lieu et les *dii ingirozoglezim*. Ce Juba n'est pas nécessairement le roi divinisé, je pencherais plutôt en faveur de l'opinion qui en ferait un dieu africain dont Juba Iᵉʳ et son fils portèrent le nom.

LES NOMS THÉOPHORES CHEZ LES BERBÈRES

On ne saurait, en effet, insister sur la qualité théophore de beaucoup de noms libyques. Le plus souvent les rois, mais aussi leurs simples sujets, semblent porter simplement le nom d'un dieu, sans que ce nom soit accompagné d'une épithète ou d'une apposition. Même lorsqu'il s'agit d'un dieu phénicien, les Berbères ne prirent que le nom du dieu ; ainsi, dans deux inscriptions bilingues de Dougga, au punique *Abdeschmun* (serviteur d'Eschmoun) fait pendant le libyque *Smn* (Eschmoun). Il en résulte que les noms théophores berbères ne se distinguent pas des noms mêmes des divinités. L'inscription votive d'Henchir Belda à Masgava ne s'adresse pas à un fils obscur de Massinissa, dont le nom nous est connu par une ligne de Tite-Live, mais bien au dieu dont ce prince portait le nom. Il en est de même d'un certain dieu Iemsal (= Hiempsal) honoré à Tiklat, en Kabylie, en dehors des limites du royaume de Hiempsal II. Une preuve formelle de l'usage de ces noms théophores non distincts de ceux des dieux est donnée par la confrontation d'une phrase d'Ammien Marcellin et de l'inscription de Magifa, près de Tébessa, qui mentionne sept dieux dont l'un, Suggen, a laissé, nous l'avons vu, son nom au sommet culminant de la région.

Or Ammien Marcellin cite parmi les princes mazices alliés de Firmus un certain Suggen (XXIV, 5, 21). Un chef maure de la région de Castellum Tingitanum (ex-Orléansville) portait donc, au IVe siècle, le nom d'un dieu berbère adoré un siècle plus tôt à Magifa, à quelque 500 km plus à l'est.

Les noms théophores n'étaient pas seulement des noms de personnes. Le même récit d'Ammien Marcellin fait connaître une peuplade portant le nom de Jubaleni (XXXIX, 5, 44), qui occupait la zone montagneuse des Bibans, près de Bordj Bou Arreridj ; or c'est au voisinage de celle-ci que fut trouvée l'inscription mentionnant le dieu Juba. Il est permis de penser que le roi Juba portait, comme Masgava, comme Hiempsal et Syphax, un nom théophore. Mais Juba avait laissé un souvenir vivace, non pas tant parmi les descendants de ses sujets que parmi les érudits, et je ne serais pas éloigné de penser que les écrivains chrétiens africains, connaissant l'existence d'un dieu indigène, Juba, et sachant que les anciens rois avaient bénéficié d'un culte funéraire, aient confondu ce dieu avec le roi, dont ils pouvaient encore lire les œuvres. J'ai peine à croire, en effet, que les Berbères aient fidèlement conservé le souvenir et encore adoré, trois ou quatre siècles après sa mort, un souverain dont le caractère pacifique et studieux était si éloigné de l'image d'un roi seigneur de la guerre.

Quant au culte funéraire rendu aux rois indigènes, il ne fait aucun doute, aussi bien chez les Numides massyles (mausolée et temple de Massinissa à Dougga, mausolée du Khroub, Médracen, inscription de Micipsa) que chez les Masaesyles et les rois maures (tumulus de Bou Rhenan, tombeau de la Chrétienne).

Les inscriptions, plus que les textes apologétiques chrétiens, nous font connaître très partiellement la vie religieuse des anciens Africains.

Certes nous n'arrivons guère à saisir, sous les formules stéréotypées des dédicaces, l'essentiel de la vie religieuse qui est la profondeur de la foi et la nature exacte des relations entre le fidèle et son dieu ; mais la faiblesse de la documentation ne doit pas décourager la recherche et la réflexion.

Ces divinités auxquelles on continue de s'adresser avec ferveur et auxquelles on offre un sacrifice, un autel, un temple ne sont pas, malgré la faiblesse de leur rayonnement, de simples génies. Certaines, comme Baccax, reçoivent un culte officiel rendu par les magistrats municipaux au cours de véritables pèlerinages annuels. A Sigus, on élève des statues en plein forum au dieu Baliddir.

Nous connaissons mal les sacrifices qui étaient offerts à ces dieux, mais ils ne devaient guère se différencier de ceux faits en l'honneur des divinités puniques et romaines. Le bélier, qui figure si souvent sur les stèles dédiées à Saturne, était l'animal de sacrifice le plus courant et il n'est pas indifférent qu'il soit précisément représenté dans l'unique scène de sacrifice figurée sur une dédicace à des dieux africains : le bas-relief de Béja. Bovins, pigeons, mets préparés, gâteaux, guirlandes de fleurs et palmes devaient également figurer dans les offrandes faites aux dieux.

Non seulement ces dieux exaucent les vœux qui leur sont adressés et que sanctionnent les offrandes de gratitude, mais encore arrive-t-il qu'ils se manifestent à leurs fidèles spontanément, soit en songe, soit par un événement imprévu. C'est ainsi qu'il faut entendre la mention *"ex viso"* dans un pays où les mirages sont fréquents et où les génies et esprits ont toujours été bruyants. Des manifestations divines ont provoqué la construction du temple des dieux de Magifa, la représentation d'Hercule Irsiti et la dédicace aux *dii mauri* de Theveste. De telles manifestations plus ou moins contraignantes sont restées l'apanage des *djennoun* et autres génies qui, dans les campagnes maghrébines, conservent, surtout dans les croyances féminines, une place encore importante.

LES TEMPLES ET LA REPRÉSENTATION DES DIEUX

Les anciens Berbères élevaient volontiers des autels à leurs divinités et leur construisaient parfois des temples. Certains étaient de véritables édifices, comme le grand sanctuaire numide de Chemtou, de tradition punique et hellénistique, comme aussi le temple de la *dea maura* d'Albulae, reconstruit en 299, ou celui que la garnison de Golas (Bu Ngem) éleva à Mars Canapphari en 225. D'autres ne devaient être que de modestes chapelles, comme le temple que construisit Q. Politicus aux dieux de Magifa. L'élévation de ce monument et la fabrication de cinq statues des dieux ne coûtèrent que 8 000 sesterces. Le "temple" élevé à Pluton Variccala par un simple *sacerdos* sans fonction municipale à Tabraca ne devait pas, non plus, être un vaste monument. Plus important peut-être était le temple des dieux maures qu'un *exactor* de la région de Mascula releva de ses ruines à ses frais.

A Satafis, le temple qu'embellit Sallustius Saturninus était dédié à la fois aux dieux maures et au génie du municipe. Dans la même ville, C. Ivlius Novellus dédia un sanctuaire au Numen Maurorum et en assura le blanchiment. C'est là une pratique encore courante en pays berbère où les lieux sacrés, rochers, troncs creux d'oliviers peuvent recevoir un badigeon de chaux.

Les représentations de ces petits dieux locaux ou régionaux sont bien plus rares ; nous savons que Baliddir à Sigus avait plusieurs statues de bronze dont l'une, avec sa base, coûta 4 000 sesterces. Les cinq dieux de Magifa étaient représentés dans le petit sanctuaire qui leur fut consacré. A Vaga (Béja), les sept divinités du panthéon régional sont figurées sur un bas-relief qui est la principale œuvre d'art qui nous ait été conservée sur les dieux indigènes de l'Afrique romaine. Si les traits du visage sont tous martelés, les attributs de chacun des dieux restent bien reconnaissables : Macurtum porte une lanterne. Comme Iunam qui lui fait pendant, il est une divinité équestre : un cheval est campé devant chacun d'eux. Nous avons vu qu'ils pouvaient être assimilés aux Castores Mauri de Musti. Macurgum, assis, tient dans la main droite un *volumen* tandis qu'un serpent s'enroule autour de son bâton tenu dans la main gauche. Hasard ou intention, à côté de ce médecin divin, Vihinam, couverte d'une chape d'écailles ou de plumes, tenant dans ses mains un forceps et ayant à ses pieds un enfant, paraît bien être une déesse présidant aux accouchements. Bonchor, personnage central, semble le maître de ce panthéon, il tient en main un sceptre ou une massue. Varsissima porte la même chape que Vihinam mais ne possède aucun attribut tandis que Matilam, debout, préside au sacrifice du bélier. Il tient dans la main gauche une cassolette et avance la droite au-dessus d'un autel. Ces divinités sont représentées en pleine nature et non dans un temple ; une simple tenture dressée derrière elles les sépare d'un verger, où on reconnaît des palmiers chargés de régimes et d'autres arbres dont les branches ploient sous le poids des fruits. Des lances placées contre la tenture déterminent des registres dans lesquels chaque dieu trouve sa place. Malgré des gaucheries manifestes dans l'exécution, en particulier dans la disproportion de taille entre Macultum et Iunam et leurs montures ridiculement petites, ce bas-relief ne manque pas de qualités. La composition fut particulièrement soignée ; malgré une présentation frontale, les sept sujets ont été traités avec suffisamment d'art pour échapper à la monotonie et à la rigidité des attitudes. La tenture a été rendue avec une grande souplesse, soulignée par des ondulations que l'artiste a eu l'heureuse idée de suggérer en figurant les déformations des motifs du tissage.

Il s'agit certes d'une œuvre qui emprunte beaucoup aux traditions hellénistiques et le résultat doit s'écarter sensiblement de l'image primitive que les Africains de Vaga avaient dû se faire de leurs divinités.

Les représentations de la *dea africa* ne sont pas exceptionnelles, mais cette déesse est une création de la fin de l'époque hellénistique et ne paraît avoir aucune attache réelle avec la population libyenne, bien que Juba Ier et Juba II l'aient fait figurer sur leurs monnaies.

Une autre divinité, malheureusement innommée, est représentée sur une stèle de Banasa en Maurétanie Tingitane. Ce dieu, muni de cornes droites, ne peut être confondu avec Ammon ; le rapprochement suggéré avec Gurzil, le dieu-taureau, paraît bien aventureux. C'est la seule représentation d'une divinité apparemment africaine dans cette province qui n'a livré aucune dédicace à ces divinités ni aux *dii mauri*.

Les Africains de l'époque romaine ont également représenté leurs dieux sur les flancs de rochers ; ils obéissaient ainsi à une vieille tradition qui remontait aux temps préhistoriques. Deux de ces représentations sont accompagnées d'une dédicace : Hercule Irsiti à Aïn Regada et Ieru à Guechguech.

Nous ne savons exactement à quelle époque rattacher d'autres représentations, plus barbares mais d'un style africain évident, d'un dieu cavalier dont nous connaissons une demi-douzaine d'exemplaires en Grande Kabylie. La plus belle est la stèle d'Abizar ; un personnage barbu, apparemment nu, monte à cru un cheval sans harnachement, qui porte au cou une curieuse pendeloque bilobée. Le personnage est, par convention, représenté de face, sa longue barbe en pointe descend sur la poitrine ; le visage, assez schématique, est dépourvu de bouche. La main gauche brandit trois javelines et un petit bouclier rond à large *umbo*, semblables à ceux qui ornent les stèles libyques de la région de Bordj el-Ksar et les stèles puniques de Volubilis. Dans la main gauche est tenu un objet sphérique, peut-être symbole de domination. Une inscription en caractères libyques occupe le champ à gauche. Un minuscule personnage, qu'on est tenté de considérer comme un génie de rang inférieur ou un serviteur, a été logé contre le flanc du cavalier, entre son bras droit et la croupe de la monture. Une outarde ou une autruche de taille réduite est figurée sous la tête du cheval, que précède un chien. Toutes les figures de cette stèle sont en léger relief plat suivant la technique du champlevé, particulièrement prisée des artistes berbères.

Bien que l'âge de ces stèles kabyles soit, comme celui de la plupart des inscriptions libyques, très difficile à fixer, nous estimons qu'elles sont antérieures à l'époque romaine. L'armement est, en effet, différent de celui des temps de l'Empire et correspond à celui des Maures et Numides des derniers siècles avant le début de notre ère.

Dans la région de Sila, au sud de Constantine, de grandes stèles représentent des personnages qui semblent être aussi des divinités. Sur celle de Bordj el-Ksar, le personnage nu, de profil à droite, a la tête surmontée d'un bouclier semblable à celui d'Abizar mais qui, ici, peut se confondre avec une représentation solaire. Il est précédé de deux bovidés de taille très réduite, qu'il semble protéger de sa main gauche, tandis que la droite, relevée, paraît tenir un objet globulaire. Une inscription libyque occupe la partie gauche de la stèle. Deux autres stèles du même site portaient les mêmes figurations, réalisées également en relief plat, mais le texte des inscriptions diffère.

Dans la même région, particulièrement riche en monuments numidiques, sur la rive droite de l'oued Khanga, au lieu-dit Bouchène, gisait un menhir sculpté en calcaire coquillier, de plus de 4 m de long. Sur la face principale est sculpté un personnage plus grand que nature (2,14 m). Vêtu d'une tunique qui descend jusqu'aux genoux, il tient de la main droite un épieu plus court que lui, la gauche, ramenée sur la poitrine, semble tenir une épée, comme cela apparaît plus nettement sur une autre grande stèle brisée découverte à 500 m de la première. Une inscription libyque occupe deux lignes verticales de part et d'autre du personnage. Un motif curieux, qui figure vraisemblablement un fronton reposant sur des troncs d'arbres non équarris vus de face et rendus par des cercles tangents les uns aux autres, occupe la partie supérieure de la stèle. Ce détail architectural tout à fait exceptionnel dans l'art des Numides, ainsi que la taille élevée du personnage, permettent de croire à la représentation d'un dieu ou tout au moins d'un prince héroïsé.

On peut encore retenir, à l'époque byzantine, le cas du dieu Gurzil adoré, dit Corippus, par les Laguatan de Tripolitaine. Ce dieu, né d'Ammon et d'une vache, était symbolisé par un taureau, et les Laguatan avaient, pour le représenter, des images en bois et en métal.

Nous n'avons pas la prétention d'avoir recensé la totalité des représentations divines indigènes de l'époque romaine, ni d'avoir relevé tous les textes relatifs aux pratiques religieuses des Africains, mais on ne peut que reconnaître la faiblesse de notre documentation et le nombre très réduit des monuments. En fait, la plupart des dieux africains, comme les *djennoun* modernes, devaient se passer de simulacres, de temples et de prêtres.

LA RELIGION FUNÉRAIRE. LE DÉCOR DES *HAOUANET*

Les anciens Berbères ont connu une véritable religion funéraire que nous font connaître le grand nombre de monuments dotés d'agencements particuliers destinés au culte des morts, les décorations de certaines tombes et le mobilier déposé dans les sépultures.

Les plus anciennes sont ces petits hypogées cubiques creusés à flanc de falaise ou de rochers isolés auxquels on a donné le nom arabe de *hanout* (pluriel *hanouanet*, voir chap. "Des peuples à côté de l'histoire"). Les peintures qui ornent les parois de ces hypogées, concentrés dans le nord de la Tunisie, présentent trop de ressemblances avec celles de certaines tombes à puit puniques pour qu'il soit possible de les dissocier. Ces peintures à l'ocre représentent le plus souvent des motifs géométriques simples, des animaux de caractère prophylactique. Un signe de Tanit gravé au-dessus de l'entrée d'un *hanout* du jbel Zit et, dans la même nécropole, deux sphinges sculptées de part et d'autre de l'entrée d'un autre hypogée confirment l'ambiance punique du contexte culturel et religieux. Mais dans l'ornementation des *haouanet*, tout n'est pas directement et uniquement d'origine phénicienne.

Dans deux tombes du jbel Zit, des protomés de taureau sont sculptés sur la paroi. Cette ornementation a une valeur religieuse, comme le prouve la disposition des cornes de l'un d'eux, qui forme une niche cultuelle placée dans la paroi du fond comme dans les autres hypogées.

La célèbre fresque du Kef el-Blida participe de la même ambiance méditerranéenne non phénicienne. Le personnage principal brandit une bipenne et se protège à l'aide d'un bouclier circulaire à décor en V, d'un type antérieur au VIᵉ siècle et répandu depuis la Crète jusqu'au sud de l'Espagne.

Le sens funéraire et religieux de cette décoration est assez clair. Il est manifeste que la représentation du bateau et de l'échelle qui permet à l'âme d'y accéder est le symbole du voyage dans l'au-delà. Les huit personnages armés qui occupent déjà le navire sont des génies tutélaires qui accompagneront et protégeront l'âme au cours de son voyage. Le personnage barbu armé de la bipenne peut être considéré comme un dieu supérieur, peut-être Baal Hammon, qui deviendra plus tard le Saturne africain. Devant lui s'envole ou tombe un personnage énigmatique. On peut y reconnaître un mauvais génie chassé ou abattu par le dieu à la bipenne, dont s'expliqueraient ainsi le geste menaçant et l'équipement guerrier.

Les *haouanet* sont des types de sépultures introduits en Afrique du Nord avant l'âge du fer et dont l'usage se poursuivit pendant l'époque punique puis romaine ; certaines formes plus complexes revinrent même en honneur aux derniers siècles de l'Empire chez les juifs et les chrétiens d'Afrique.

LES *BAZINA* ET TUMULUS A CHAPELLE

D'autres monuments sont plus spécifiquement paléobербères, comme les *bazina*, qui reçoivent souvent des constructions annexes destinées au culte funéraire. Les plus simples sont de petits "autels" circulaires hauts de 0,80 à 1 m, disposés devant la *bazina*, à l'est, et en nombre variable.

La même orientation est donnée à un renfoncement dans l'enceinte de la *bazina*, qui constitue une niche servant au culte. Parfois deux avancées, en antennes allongées et divergentes ou, au contraire, en avant-corps quadrangulaires parallèles, déterminent une *area* sans communication avec la sépulture, située au centre du monument. Dans cette *area* ont été parfois découverts des restes d'offrandes. Ces monuments à antennes ou à avant-corps sont très nombreux dans les régions sahariennes. Les avant-corps peuvent flanquer des monuments de plan quadrangulaire (Taouz, dans le Tafilalet) ; il suffit alors qu'ils subissent un rabattement à angle droit vers l'intérieur de l'*area* pour transformer celle-ci en une véritable chambre. Si celle-ci est couverte, elle s'intègre entièrement au monument et devient une chapelle qui peut aussi être considérée comme l'approfondissement et l'agrandissement de la niche cultuelle.

Les tumulus à chapelle couvrent le nord de la Mauritanie, la Saguiet el-Hamra, le Tafilalet, le Sud oranais (région de Béchar), et plus à l'est le piémont aurasien ; des monuments analogues dans la région de Djelfa assurent la jonction avec le groupe occidental.

Ces tumulus ont livré les traces d'un culte funéraire qui paraissent des plus intéressantes. Les chapelles, en Mauritanie et dans le Sahara occidental, sont de simples chambres rectangulaires. C'est aussi le cas dans les monuments de Djorf Torba (près de Béchar). Mais le plus souvent ces sanctuaires ont un plan complexe : dans la région de Négrine, ils peuvent prendre l'aspect d'une chapelle tréflée avec colonnes ou d'une salle oblongue prolongée d'une niche. Dans le Tafilalet, à Taouz comme à Bouïa, les chapelles sont cloisonnées en de nombreux diverticules, dans lesquels un homme peut s'allonger ou s'asseoir. Le mobilier trouvé dans ces chapelles n'est pas dépourvu de signification : à El-Mreïti (Mauritanie), une centaine de plaquettes de calcaire étaient ornées de figures géométriques et de représentations animales peintes à l'ocre ou tracées au charbon. A Djorf Torba, ce sont de grandes plaques admirablement peintes qui étaient placées contre les murs, eux-mêmes décorés à l'ocre. Certaines sont gravées.

Les scènes sont variées : rangées de personnages richement vêtus vus de face, poulains attaqués par une panthère, oryx, chevaux affrontés, scènes de traite. Les chevaux sont les plus nombreux et admirablement rendus. Le tracé très particulier de la queue, qui ressemble à une aile d'oiseau, souligne l'unité de style et révèle peut-être qu'une même main est responsable de ces peintures. Antilopes et chevaux (à l'exclusion de toute représentation de chameau) étaient également fréquents sur les plaquettes d'El-Mreïti ; or, dans les chapelles de Fedj el-Koucha et de l'oued Djerch (région de Négrine), les parois, qui avaient été enduites d'ocre, ont reçu nombre de graffiti représentant presque exclusivement des chevaux, montés ou non. Enfin, à Djorf Torba comme à Fedj el-Koucha, des inscriptions en caractères libyques confirment l'âge relativement récent de ces sépultures. Des cendres et des traces de foyers, parfois des ossements d'animaux, la présence d'une auge (Bouïa) destinée à des sacrifices ou des libations révèlent en outre l'importance de ces chapelles dans le rituel funéraire. Plusieurs arguments permettent de penser que ces aménagements architecturaux étaient en relation directe avec la pratique de l'incubation, décrite par Hérodote chez les Nasamons, et qui se maintient aujourd'hui encore chez les Touaregs. On peut même expliquer la présence des plaquettes et dalles ornées comme des sortes d'ex-voto déposés par les gens qui fréquentaient ces chapelles.

LES POTERIES FUNÉRAIRES PEINTES DE GASTEL ET DE TIDDIS

Les simples tumulus et *bazina* sans aménagements sont bien plus nombreux que les monuments à chapelle ; ils sont, avec ceux-ci, les sépultures les plus caractéristiques des Paléoberbères. Deux nécropoles, toutes deux datées du milieu du IIIᵉ siècle av. J.-C., ont contribué à nous faire mieux connaître ces anciens Berbères qui commençaient à acquérir les rudiments d'une civilisation citadine. Gastel, dans le djebel Dyr au nord de Tébessa, est un oppidum appartenant à l'une des fractions de la grande tribu des Musulames. Ces Musulames n'étaient pas nomades ; leur céramique à fond plat, et dont les formes sont tout à fait semblables à celles des fellahs modernes, n'est pas une vaisselle de tente ; bien mieux, certaines poteries modelées sont manifestement la copie de vases faits au tour, d'origine punique et grecque. L'intérêt de certains de ces plats et vases-coquetiers est d'être peints. Certains ont même un décor polychrome rouge et noir très simple sur lequel dominent les crochets courbes, le pointillé, les bandes et les festons. Les seuls éléments figuratifs sont des palmes et, sur une seule assiette, des silhouettes d'oiseaux.

Bien plus intéressants sont les vases peints de Tiddis trouvés dans une *bazina* qui a pu être datée de 250 ± 110 av. J.-C. L'un d'eux porte trois lettres libyques peintes sur le flanc galbé, les autres sont décorés d'un style géométrique triangulaire identique à celui qui subsiste dans la poterie dite kabyle, et propre, en fait, à tout l'art décoratif berbère. Ce décor très rigoureux, dans lequel les triangles quadrillés ou diversement ornementés tiennent une place prédominante, n'est pas entièrement dépourvu de motifs figuratifs : végétaux, oiseaux, représentations humaines et astre solaire. Malgré la forte stylisation, le décor des vases de Tiddis possède une signification assez claire. Sur la plupart de ces vases, il y eut le désir manifeste de représenter la nature dans ses divers éléments. Ainsi, dans les espaces ménagés entre les triangles, on voit plusieurs fois le soleil et des oiseaux qui occupent donc le ciel, et, sortant du sol, des palmettes ou végétaux plus ou moins stylisés. Les triangles, du moins sur ces vases, ont une signification particulière, ils symbolisent les montagnes, donc la terre. Leur base repose sur une bande de chevrons ou de losanges allongés dans laquelle on peut reconnaître un autre élément, l'eau courante. Ainsi, avec un minimum de moyens, les potières de Tiddis ont suggéré, dans une composition rigoureuse, les quatre éléments de la nature : eau, terre, feu, air, et leurs occupants du règne animal et du règne végétal. Or cette représentation n'avait pas seulement valeur figurative, car ces vases avaient une fonction funéraire et leur décor ne peut être dissocié de cette destination. Voulait-on que dans sa tombe le défunt ait l'image du monde ?

La fréquence de la représentation des oiseaux, symbole de déplacement aisé et de liberté, permet d'autres supputations : ne s'agirait-il pas de la figuration de l'âme du mort ? D'ailleurs, le défunt, brandissant des palmes, semble bien être représenté sur un des vases, tandis qu'une autre poterie porte, peint en caractères libyques, le nom de celui à qui elle avait été consacrée dans la tombe.

Les grands vases, qui sont les plus décorés, contenaient chacun une petite poterie votive et de menus ossements, phalanges, métatarsiens et métacarpiens, ainsi que des vertèbres cervicales, et parfois des fragments de la base du crâne, des dents et, dans un cas, une mandibule entière. La présence de ces ossements s'explique par les conditions du transfert des restes décharnés dans la sépulture définitive qu'était le caveau de la *bazina*. Après avoir réuni les menus ossements et débris dans les vases, les Numides de Tiddis plaçaient sur leur orifice les crânes, tandis que les os longs étaient rassemblés dans le fond du caveau. La superposition des ossements, des vases et des crânes fait penser que le transfert a dû être fait collectivement, au cours de cérémonies qui pourraient être symbolisées par la ronde de danseuses schématisée sur l'un des vases.

Ces quelques exemples tirés de la décoration de certaines *haouanet*, des ex-voto de tumulus à chapelle, des vases peints d'une *bazina* révèlent la complexité de la religion funéraire des anciens Africains. Que ce soit chez les Libyphéniciens du nord de la Tunisie pendant l'époque punique, chez les Numides de Tiddis contemporains de Massinissa ou chez les Gétules des régions steppiques sous l'Empire romain, les Paléoberbères ont partout et toujours connu un culte funéraire qui les a contraints à bâtir les seuls monuments qu'ils nous aient laissés. La piété avec laquelle était recueillie, dans les sépultures secondaires, la moindre parcelle de ce qui avait été la dépouille du défunt, ce disparu toujours présent, préparait de longue date les Africains au culte des reliques qui, à l'époque chrétienne, devait connaître un aussi grand développement.

Mais tout permet de penser que, au-delà de la conservation des restes périssables, au-delà du souci d'offrir au corps les subsistances matérielles et magiques nécessaires à sa survie, les anciens Berbères croyaient qu'une partie spirituelle, âme ou souffle de vie, empruntant un navire symbolique ou prenant son essor comme un oiseau dans le ciel ou un coursier dans la plaine, rejoignait les dieux dans un autre monde.

LES CONTRASTES
DU CHRISTIANISME AFRICAIN

Avec l'avènement du christianisme, certaines tendances de l'âme berbère purent s'affirmer avec plus de force que ne le permettaient les croyances ancestrales, encore mal dégagées des magies originelles. Le monothéisme latent qui perçait déjà dans l'omnipotence du Saturne africain facilita sans aucun doute la propagation de la nouvelle religion.

LE CULTE DES MARTYRS

Mais entre le Dieu tout-puissant et ses humbles créatures, le besoin d'intercesseurs se faisait d'autant plus sentir que la nature du Christ n'était pas encore rigoureusement définie pendant les premiers siècles de l'Eglise. Les Africains, comme presque tous les peuples de l'Antiquité, avaient peuplé leur monde d'une foule de génies ou de divinités secondaires que l'orthodoxie monothéiste ne réussit pas à balayer immédiatement. Les habitudes mentales résistent à de telles révolutions. Plutôt que de nier leur existence, on les transforma en démons et entités malfaisantes. Pour lutter contre eux et s'assurer la relation indispensable avec Dieu, en attendant le Paraclet, se développa le culte des saints, ou plus exactement le culte des martyrs, car, au début, la distinction ne s'est pas faite.

L'Eglise d'Afrique fut riche en martyrs. Les plus anciens que nous connaissions sont les martyrs scillitains, mis à mort en 180 sous le règne de Commode ; ils étaient originaires d'une petite ville de Proconsulaire, Scilli ou Scillium, dont nous ignorons l'emplacement. Ils étaient douze, dont cinq femmes ; conduits à Carthage, ils eurent la tête tranchée. A la même époque appartiennent, semble-t-il, d'autres martyrs originaires de Madaure et dont saint Augustin nous fait connaître les noms africains et puniques. L'ardeur des Berbères, l'intransigeance bien connue de ce peuple lorsqu'il s'agit des questions fondamentales expliquent le nombre élevé de martyrs de l'Eglise d'Afrique et corrélativement la rigueur des magistrats romains, soucieux de maintenir l'ordre dans des provinces difficiles. La *Passion de Perpétue et de Félicité* ainsi que de leurs compagnons, qui périrent en 203 durant la persécution de Septime Sévère, est l'un des récits les plus anciens et les plus beaux du martyrologe latin. Le texte de cette Passion, dans sa forme primitive qui semble influencée par le montanisme, a une telle fraîcheur et une telle simplicité qu'il est impossible de nier son authenticité. Une partie du récit est autobiographique. Perpétue, jeune femme de Thuburbo Minus, allaitait son enfant quand elle fut arrêtée. Elle raconte ses visions du Paradis, qui nous semblent autant de commentaires des scènes peintes dans les catacombes. Dans ce texte on voit s'exprimer, naïvement mais fermement, cette "soif de martyre" dont l'Afrique, plus que toute autre province peut-être, révéla la profondeur et la violence dans ces âmes exigeantes. Saturus, une esclave nommée Félicité et deux catéchumènes furent livrés aux bêtes en même temps que Perpétue, dans l'amphithéâtre de Carthage ; un gladiateur acheva Perpétue, elle avait vingt-deux ans.

Les martyrs africains se recrutaient dans tous les rangs de la société. Perpétue et Cyprien, évêque de Carthage, appartenaient à l'aristocratie, Typasius de Tigava était un vétéran, Marcellus, condamné à Tanger sous la Tétrarchie, était un centurion, Maximillianus une recrue de Théveste, mais Félicité était une esclave, les martyrs de Madaure des pérégrins qui portaient des noms puniques ou berbères tandis que Marcienne de Caesarea et Salsa de Tipasa faisaient partie de la bourgeoisie municipale. De fait, dès les origines, le christianisme africain ne se limitait ni à une ethnie dominante de culture gréco-latine ni à une classe sociale particulière.

Le culte des martyrs fut très populaire et très répandu en Afrique. La pratique de la déposition de reliques de saints vénérés était courante, même dans de modestes basiliques, dans les campagnes les plus reculées. Parfois, une simple poterie, dont le couvercle était luté au plâtre, renfermait des reliques d'un saint, par ailleurs inconnu, dont le nom avait été gravé à la pointe.

Ces vases reliquaires ont leurs antécédents dans les poteries funéraires des *bazina* de l'époque numide : à Tiddis, nous l'avons vu, c'étaient aussi de véritables reliques qui étaient pieusement déposées dans des vases spécialement modelés et peints dans cette intention. Ainsi, le culte des martyrs rejoint le culte des ancêtres.

Une autre pratique, qui n'a pas complètement disparu dans l'Afrique musulmane contemporaine, était celle des agapes funéraires. Aujourd'hui encore, il n'est pas rare de voir des femmes consommer un peu de nourriture, des œufs particulièrement, aliment chargé d'espérance et de promesse de résurrection, sur la tombe d'un être cher ou vénéré. Dans l'Afrique chrétienne, cette coutume était si profondément ancrée qu'elle suscita, plus fréquemment qu'ailleurs, une forme particulière de l'architecture funéraire, celle de la tombe-triclinium. Sur trois côtés autour du sarcophage était bâti un massif de maçonnerie, dont la surface reproduisait l'inclinaison des lits de banquet, le couvercle du sarcophage servait de table *(mensa)*. Parfois, comme à Tipasa, une inscription invite à cette communion entre le défunt et les vivants.

Le souci, qui n'est pas spécifique du christianisme africain, de rapprocher les défunts des saints ou des martyrs les plus vénérés provoqua les inhumations dans le sol des basiliques puis la constitution de nécropoles, dont les sarcophages parfois superposés sur plusieurs rangées semblent monter à l'assaut des églises. Un des cas les plus émouvants, dans un cadre admirable, de ces nécropoles *ad sanctos* est celui du cimetière marin de la basilique de sainte Salsa, martyre de Tipasa de Maurétanie.

LES SCHISMES, L'EXEMPLARITÉ DU DONATISME

La sérénité des cimetières et l'auguste misère des ruines risquent cependant de donner une image fausse du christianisme africain. Celui-ci, en raison même de sa vigueur et surtout du caractère des Berbères convertis à la nouvelle religion, ne pouvait revêtir l'aspect angélique, suave, voire paradisiaque que l'école sulpicienne s'est plu à donner aux premiers temps de l'Eglise. Le christianisme des Berbères, dans la verdeur de sa jeunesse, est une religion exigeante. Par leur soif d'absolu, les chrétiens d'Afrique se montrent querelleurs, violents, intransigeants, non pas tant à l'égard des païens qu'à celui de leurs propres frères, d'où les innombrables schismes qui déchirèrent les communautés africaines avant même la fin des persécutions et durèrent, en fait, jusqu'à la conquête musulmane.

Les hérésies qui naquirent au sein de l'Eglise primitive, l'Afrique les connut presque toutes. Montanistes, pélagiens, manichéens, ariens eurent des communautés dans les provinces africaines. La multiplication de ces variantes s'explique par les incertitudes et les ambiguïtés qui demeuraient sur la nature du Christ. Certains ne retenaient que sa nature divine (monophysisme), d'autres avaient tendance à confondre le Père et le Fils en une même personne (sabellianisme), tandis que par réaction les ariens, les plus extrêmes, allaient jusqu'à considérer le Christ comme fondamentalement différent du Père, qui seul est Dieu parce qu'"inengendré".

Cependant, l'Eglise d'Afrique, contrairement à celle d'Orient, ne donna pas vraiment naissance à des hérésies, elle contribua, au contraire, à fixer le dogme grâce à ces grands maîtres que furent Tertullien, Cyprien, Augustin. Malheureusement, elle fut la terre d'élection du séparatisme, du schisme. Ces déchirements quasi perpétuels ne naissaient pas tant des querelles théologiques et des spéculations christologiques que de faits bassement humains. Le plus caractéristique, et aussi le plus grave et le plus durable, fut le donatisme, schisme qui divisa les chrétiens d'Afrique pendant trois siècles et demi.

A l'origine (305) se trouve l'intransigeance de certains évêques de Numidie qui ne veulent pas reconnaître l'élection faite en leur absence de Cécilien, évêque de Carthage et primat d'Afrique, parce que, disent-ils, se trouvaient parmi ses électeurs des *traditores*, ceux qui, au cours de la dernière persécution, avaient refusé le martyre et livré les Ecritures aux magistrats de l'Empire. Ces "purs" qui se disaient "fils des martyrs" élisent donc à la place de Cécilien un autre évêque, Majorien, qui, à sa mort, fut remplacé par Donat (313). Cependant, l'empereur Constantin et plusieurs synodes, en particulier celui d'Arles en 314, reconnaissent le primat Cécilien et condamnent le schisme donatiste. Celui-ci, loin de faiblir, se renforce et s'enracine dans toutes les provinces, surtout en Numidie et en Maurétanie Césarienne. Les donatistes rejettent comme nuls les sacrements donnés par les *traditores* et leurs successeurs. Le fait était d'autant plus grave que ni Cécilien ni ses électeurs n'avaient fauté (les donatistes avaient fabriqué des faux pour les discréditer) et que, sur le plan théologique, faire dépendre la valeur d'un sacrement du mérite du clerc qui l'administre était relativiser l'action même du Christ, qui est le seul auteur et source du sacrement. C'est au cours de la polémique dirigée contre les donatistes que saint Augustin fut conduit à proclamer que la valeur des sacrements est indépendante de la personne du clerc qui le confère, principe qui reste fondamental dans l'Eglise catholique.

Du théologique la querelle passa rapidement au politique et même au social. L'intervention de l'empereur Constantin, puis de ses successeurs, en faveur des catholiques fut la première manifestation du césaropapisme, qui subordonna l'Eglise aux volontés impériales et aux nécessités politiques. Les donatistes, intégristes, comme on dirait de nos jours, ne pouvaient accepter une telle ingérence du profane, mais leur intransigeance doctrinale ne reculait pas devant d'autres compromissions. En fait, le donatisme ne fut pas seulement un mouvement religieux.

Les historiens contemporains ont peut-être tendance à exagérer son caractère social et politique en voyant en lui une manifestation de la "résistance" berbère à la domination romaine, mais il est patent qu'il joua un rôle majeur dans la désagrégation de la société romano-africaine.

Plus populaire que l'Eglise officielle, plus proche des classes les plus méprisées, mieux implanté dans les provinces les moins romanisées, le donatisme, né en Afrique, paraît plus africain que l'Eglise de Carthage, soutenue par Rome. De l'Africain, du Berbère, il prend l'intransigeance, la foi fanatique, l'allégeance totale à un homme ou à un parti, mais il lui emprunte aussi l'esprit de scission, qui fit se multiplier les schismes à l'intérieur du schisme. La situation sociale et économique du Bas-Empire ne pouvait pas ne pas influer, d'une manière ou d'une autre, sur le développement du donatisme. De fait, à partir du milieu du IVe siècle, celui-ci s'allie officiellement à un mouvement de revendication sociale et de rébellion connu sous le nom des circoncellions. On s'est longuement interrogé sur ces "rôdeurs autour des greniers" : le terme désigna juridiquement, à l'origine du moins, une catégorie sociale, celle des ouvriers agricoles qui se louaient au moment des moissons ou des vendanges. Aux IIe et IIIe siècles, cette activité était suffisamment rémunératrice pour que certains puissent acquérir des terres et devenir, à leurs vieux jours, des propriétaires respectés, tel ce moissonneur de Maktar qui nous a laissé, dans une longue et célèbre inscription, le récit d'une dure vie de labeur couronnée par la réussite. Mais pour un ouvrier qui accédait à la propriété et même aux honneurs, comme notre Maktaritain, combien, parmi ses compagnons, périssaient d'épuisement sans connaître la moindre réussite sociale ?

C'est parmi ces circoncellions que se recrutèrent les plus fanatiques défenseurs de la cause donatiste. Ces contestataires "agonistiques" (militants) mêlèrent la revendication sociale et la polémique religieuse. Allègrement, aux cris de *"Deo laudes"* agrémentés de quelques coups de matraque, les circoncellions agirent en redresseurs de torts. Au nom de l'Evangile, ils pillèrent les domaines des *domini* (seigneurs), appelèrent les esclaves à la révolte, jetèrent les maîtres dans les ergastules et parfois dans les puits. On ne peut sous-estimer le sens profond de cette conjonction de la ferveur religieuse et de la revendication sociale qui, pour la première fois en Afrique, aboutissait à une lutte organisée contre l'ordre romain.

Le mouvement social et religieux déboucha normalement sur l'action politique : des chefs berbères comme Firmus et Gildon s'appuyèrent sur le donatisme et les circoncellions pour tenter d'établir leur pouvoir sur l'Afrique.

Plus encore que l'Eglise officielle, l'Eglise donatiste vénéra les martyrs, ses martyrs. Ils furent légion, ces "saints" qui couraient au suicide collectif. Les rebelles qui périssaient sous le glaive des soldats, parfois appelés par les évêques donatistes eux-mêmes, lassés des excès des circoncellions, furent déclarés martyrs par le peuple des fidèles. Malgré l'interdiction promulguée par un concile donatiste, ils furent enterrés, comme les saints, dans les basiliques. Nombreuses sont les inscriptions aux accents donatistes qui, dans les bourgades, chantent les louanges de ces saints obscurs.

LES MAÎTRES A PENSER

C'est dans la résistance aux persécutions et dans la lutte contre les hérésies et les schismes que l'Eglise d'Afrique affirma sa personnalité et contribua plus efficacement que toute autre Eglise d'Occident à asseoir et à fixer le dogme catholique. Ce rôle, l'Afrique put le remplir grâce à une pléiade de maîtres issus de son terroir et qui témoignent autant de la vigueur du christianisme africain que de la profondeur de la romanisation. Ils témoignent aussi, et combien éloquemment, contre le préjugé raciste qui dénie aux Berbères toute compétence dans le domaine conceptuel ou philosophique.

La littérature chrétienne d'Afrique est riche ; parmi ses écrivains il en est d'aimables, au style élégant, comme Minucius Felix (première moitié du IIIe siècle) dont le dialogue apologétique *Octavius* veut convaincre les païens cultivés en usant des règles de la rhétorique classique et de la philosophie. D'une autre trempe est Arnobe (260-327) de Sikka (Le Kef), rhéteur célèbre converti sur le tard, qui s'attaqua vigoureusement aux croyances idolâtres (*Adversus nationes*, vers 300), mais il est un piètre théologien. Ce néophyte semble très mal connaître la doctrine qu'il défend. Son contemporain et élève Lactance (240-325) fut un auteur plus prolifique converti vers l'an 300, il réfuta lui aussi le polythéisme en montrant ses aberrations et ses ridicules : il est célèbre par ses traités doctrinaux sur la providence, le châtiment des pécheurs *(De ira Dei)* la *Mort des persécuteurs*, et les sept livres de ses *Institutions divines* (vers 320), qui lui valurent le titre de Ciceron chrétien.

Mais trois géants dominent la pensée chrétienne de l'Afrique romaine : Tertullien, Cyprien et Augustin. Ces trois Africains qui, avec leurs personnalités différentes, contribuèrent à l'établissement du dogme sont, à juste titre, considérés comme des Pères de l'Eglise. Le plus ancien, Tertullien, est peut-être celui qui représente le mieux, parfois jusqu'à la caricature, le tempérament africain dans sa fougue, son intolérance, son indiscipline. Fils d'un centurion de la cohorte proconsulaire, Q. Septimius Florens Tertullianus naquit à Carthage entre 155 et 160. Instruit en grec comme en latin et destiné aux fonctions de rhéteur et d'avocat, il se convertit on ne sait dans quelles circonstances, et cette conversion fut absolue. Il se jeta avec fougue dans la défense du christianisme, mais cette défense était, si j'ose dire, très offensive, car le plaidoyer en faveur des chrétiens calomniés tourne vite au réquisitoire. Pamphlétaire d'une violence rarement atteinte, il manie l'humour mais assène en même temps des arguments reposant sur une logique implacable. Il s'attaque aux juifs, qui incitent les gouverneurs et le peuple à persécuter les chrétiens, il conspue les philosophes, qui passent à côté de la sagesse, il tourne en ridicule les rhéteurs, qui confondent éloquence et proclamation de la vérité. Les chrétiens eux-mêmes ne sont pas à l'abri des coups de celui dont on a pu dire que "son esprit se complaisait dans l'absolu, son tempérament dans la lutte".

Il serait faux de ne voir en Tertullien qu'un apologiste ; il fut un théologien et un pasteur remarquables. Devenu prêtre, il se consacra, en effet, à la pastorale ; se montrant aussi intransigeant dans la discipline et la morale, il ordonne aux filles pubères de se voiler, il condamne avec véhémence la coquetterie des femmes et leur interdit l'accès aux jeux publics. Poussant à l'extrême une logique salvatrice et persuadé de la fin très proche du monde, il ne conçoit qu'un christianisme pur et dur. Comme l'homme ne peut servir deux maîtres à la fois, il recommande au chrétien de refuser le service militaire, au soldat de déserter les aigles romaines, à tous de rejeter le vieux monde païen et toute compromission avec lui.

Le tempérament de Tertullien le conduisait toujours aux extrêmes. Il finit, lui qui avait lutté contre les hérétiques marcionistes et praxéens, par se laisser séduire par l'hérésie montaniste. S'il avait vécu deux siècles plus tard, il aurait été donatiste et, au Moyen Age, kharedjite !

Moins outrancière est la figure de Cyprien, Carthaginois lui aussi. Issu de l'aristocratie, il reçut une éducation de rhéteur et devint avocat. Sous l'influence du prêtre Caecilianus, il se convertit en 245 et distribua la plus grande partie de ses biens. Très apprécié du clergé et de la population de Carthage, Cyprien fut, contre sa volonté, placé sur le siège épiscopal en 248 et se révéla immédiatement un administrateur remarquable. Par ses écrits, nous devinons que les chrétiens et les prêtres d'Afrique n'étaient pas tous, en ce milieu du IIIe siècle, des saints ni des modèles de vertu. Cyprien rappelle les vierges consacrées à leurs vœux et à un peu plus de modestie, les clercs à l'obéissance et à la pauvreté. Quarante ans de paix de l'Eglise avaient entraîné relâchement de la discipline et de la morale, Cyprien s'en plaint amèrement. Aussi, quand la persécution reprit sous Decius (250), les candidats au martyre furent bien moins nombreux que les apostats ; certains n'attendaient même pas d'être convoqués pour sacrifier ouvertement aux divinités capitolines et au génie de l'empereur. Cyprien ne rechercha pas le martyre ; caché dans une retraite, sans doute proche de sa métropole, il continua par ses lettres à gouverner son diocèse. Les problèmes ne manquaient pas. Il dut bientôt résoudre l'épineuse question des *lapsi*, ceux qui avaient faibli pendant la persécution mais qui demandaient leur pardon. Cyprien eut du mal à faire prévaloir une attitude charitable. Les intransigeants ne le suivirent pas et ce fut le schisme, très africain, des novationistes, qui ne reposait que sur des questions disciplinaires et des querelles de personnes. C'est au sujet de ce schisme que Cyprien entra en lutte ouverte contre le pape Etienne Ier car l'Eglise de Rome et celle d'Afrique n'avaient pas alors la même doctrine sur la validité du baptême administré par des hérétiques. Les Africains, en cela encore, se montraient plus intransigeants.

L'œuvre de saint Cyprien est considérable, il aborda tous les genres de l'apologétique et de la pastorale dans ses nombreux traités, écrits, comme ses admirables lettres, dans une langue riche et élégante qui fait aussi de ce Père de l'Eglise un grand écrivain.

Son martyre, le 14 septembre 258, sous le règne de Valérien, tourna à un véritable triomphe ; le peuple des fidèles, conduit par ses diacres, l'accompagna jusqu'au lieu de son supplice ; son corps fut ramené solennellement à Carthage.

Son prestige demeura immense dans les siècles qui suivirent, et à Carthage trois basiliques lui furent consacrées.

Augustin, évêque d'Hippone, est certes le plus grand de tous. Par ses *Confessions*, nous connaissons les étapes de sa jeunesse tumultueuse, ses errances chez les manichéens et les néoplatoniciens avant sa lente conversion au contact d'Ambroise et la décision finale du jardin de Milan. Devenu évêque, saint Augustin eut une influence considérable sur l'Eglise d'Afrique et sur l'Eglise universelle ; à vrai dire, il est le seul vrai théologien africain, mais combien grand et déterminant ! Sa lutte contre les donatistes l'amène à proclamer, contre la tradition africaine, l'inaltérabilité des sacrements. A l'occasion de la lutte contre les pélagiens, il détermine avec plus de précision l'importance de la grâce ; sans elle, l'homme ne peut rien. En combattant les ariens, il fixe sa doctrine de la trinité. Si son œuvre théologique est immense, son action pastorale et apologétique n'est pas moindre. Il aborde dans ses traités, dans ses sermons (la tradition en a conservé plusieurs centaines !), dans ses lettres et ses *Soliloques* tous les problèmes de la vie religieuse et de la vie active. Car cet évêque fut un homme d'action dont l'autorité annonce déjà la puissance épiscopale du Moyen Age. Happé par la vie active et administrative en un temps où les périls s'accumulent, saint Augustin resta, dans le tréfonds de son âme, un grand contemplatif. En souvenir sans doute des jours heureux passés avec ses amis et sa mère Monique à Cassiciacum, il prit le temps de rédiger une règle et créa ainsi le premier monarchisme africain.

Père de l'Eglise, maître à penser de l'Occident chrétien, Augustin reste l'inoubliable auteur de *La Cité de Dieu*, dont rêva la chrétienté médiévale, et des émouvantes *Confessions*, dont la chaude humanité atteint une valeur universelle.

LA BERBÉRIE MUSULMANE : UNITÉ DE DIEU
ET DÉCHIREMENT DES HOMMES

Les Berbères, malgré les nombreux reniements dont les accusent les auteurs arabes, se convertirent en masse à l'islam. Nous avons vu dans quelles conditions historiques s'effectua la rapide conversion des Africains à la nouvelle religion, il nous reste à comprendre maintenant comment les Berbères adoptèrent l'islam.

UNE THÉOLOGIE SANS MYSTÈRE

Le christianisme africain avait terriblement souffert des nombreux schismes qui naissaient périodiquement, plus pour des questions de discipline que pour des difficultés dogmatiques. La seule hérésie qui eut en Afrique un certain succès fut le manichéisme, si éloigné de l'orthodoxie qu'il prend même figure de nouvelle religion. En revanche, les subtilités de la christologie, qui firent fleurir tant d'hérésies en Orient, ne semblent pas avoir beaucoup intéressé les Berbères. Pour la masse, la proclamation d'un Dieu unique, tout-puissant et miséricordieux, était l'essentiel de la foi, le reste était affaire de clercs. Or précisément l'islam, dans sa simplicité théologique, se présentait comme l'aboutissement de la longue marche spirituelle de l'humanité vers le monothéisme absolu. Mohammed parachevait la Révélation, ne rejetant ni les prophètes ni Jésus, il apportait la conclusion suprême, sans discussion, sans mystère : Dieu est Dieu.

Vérité qui touche à l'évidence mais qui frappe les esprits les moins ouverts aux commentaires métaphysiques et ferme la porte à toute interprétation. La proclamation de foi musulmane *(Chahada)* s'énonce clairement, sans subtilité : "Il n'y a de Dieu que Dieu et Mohammed est son envoyé."

La simplicité de la doctrine islamique convenait fort bien aux Berbères. Un autre avantage de l'islam, lié à sa simplicité théologique, est l'absence de clergé véritable, dont on ne voit pas quel pourrait être le rôle puisqu'il n'y a pas de sacrements à conférer et que l'enseignement est, en principe, donné, une fois pour toutes, dans le Coran, révélé et non écrit. Quant à la discipline que l'orthodoxie sunnite fixa dès le premier siècle de l'islam, elle définit un certain nombre d'obligations qui sont la prière, cinq fois par jour, précédée d'une purification rituelle, le jeûne pendant le mois de Ramadhân, l'aumône légale et le pèlerinage à La Mecque. La voie est tracée, celui qui se soumet à Dieu (Islam) et suit son enseignement transmis par le Prophète gagne le paradis.

Opposée aux mystères chrétiens de la trinité des personnes en un seul Dieu, du Christ à la fois Dieu et homme, consubstantiel au Père, engendré et non créé, la simplicité théologique de l'islam conquit l'âme berbère. Malheureusement, les hommes trouvent toujours des raisons de se quereller ; dans l'unité même de l'islam ils réussirent à s'entre-déchirer.

L'HÉRÉSIE BERBÈRE DES BERGHAWATA

En raison même de la simplicité du dogme, l'islam se prête peu à la naissance d'hérésies.

A vrai dire, une seule hérésie est née en Afrique, en milieu berbère : elle demeure mal connue, ce fut celle des Berghawata du Maroc atlantique.

Cette doctrine est directement issue du kharedjisme, qui déchira l'islam maghrébin au VIIIe siècle. Les Berghawata, qui avaient participé aux expéditions guerrières du porteur d'eau Maïsara contre les gouverneurs omeyades du Maghreb el-Aqsa, suivirent bientôt un certain Salih, à la fois chef militaire et prophète. Ce dernier décida de créer une nouvelle religion qui serait l'islam des Berbères, mais on ne sait si les promulgations essentielles sont son œuvre ou, ce qui paraît plus vraisemblable, celles de son petit-fils Younos. Bien qu'elles soient mal connues, ces prescriptions s'écartaient sensiblement de l'islam orthodoxe. On sait par El-Bekri que les Berghawata substituaient dans la prière le nom de Yakouch à celui d'Allah. De fait, ce nom semble bien être celui que les Berbères donnaient à Dieu et pourrait signifier "Celui qui donne". Des interdits non orthodoxes, mais certainement inspirés de vieilles croyances berbères, modifiaient le rituel. Mais l'hérésie reposait surtout sur un acte abominable : Salih rédigea un nouveau Coran dans sa langue maternelle.

Bien qu'on ignore presque tout de cette hérésie, elle ne dura pas moins de trois siècles. Les Berghawata menèrent la vie dure aux gouverneurs omeyades de Tanger et à leurs successeurs, les Idrissides de Fès. Ils résistèrent même un certain temps à la poussée des Almoravides et tuèrent au combat leur prédicateur et fondateur, Abd Allah ibn Yasin (1059). Il fallut la poigne d'Abou Bekr pour les réduire à merci et les remettre, à coups de sabre, sur la voie de l'orthodoxie.

Hormis cet épisode hétérodoxe qui resta limité à l'extrême ouest du Maghreb, les Berbères connurent les mêmes schismes que les autres peuples gagnés à l'islam, mais ils s'y plongèrent, semble-t-il, avec délectation.

Nulle part en terre d'islam le kharedjisme ne connut une telle vigueur. Il répondait trop bien aux caractères de l'âme berbère pour ne pas gagner la foule des croyants. Ses origines plongent dans l'organisation même de la commune islamique ou plutôt dans son inorganisation. L'islam souffre de l'absence de règles fixant la désignation des califes, successeurs du Prophète.

Les trois premiers califes, Abou Bekr, Omar et Othman, furent proclamés par acclamations, mais la désignation d'Ali ibn Abou Talib, après l'assassinat d'Othman en 656, fut suivie de révoltes. Bien que cousin et gendre du Prophète, dont il avait épousé la fille Fatima, Ali se vit finalement préférer Moawia, gouverneur de Syrie, qui le fit assassiner. De cette éviction d'Ali sont nées les grandes crises qui pendant des siècles déchirèrent l'islam. Les conséquences en subsistent encore aujourd'hui car toutes les sectes qui s'écartent de l'orthodoxie sunnite (chiites, ismaéliens, ibadites…) trouvent leur origine dans l'assassinat d'Ali, suivi, quelques années plus tard, de celui de son fils Hussain.

Bien des auteurs ont été tentés d'établir un parallèle entre le kharedjisme et le donatisme. A vrai dire, on retrouve dans le kharedjisme les mêmes données fondamentales qui avaient fait chez les anciens Africains le succès du donatisme. Dans l'un comme dans l'autre de ces deux schismes apparaissent les tendances vers un individualisme, un séparatisme et une organisation démocratique du pouvoir. De plus, le kharedjisme, rejetant l'autorité des califes omeyades, épousait la cause, non encore totalement perdue, de l'indépendance des Maghrébins envers les nouveaux maîtres venus d'Orient. Mais la foi musulmane était suffisamment implantée dans les âmes pour que des motifs autres que politiques dictassent la conduite des kharedjites. Ceux-ci avaient dès l'origine exprimé leur mépris à l'égard des richesses du monde, recommandé l'austérité des mœurs et la rigueur doctrinale, autant de principes qui ne pouvaient que gagner le cœur des populations berbères.

Comme le donatisme, le kharedjisme fut, chez les Berbères, une religion populaire, plus rurale que citadine, et parfois révolutionnaire. Ses chefs ne furent souvent que des aventuriers sans ancêtres : au VIIIᵉ siècle, Maïsara était porteur d'eau dans le Maroc occidental ; deux siècles plus tard, Abou Yazid, l'homme à l'âne, qui faillit détruire l'Empire fatimide, était fils d'un commerçant du Djerid.

Le kharedjisme affirme que tout fidèle, s'il est digne, peut être proclamé calife par la communauté des croyants, fût-il même un "esclave noir". La foi ne doit pas être seule considérée, mais aussi les œuvres. Cette doctrine révolutionnaire fut adoptée avec enthousiasme par les Berbères, surtout par les Zénètes du Maghreb central.

Les ibadites, qui formaient la branche la plus puissante du kharedjisme, y fondèrent le royaume de Tahert. L'imam en fut un noble d'origine perse, Ibn Rostem ; ce qui ne l'empêchait pas de mener une vie austère, voire ascétique. L'annonce de la création de ce royaume attira des kharedjites dispersés dans le monde musulman. Quelle ne fut pas la surprise des envoyés de la communauté irakienne lorsque, arrivés à Tahert, ils trouvèrent Ibn Rostem occupé à boucher lui-même les fentes de sa terrasse avec du mortier ! Il leur offrit de la galette et du beurre fondu dans une pièce qui avait pour tout mobilier le coussin sur lequel il dormait.

Le royaume rostémide reposait sur le puritanisme et une certaine démocratie, plus apparente que réelle. Mais ce puritanisme ne s'accompagnait, chez les ibadites du moins, d'aucun fanatisme à l'égard des non-musulmans. Une bonne partie de la population de Tahert était restée chrétienne et se montra toujours fidèle à la cause des ibadites. Ces chrétiens les suivirent dans leur exil au Sahara.

La rigueur doctrinale, accompagnée d'une importante littérature religieuse, la profondeur de la foi kharedjite permirent aux ibadites de survivre à la destruction de leur royaume du Maghreb central par les Fatimides. Ils se réfugièrent au Sahara, à Sedrata et au Mzab. D'autres communautés subsistent dans les régions subdésertiques, à Ouargla en Algérie, à Jerba en Tunisie, dans le jbel Nefoussa en Tripolitaine.

Mais comme le donatisme et parce qu'il était, sous sa forme berbère, de même nature que lui, le schisme kharedjite connut lui-même des divisions et des déchirements sanglants. Aux Ibadites s'opposaient les sofrites, plus révolutionnaires et intransigeants qu'eux. On vit même les ibadites du jbel Nefoussa se battre contre la tribu sofrite des Ourfejjouma du Sud tunisien, qui s'était emparée de Kairouan et y avait commis des excès sans nom et d'horribles massacres. Les Miknasa, tribu zénète de la secte sofrite, avaient fondé, en 757, le royaume de Sidjilmassa, à l'orée du désert, maître des oasis et des routes caravanières vers le Soudan. Dans ce royaume théocratique et marchand, l'imam pouvait être légalement déposé par le peuple, qui semble avoir largement usé de ce droit.

Une autre secte, le nakkarisme, eut un certain succès dans l'Aurès. C'était une doctrine extrémiste qui tendait au rationalisme, tandis que les mo'tazilistes ôtaient à leur émir toute autorité réelle.

Le kharedjisme marqua profondément l'islam maghrébin, contribuant à lui donner cette austérité qui convenait parfaitement aux Berbères et qui contraste singulièrement avec le faste que l'islam développait tant en Orient que dans l'Espagne voisine.

ABOU ABD ALLAH ET L'ALLÉGEANCE KETAMA

Tout au long du Moyen Age, les Berbères ont adopté avec facilité, parfois avec enthousiasme, chaque mouvement réformateur qui remettait en cause l'autorité établie. Cet enthousiasme était d'autant plus profond que le prédicateur faisait appel à l'allégeance personnelle. L'épopée des Ketama de Petite Kabylie, que nous avons vu conquérir le Maghreb et l'Egypte, et créer pour un descendant d'Ali l'Empire fatimide, ne s'expliquerait pas sans cette prédisposition au dévouement absolu dans lequel se noie la personnalité.

Pour les chiites, aucun des successeurs de Mohammed ne fut un calife légitime, seuls Ali et ses descendants, fils de Fatima, sont les chefs héréditaires de la communauté islamique.

Persécutés, et pour cause, par les Omeyades puis les Abbassides, les chiites se dispersèrent et devinrent un parti clandestin. Des propagandistes, qui furent de véritables missionnaires, les *daï*, répandirent une doctrine consolatrice qui annonçait la venue du mahdi, imam caché, dernier descendant d'Ali, qui serait un véritable sauveur du monde et assurerait le triomphe définitif des vrais croyants.

Le chiisme avait ses bases en Orient, et cependant ce fut le Maghreb qui assura son triomphe. Il le doit à la forte personnalité du *daï* Abou Abd Allah.

L'histoire commence à La Mecque en 893 ou 894, où des notables de la tribu sanhadja des Ketama font connaissance d'un Yéménite très instruit et éloquent, qui semble s'intéresser beaucoup à leur pays. Cet homme, Abou Abd Allah, réussit en quelques jours à convaincre les Ketama de la supériorité de la doctrine chiite et les décide à l'emmener avec eux. Fin psychologue et excellent organisateur, ce propagandiste fait rapidement d'Ikjan, village des Babors, une forteresse inexpugnable du chiisme. Les Ketama, subjugués, sont groupés en une armée fanatisée qui lui est dévouée corps et âme. Devenu maître de la plus grande partie du Maghreb et de l'Ifriqiya, il donne l'empire au mahdi Obaïd Allah.

Cependant l'allégeance personnelle des Ketama était plus forte que leur foi chiite ; on le vit bien lorsque le mahdi, qui, à la surprise d'Abou Abd Allah, se révéla un chef autoritaire, dédaigna les conseils de son lieutenant et rejeta toute tentative de mise en tutelle. Il semble bien que, poussé par son frère Abou l'Abbas, Abou Abd Allah complota contre le mahdi. Obaïd Allah le fit exécuter (911). Aussitôt les Ketama entrèrent en rébellion et proclamèrent même un pseudo-mahdi. Mais, battus, ils rentrèrent dans la fidélité et redevinrent les piliers de la dynastie fatimide. Pour elle, ils se battirent au Maroc, en Espagne, en Sicile et lui conquirent l'Egypte.

IBN YASIN, LA VOIX QUI PRÊCHE DANS LE DÉSERT

Plus symptomatique encore est le mouvement almoravide : c'est au nom d'un islam pur, régénéré dans la rigueur et l'ascétisme, que les Lemtouna, nomades sanhadja du désert, conquirent une bonne partie du Maghreb et de l'Espagne. Le créateur du mouvement almoravide, Abd

Allah Ibn Yasin, n'a pas une culture aussi étendue que le *daï* Abou Abd Allah mais il fut, comme lui, un énergique meneur d'hommes. Comme lui aussi, il était étranger au groupe qu'il conduisit sur le chemin de la domination.

Dans le lointain sahara occidental vivaient au XIe siècle deux groupes sanhadja nomades, les Lemtouna et les Goddala, chez qui on retrouve les descendants et peut-être le nom des antiques Gétules. Leur chef et des notables qui l'avaient accompagné à La Mecque réussirent, au retour, à ramener avec eux un lettré du Sud marocain. Il semble que celui-ci n'avait qu'un mince bagage intellectuel, mais aux yeux des rudes Lemtouna il jouissait du double prestige de l'étranger et de l'érudit. Il commença par réunir quelques fidèles, deux chefs lemtouna et sept goddala, dans un ribat situé dans une île du Sénégal ou du littoral mauritanien. Il prêchait le mépris total des richesses, et une discipline rigoureuse ponctuait chaque faute de coups de fouet dont El-Bekri nous fait connaître le nombre tarifé. La discipline communautaire du ribat attira rapidement les âmes simples avides de sainteté ; les conquêtes militaires suivirent. Encore un rêve puritain qui se transforma en empire...

IBN TOUMERT, RÉFORMATEUR ET HOMME D'ÉTAT

La réforme almohade que prêcha Ibn Toumert nous paraît encore plus exemplaire. La personnalité de celui qui se dit aussi mahdi est la mieux connue de celle de ces créateurs d'empire. Bien que ses origines aient été rendues mystérieuses pour faire de ce Berbère un chérif, c'est-à-dire un descendant du Prophète, nous savons qu'il appartenait à une tribu du Sous, celle des Hergha. Grâce à un de ses premiers disciples, El-Baïdaq, qui fut son humble mémorialiste, on

259

suit sa carrière depuis le jour où, déjà célèbre par son zèle religieux et son érudition, il quitta son village pour visiter les grands centres intellectuels de l'islam ; il se rend peut-être à Cordoue et Damas, sûrement à Bagdad, Alexandrie et Tunis. Déjà il prêche la réforme des mœurs avec un zèle et une violence qui mettent parfois en péril sa liberté, sinon sa vie. Il juge prudent de quitter Bougie pour s'établir dans une localité voisine, Mellala, où débute vraiment sa mission. Ibn Toumert y élabore sa doctrine et réunit ses premiers disciples. Le plus cher à son cœur, celui qu'il considère comme l'homme providentiel qui doit lui succéder, est Abd el-Moumen, fils d'un potier de Nédroma (Algérie occidentale). El-Baïdaq nous a laissé le récit émouvant de la désignation du futur calife. Le réformateur proclama un soir, en prenant sa main : "La mission sur laquelle repose la vie de la religion ne triomphera que par Abd el-Moumen ben Ali, le flambeau des Almohades." Celui-ci, en pleurant, dit avec humilité : "O Maître, je n'étais nullement qualifié pour ce rôle, je ne suis qu'un homme qui cherche ce qui pourra effacer ses péchés. – Ce qui te purifiera de tes péchés, répondit Ibn Toumert, ce sera précisément le rôle que tu joueras dans la réforme de ce monde."

Une conversation avec deux pèlerins de l'Atlas qui passaient par Bougie est l'occasion du départ des premiers Almohades vers le Maghreb el-Aqsa. La petite troupe, d'une dizaine de personnes, gagne Marrakech non sans avoir semé la bonne parole et causé quelques troubles dans les villes traversées : Tlemcen, Oujda, Taza, Fès, où Ibn Toumert se fait remarquer par le saccage des magasins des marchands de musique, contre lesquels il semble avoir eu une aversion certaine. Il réitère à Marrakech, brisant à coups de bâton instruments de musique et jarres de vin, pourchassant sous les huées la sœur de l'émir almoravide, qui chevauchait dévoilée dans les rues de la capitale.

Il se proclame alors mahdi et, de retour dans les tribus masmoûda, ses frères de race, il organise solidement la communauté almohade avec un soin et une connaissance des hommes qui font de ce clerc un grand homme d'Etat. Il crée un véritable Etat montagnard, solidement organisé, disposant d'une armée fanatisée chargée de répandre la doctrine almohade jusqu'en Ifriqiya et en Espagne.

Nous retrouvons dans cette réforme la même tendance innée vers le rigorisme moral et la simplicité doctrinale que nous ont révélée tous les schismes et hérésies nés en Berbérie à travers les siècles.

Dans la condamnation absolue des richesses de ce monde et de ses frivolités, c'est la voix d'Ibn Toumert qui tonne, mais elle fait écho à celle non moins véhémente de Tertullien. La lente marche du Berbère vers le Dieu unique semble ici se parachever dans la proclamation de l'unicité absolue de Dieu, dont Ibn Toumert rejette jusqu'aux adjectifs (le Puissant, le Miséricordieux, le Victorieux) que lui donnent les musulmans, parce qu'ils risquent de faire apparaître comme divisible la puissance divine. La conséquence inévitable de la toute-puissance de Dieu ainsi comprise est la prédestination de tous les êtres créés : chacun doit attendre dans la soumission totale ce qui lui a été assigné de toute éternité.

Cette forme de l'islam ne peut qu'être fanatique, elle ne supporte ni relâchement des mœurs, ni relativisme dans le dogme, ni présence d'infidèles.

Ces données concordaient trop bien avec l'intransigeance fondamentale des Berbères pour ne pas aboutir : aussi, sous Abd el-Moumen, le raz-de-marée almohade balaya le Maghreb de toute impureté. C'est alors, semble-t-il, que disparurent les dernières communautés chrétiennes.

Malgré le triomphe du malékisme, on peut s'étonner que l'islam maghrébin soit resté profondément marqué par le rigorisme almohade ; l'explication doit être recherchée plus dans l'âme de ses fidèles que dans le souvenir de cette réforme.

LA RELIGION POPULAIRE

Les Pères de l'Eglise d'Afrique, les grands réformateurs musulmans du Moyen Age atteignirent les sommets de la pensée religieuse, mais la religion populaire, surtout dans les campagnes, s'est toujours accommodée de compromissions avec d'autres croyances non orthodoxes, si profondément ancrées dans les âmes qu'elles ne disparaissent jamais totalement.

Alors que le degré supérieur de la vie religieuse et de la spéculation théologique conduisait à un monothéisme de plus en plus strict dont la doctrine almohade peut être considérée comme l'aboutissement, la religiosité populaire continua à peupler le monde d'entités subalternes.

L'islam admet l'existence de génies *(djennoun)* qui, sous divers noms, connaissent une vie parallèle à celle des hommes. Ils constituent à vrai dire un monde d'une autre dimension, celui qui, de l'autre côté du miroir, est organisé semblablement au nôtre mais en diffère de nature. Ils ont des chefs et des rois, ils se marient, engendrent des enfants et partagent, semble-t-il, nos sentiments. Les uns sont indifférents, certains bienveillants ou amoureux, d'autres méchants ou tout au moins très susceptibles, rouant de coups ou frappant d'un mal mystérieux le malheureux qui les dérange dans leur sommeil ou leur activité.

Nombre de ces *djennoun* dérivent, comme leur nom le laisse deviner, des génies de l'Antiquité et comme eux ils reçoivent, sinon un culte véritable, du moins de nombreuses marques de déférence de la part des humains. Ainsi dans les campagnes sont élevés de modestes sanctuaires (*haouita*, *mzara*) dans lesquels les femmes déposent des poteries votives, elles-mêmes héritières des microcéramiques protohistoriques, des brûle-parfums ou de simples bougies qu'on ne prend pas toujours le soin d'allumer, encore que le feu et la lumière jouent un rôle prépondérant dans ce culte qui n'ose dire son nom. Sur la côte du Sahel, en Tunisie, on invoque les *Radjel el-Bahr* (les "hommes de la mer") en déposant dans une anfractuosité de falaise des bougies ou en creusant tout simplement un trou dans le sable. Plus souvent un trou de rocher, une niche naturelle, le creux d'un tronc d'arbre deviennent des autels rustiques, parfois signalés par le blanchiment des parois à la chaux, pratique déjà connue dans l'Antiquité. Plus simplement encore, on se contente d'attacher des nouets aux rameaux d'un buisson ou aux basses branches d'un arbre hanté par les génies.

Je n'insisterai guère sur cette forme primitive de la religiosité populaire car elle est quasi universelle et ne peut être considérée comme spécifiquement berbère sinon par son archaïque vigueur. Elle s'est maintenue en Afrique du Nord avec plus de constance que dans les autres pays méditerranéens, bien que les lettrés affectent d'ignorer son existence ou estiment qu'il ne s'agit que d'une forme féminine et méprisable de superstitions anciennes.

Le culte des saints, avatar supérieur du culte des ancêtres, s'est maintenu à travers le christianisme et l'islam. C'est à lui que l'on doit la multiplication des koubbas blanches – que les Européens ont appelées marabouts en confondant, si j'ose dire, le contenu et le contenant – qui paraissent inséparables du paysage maghrébin. De structure très simple, non dépourvues d'élégance, elles superposent une coupole à une construction carrée renfermant la tombe d'un personnage vénérable. Généralement, il est possible de retrouver les traces historiques de ce saint dans les traditions orales et parfois dans les textes. A ces koubbas est annexée une salle de prière quand il s'agit d'un créateur de confrérie ou d'un saint particulièrement vénéré.

Mais d'autres marabouts paraissent plus légendaires ; certains possèdent deux ou plusieurs tombeaux (Sidi Abderrhamane bou Ghobrine). Certains sont des saints guérisseurs, d'autres plus spécialisés, comme Lalla Taforalt (Chenoua), sont les garants de la chasteté et de la fidélité des femmes : d'où l'abondante collection de cadenas déposés sur son tombeau, ex-voto laissés par les émigrants.

D'autres marabouts, et ils sont légion, sont de puissants intervenants contre la stérilité féminine…

Mais il est d'autres sanctuaires ruraux dont on n'ose affirmer qu'ils recouvrent réellement une tombe. Ils jouxtent des ruines jugées mystérieuses ou sont construits sur des tumulus protohistoriques qui sont islamisés comme furent christianisés certains menhirs de Bretagne. Dans certains cas, la prudence populaire, soucieuse de ne pas déplaire au personnage, réel ou supposé, dont elle ignore le nom, lui décerne le titre de Sidi el-Mokhfi (Monseigneur l'Inconnu).

Il est enfin des hommes qui, de leur vivant, sont l'objet d'une profonde vénération. Il s'agit de pieux personnages dont la vie est exemplaire. Cette vénération, qui a parfois quelques relents d'anthropolâtrie, est condamnée par les ulémas mais n'est pas spécifique de l'islam maghrébin. D'autres ont tout simplement acquis cette vénération par droit d'héritage, soit parce qu'ils se prétendent chérifs, descendants du Prophète, soit parce qu'ils descendent d'un marabout célèbre dont ils partagent la baraka. La notion de baraka a été galvaudée par la littérature orientaliste et l'argot militaire au point de signifier simplement une chance continue. Elle est, en réalité, comme son nom l'indique, une véritable bénédiction qui marque d'une aura particulière un individu et parfois ses descendants. Cet homme, ainsi marqué et distingué du commun des mortels, peut être thaumaturge, conseiller, protecteur, car la dilection dont il jouit lui crée de graves obligations ; dans les temps troublés, il est l'arbitre naturel et malheur à ceux qui vont à l'encontre de son jugement ! Sa baraka peut rester attachée à son corps après la mort, et donc à son tombeau qui devient lieu d'asile ou centre de pèlerinage parfois important. Ces *moussen* (pèlerinages, dans l'Atlas marocain) ont les plus grandes analogies avec les pardons bretons et jouent le même rôle régulateur dans la cohésion sociale de la région.

Ainsi, tout au long des siècles, la terre berbère baigne dans une profonde religiosité, le sacré diffus dans la nature se concrétise tantôt sur un rocher, tantôt sur un arbre, ou frappe de son sceau un homme, oint du Seigneur. Mais ces manifestations ne sont que de faibles reflets de la toute-puissance du Dieu unique ; les *djennoun*, lointains héritiers des génies et des petits dieux antiques, lui sont aussi étroitement assujettis que les humains : Dieu est Dieu.

PERMANENCE BERBÈRE

L'arabisation de la majeure partie des anciens Berbères n'a pas été un phénomène d'acculturation totale ; dans leurs coutumes, leur langue, leurs manifestations artistiques, les populations du nord de l'Afrique ont conservé, surtout dans les milieux ruraux, bien des caractères antérieurs à l'islam et à l'arabisme.

Il existe une permanence berbère dans laquelle baigne l'ensemble nord-africain. Cette permanence, qui est plus ou moins marquée, ne saurait être présentée comme un facteur dichotomique permettant de séparer artificiellement les "Arabes" et les "Berbères". En fait, même dans les régions où l'isolement géographique aurait pu favoriser un conservatisme très profond, il y eut, au cours des siècles, et particulièrement pendant le nôtre, une interpénétration qui ne fut pas toujours systématiquement à l'avantage des coutumes orientales.

Mais cette permanence berbère, si souvent affirmée, n'est pas toujours évidente, ni limitée aux seuls groupes berbérophones. Elle est à la fois moins absolue et plus étendue que ne l'admettent la plupart des auteurs. En un mot, c'est elle qui fait l'originalité du Maghreb à la fois dans le monde arabe et dans le monde africain.

Permanence ne signifie pas conservatisme absolu. Elle consiste plutôt en un maintien de traditions techniques d'autant plus durables qu'elles sont simples, en certains modes de penser, en des comportements sociaux ou artistiques enracinés dans le tréfonds du Maghrébin et qui resurgissent périodiquement alors que les cultures exotiques semblaient les avoir éliminés depuis longtemps. Les groupes berbères ne sont pas fermés à toute innovation, bien au contraire ils savent parfois les assimiler avec une étonnante rapidité, mais ils savent aussi les conserver, à tel point que bien des produits ou des techniques, dont on peut suivre historiquement l'implantation en Afrique du Nord, sont devenus aujourd'hui authentiquement "berbères".

Le Berbère acquiert volontiers mais abandonne difficilement : c'est ainsi que le Maghreb, surtout celui des montagnes, est devenu un extraordinaire conservatoire de coutumes et de techniques.

Du temps où il existait encore une certaine culture classique, le voyageur ou l'ethnologue étaient irrésistiblement conduits à évoquer, devant les réalités maghrébines les plus profondes, les anciennes cultures méditerranéennes : le village kabyle avec sa djemaa était comparé à Athènes… les marbres du Pentélique en moins ! Plus juste aurait été la mise en parallèle des vies quotidiennes et des matériels du paysan du Djurdjura et de celui de la Grèce la plus archaïque. Mêmes productions agricoles, mêmes instruments, mêmes goûts pour le décor géométrique, même vénération à l'égard des génies de la terre et des eaux, mêmes précautions contre les maléfices, mêmes contes merveilleux dans lesquels l'ogre est toujours berné par l'homme "social" dont l'intelligence, voire la ruse, compense la faiblesse physique.

On ne saurait passer en revue les différentes composantes de cette permanence berbère. Certains archaïsmes ont résisté durant plusieurs millénaires et ne sont même plus signalés tant ils paraissent évidents. Je citerai en premier celui de l'écriture libyque.

LIBYQUE ET TIFINAGH*

Nous avons vu que la langue berbère est, avec la langue éthiopienne qui comme elle appartient au groupe chamito-sémitique, la seule langue africaine à posséder une écriture autonome. L'écriture libyque s'est maintenue jusqu'à nos jours chez les Touaregs ; ils nomment tifinagh ces mêmes caractères, qui ont subi d'inévitables variations.

Voici donc un mode de transcription de la langue qui a survécu à l'usage du punique, du latin, de l'arabe, cela depuis quelque deux millénaires et demi.

Toutes proportions gardées, le maintien des tifinagh est aussi étrange que serait celui de l'alphabet étrusque dans quelques villages écartés de l'Apennin ou celui des runes dans une vallée scandinave.

Bien mieux, cette écriture primitive, étroitement consonantique, n'a jamais servi de support à la moindre littérature. Quand le Berbère s'exprime autrement que dans des épitaphes ou des graffiti amoureux, il le fait en punique au temps des rois numides et maures, en latin au temps d'Apulée ou de saint Augustin, en arabe, en français.

Cette survivance de l'écriture libyque sous sa forme saharienne actuelle est d'autant plus émouvante qu'il s'agit d'une écriture fort ancienne et dont les origines plongent dans la protohistoire.

La question de l'âge des inscriptions libyques a été embrouillée comme à plaisir par le fait qu'il existait dès l'Antiquité non pas un mais plusieurs alphabets libyques : l'oriental, confiné à la Tunisie et à l'actuelle wilaya d'Annaba (Bône), en Algérie, l'occidental, qui couvrait une immense surface jusqu'à l'océan Atlantique et qui, au Maroc, possédait quelques signes inconnus, ailleurs un alphabet saharien ancien (tifinagh anciens) qui différait peu de l'occidental ; enfin les tifinagh "récents", qui appartiennent incontestablement au même groupe que celui auquel doivent être aussi rattachées les inscriptions des îles Canaries. Hormis les tifinagh actuels, seuls les caractères de l'alphabet dit oriental ont pu recevoir une valeur sûre, grâce aux inscriptions bilingues libyco-puniques de Dougga.

Or l'alphabet occidental comprend des signes supplémentaires que l'oriental ignore et les tifinagh sahariens n'ont pas toujours la même valeur que les signes équivalents de l'alphabet oriental.

Le pays d'élection des inscriptions libyques est la Tunisie du Nord-Est et la partie de l'Algérie qui lui est voisine. Ce sont là deux régions massyles, berceau du royaume numide où, nous l'avons vu, la langue et l'écriture libyques demeurèrent longtemps vivantes. C'est à Dougga que se situait la seule inscription libyque formellement datée : celle de la dédicace du temple élevé à la mémoire de Massinissa, en l'an 10 du règne de son fils Micipsa (138 av. J.-C.).

Mais le fait que les inscriptions orientales sont les plus nombreuses et que la seule datée intrinsèquement se compte parmi elles n'entraîne pas obligatoirement l'antériorité de l'alphabet utilisé ici sur ceux utilisés à l'ouest, voire au sud.

Si l'alphabet libyque dérivait directement de l'alphabet phénicien tel qu'il était pratiqué à Utique ou à Carthage, ou si, comme l'avait imprudemment suggéré Meltzer, l'alphabet oriental avait été inventé de toutes pièces par Massinissa, on serait effectivement conduit à considérer cet alphabet de vingt-trois signes comme le prototype dont s'inspirèrent les autres groupes libyques mais, ni l'une ni l'autre de ces hypothèses ne peuvent être retenues.

En fait, il n'est guère possible de fixer les origines de l'écriture libyque. Cet alphabet paraît dériver de prototypes encore inconnus qui donnèrent les alphabets phéniciens et sud-sémitiques. La propagation de l'écriture en Afrique ne se fit pas nécessairement par mer : en Nubie, on a découvert récemment une inscription dont les caractères sont plus proches de ceux de l'alphabet occidental que de ceux de l'alphabet numidique oriental.

En définitive, il ne me paraît pas impossible que l'alphabet oriental "massyle" soit une forme remaniée de l'écriture originelle, au contact de l'écriture punique, alors qu'en dehors du pays massyle les formes anciennes auraient continué à être employées et à évoluer jusqu'aux tifinagh actuels.

ANCIENNETÉ DU LIBYQUE ET DES TIFINAGH

Il est encore plus difficile de dater l'introduction ou la création de cette écriture ; des travaux récents (Camps, 1975) ont montré qu'elle était plus ancienne qu'on ne le pensait. A Dougga même, certains textes sont antérieurs de plusieurs générations à la dédicace datée de 138 av. J.-C. Un vase de Tiddis, renfermant des ossements qui ont été datés par le carbone 14 de 250 av. J.-C., portait sur ses flancs une inscription libyque peinte ; un signe de l'écriture libyque peut être reconnu sur un autre vase de la nécropole de Rachgoun, qui date du VIe siècle av. J.-C., et une inscription pariétale du Yagour (Haut-Atlas marocain) pourrait être plus ancienne encore. Quant aux tifinagh, il est difficile de fixer leur ancienneté en raison de la faiblesse de la chronologie saharienne. Grâce aux fouilles de Bu Ngem en Tripolitaine, on sait que les Garamantes avaient un alphabet particulier au IIe siècle de notre ère et sans doute avant. Dans les nécropoles de Germa (Fezzan), des poteries d'importation datées du Ier siècle av. J.-C. portent gravées à la pointe des lettres libyques. Au cœur du Hoggar, le monument funéraire de Tin Hinan fut construit avec des blocs portant des inscriptions en tifinagh "récents" ; or, ces inscriptions ont été interrompues par le débitage des blocs, elles sont donc antérieures au Ve siècle de notre ère, époque de la construction de ce tombeau. Les tifinagh anciens sont donc bien plus anciens qu'on ne le supposait et paraissent être contemporains des autres écritures libyques du Nord.

UN ART QUI DÉFIE LES SIÈCLES

L'art offre de nombreux et prestigieux exemples de cette permanence berbère que se sont complu à mettre en évidence de nombreux auteurs.

En fait, ce qui a été nommé "art berbère" en Afrique du Nord et au Sahara n'est souvent qu'une forme primitive de décoration issue de techniques élémentaires, se manifestant généralement par des motifs géométriques qu'ont connus la plupart des cultures méditerranéennes à un moment ou à un autre de leur évolution, et plus précisément au début de l'âge du fer. Or, par nombre de ces caractères, l'art "berbère" est resté un art de l'âge du fer.

FORTERESSES DE TERRE ET GRENIERS COLLECTIFS

On serait donc conduit à affirmer que le "berbérisme" ne se manifeste que dans les arts décoratifs ou les arts mineurs. Les seules exceptions sont quelques réalisations architecturales très localisées, telles les grandes *tighremt* (châteaux) en terre et en pierre du Sud marocain. Les plus vieilles *tighremt* avaient fière allure ; elles étaient munies de grandes tours carrées à merlons. Les façades austères étaient égayées par des arcatures en relief et par des décors de forme géométrique dessinés par la saillie des briques en terre crue. Ce décor, parfois très savant, offre de grandes analogies avec celui qui orne les meubles en bois de Grande et Petite Kabylie et aussi avec celui des tissages de toutes sortes, tapis, couvertures et grands sacs *(tellis)* de tous les pays nord-africains, qu'ils soient l'œuvre de sédentaires ou de nomades berbérophones ou arabophones. Ces forteresses fragiles, dont beaucoup sont aujourd'hui en ruine, et d'autres transformées en hôtels de luxe, étaient surtout des demeures de prestige. Elles appartenaient cependant à une société uniquement rurale. Nulle part en Afrique du Nord on ne retrouve de telles constructions, altières et belles, véritables chefs-d'œuvre d'une architecture noble construite avec les matériaux les plus humbles.

Alors que le rouge du pisé domine dans le paysage architectural du Sous et de l'Anti-Atlas, c'est le blanc qui, chez les ibadites du Mzab et de Jerba, tranche sur le bleu profond d'un ciel presque toujours pur. Ici, les formes sont moins hardies, moins farouches, plus douces au regard. Même les angles des constructions, voire des marches d'escalier, s'estompent au fil des siècles sous les innombrables couches de chaux qui, année après année, recouvrent comme un linceul koubbas, maisons, citernes et même, à Jerba et Zarzis, leur impluvium si soigneusement entretenu.

Malgré ces contrastes, plus apparents que réels, nous retrouvons, dans ces régions déjà arides qui bordent, au sud, les terres plus heureuses du Maghreb, les mêmes coutumes d'élever des greniers collectifs généralement fortifiés. Ces vastes constructions, sous des formes et des noms différents : *agadir* dans le Sud marocain, *guelaa* dans l'Aurès, *rhorfa* dans le Sud tunisien, possèdent à l'intérieur d'une enceinte de multiples logettes dans lesquelles les familles peuvent entreposer leurs réserves. Dans les *agadir* de l'Anti-Atlas, ces logettes sont généralement disposées sur trois rangées. Chaque famille en détient une par rangée. Celles de la rangée du milieu, plus à l'abri contre les intempéries que celles du haut et moins facilement atteintes par les rongeurs que celles du bas, seraient les plus recherchées, si cette sage répartition n'évitait tout accaparement. On retrouve, dans cette mesure, l'application du vieux principe égalitaire qui prévaut dans toutes les "républiques" villageoises des pays berbères.

LA POTERIE MODELÉE : ARCHAÏSME DES TECHNIQUES ET DES FORMES

Dans ces pays du Nord, nous choisirons une autre forme d'art, bien plus modeste que l'architecture, mais qui, plus qu'elle sans aucun doute, révèle les caractères propres et la permanence extraordinaire des techniques dans le monde berbère. Il s'agit de la poterie modelée.

Souvent décrite sous le nom restrictif de poterie kabyle, cette céramique garde des caractères très archaïques dans sa fabrication comme dans sa morphologie et son décor.

C'est une production exclusivement rurale, façonnée à l'aide de colombins courts superposés à un fond plat. Ce type de poterie est bien connu, il a existé dans tous les pays méditerranéens avant l'introduction du tour de potier et le développement d'une céramique citadine de caractère industriel. Alors que la poterie tournée éliminait progressivement la céramique modelée tout autour de la Méditerranée, seul le Maghreb conservait, très vivace jusqu'à nos jours, cette technique archaïque.

Confectionnée par les femmes, cette poterie, qui est cuite à feu libre, ou dans une fosse peu profonde, se révèle peu coûteuse et correspond aux besoins familiaux. Aussi ne fait-elle guère l'objet d'un commerce, à l'exception de quelques formes particulières, comme les plateaux en terre micacée des Aït Khellili (Kabylie) qui étaient vendus par les hommes dans les tribus voisines.

A l'archaïsme de la technique, qui est exactement la même que celle qui a donné les poteries des monuments protohistoriques (voir chap. "Des peuples à côté de l'histoire"), correspondent des formes qui rappellent invinciblement celles des poteries des pays méditerranéens de l'âge du bronze et de l'âge du fer, particulièrement celles de Sicile et de la péninsule Italique. Certes, la similitude des formes peut n'être que la conséquence naturelle de l'usage de la même technique. Cependant, des détails, apparemment insignifiants, sont bien trop précis pour être négligés. Tels vases à filtre vertical ouvrant sur un bec en goulotte, connus dans les nécropoles protohistoriques de Gastel (région de Tébessa) et de Magraoua (région de Maktar), sont des formes rares qui ont leurs pendants exacts dans les tombes de la fin de l'âge du bronze de Sicile et du Basilicate. La céramique de l'Aurès possède encore des anses à poucier, inconnues dans le reste du Maghreb, qui sont identiques à celles des poteries du type de la Polada (âge du bronze d'Italie).

La poterie actuelle, comme les vases anciens, présente dans l'ensemble les plus fortes analogies avec les produits de la Sicile préhistorique. De part et d'autre on retrouve des vases à bec tubulaire démunis de col, des vases-biberons qui pourraient être interchangés tant sont semblables les formes et les dimensions. Les anses verseuses, qui sont de longs becs redressés parallèles au col et réunis à lui par un pont, sont très caractéristiques de la poterie modelée maghrébine, et particulièrement des séries kabyles. Il s'agit cependant d'une très vieille forme méditerranéenne connue depuis le Néolithique et qui s'est répandue de l'Asie Mineure à l'Espagne. Les plus proches, dans l'espace, de nos exemplaires kabyles sont ceux de la culture de l'âge du bronze de Thapsos en Sicile. Il en est de même des cruches à large col cylindrique reposant sur une panse de tendance sphérique mais à fond plat ; cette forme, bien représentée en Petite Kabylie, reproduit des vases du Chalcolithique sicilien ; elle est reconnaissable aussi dans la céramique de l'âge du fer italien (Villanovien).

La nécropole de Cassibile (Syracuse), si caractéristique par ses *haouanet* étagées, a livré, parmi d'autres formes banales que l'on retrouve dans toute l'Afrique du Nord, des coupes montées sur de grands pieds, semblables aux *methred* maghrébins. Le revêtement de ces vases d'un enduit résineux, qui se pratique couramment sur la poterie peinte kabyle, parachève la ressemblance.

ANCIENNETÉ DE LA STYLISATION GÉOMÉTRIQUE

Ces remarques sur l'archaïsme des formes et sur la parenté entre la céramique modelée berbère et les poteries anciennes, préhistoriques ou protohistoriques, de la Méditerranée centrale sont encore renforcées par l'examen du décor. Celui-ci est exclusivement géométrique et presque toujours rectilinéaire, mais très varié. Il existe une infinité de styles régionaux qui se subdivisent en faciès locaux, voire familiaux. Seule une longue fréquentation de ces productions artisanales permet de reconnaître, malgré les similitudes apparentes, les principaux styles ; toutefois, on apprend assez vite à ne pas confondre un vase de Msirda (Traras, Oranie) avec un autre du Zerhoun (Maroc) ou du Chenoua (Algérie). Une cruche de l'Aurès sera ornée différemment de celles de Kabylie et, en Kabylie même, il est possible de faire la distinction entre les productions des différents villages.

Il existe des poteries dont les motifs en brun sont peints directement sur la pâte lissée. C'était le cas sur certains vases protohistoriques, ce l'est encore pour les poteries du Sud tunisien et des Nemencha. Plus fréquemment, les vases sont recouverts d'un engobe avant d'être peints. Cet engobe peut être blanc, comme c'est la règle absolue dans la Petite Kabylie, l'Algérie orientale et le nord-ouest de la Tunisie ; elle reste très fréquente ailleurs. Sur cet engobe blanc sont peints les motifs en brun ou en noir. En Grande Kabylie, on emploie concurremment un engobe rouge qui est toujours très soigneusement poli et sur lequel les motifs sont tracés en noir, exceptionnellement en blanc. Dans cette région, on use aussi, pour les grands vases à provisions et les amphores, des deux engobes en réservant préférentiellement le rouge pour le col ; les motifs sont en noir, mais des réserves d'engobe permettent en plus de découper la surface du vase et d'enrichir d'autant la décoration, qui devient polychrome.

Les motifs sont très diversifiés malgré l'apparente monotonie qu'engendre un géométrisme triangulaire triomphant dans toutes les régions. A ma connaissance, seul un canton limité de Petite Kabylie, à l'ouest de Djidjelli, présente, sur ces poteries, en plus du décor géométrique habituel auquel ils s'imbriquent curieusement, des motifs floraux et végétaux. Ce style fleuri paraîtrait une exception inexplicable si un examen plus attentif ne permettait de retrouver, parfois, perdus dans le décor des poteries des autres régions, de petits signes anthropomorphes, animaux ou végétaux. Une étude plus approfondie fait connaître que les motifs géométriques eux-mêmes, aujourd'hui parfaitement abstraits, ne sont que le fruit ou plutôt le résidu d'anciennes figures progressivement desséchées par la schématisation. Ces mêmes motifs géométriques peints sur les vases ou sur les murs, incompris aujourd'hui de ceux et de celles qui les reproduisent traditionnellement, se retrouvent aussi bien dans les tissages et les tatouages. Les noms imagés qui leur sont donnés (le soldat, le papillon, l'œil de l'âne…) révèlent bien leur origine figurative et permettent parfois de leur retrouver une signification primitive.

Il paraît inutile d'insister sur la filiation directe entre les décors des poteries protohistoriques et ceux d'aujourd'hui. Il existe des vases qui sont encore actuellement décorés dans le style de Tiddis (IIIᵉ siècle av. J.-C.). Non seulement les motifs sont identiques, mais aussi la composition, le découpage de l'espace et l'équilibre des représentations. Quelle ne fut pas ma surprise de retrouver, sur une assiette peinte en 1955 dans le nord de l'Ouarsenis, le décor gravé sur coquilles d'œufs d'autruche puniques datant du IVᵉ siècle avant notre ère !

Mais l'ancienneté des motifs géométriques, plus grande encore en Orient qu'au Maghreb, ne doit pas être exagérée car, contrairement à ce qu'on pourrait croire, la schématisation géométrique, qui transforme une silhouette humaine en diabolo, un oiseau en triangle, un arbre en arête de poisson, n'est pas le résultat d'une longue évolution. Un petit vase découvert à Tiddis montre comment cette schématisation s'opère quasi instantanément. Ce vase est décoré sobrement d'une frise d'oiseaux disposée entre deux filets. La potière a commencé par figurer trois canards bien reconnaissables qui cèdent bientôt la place à des triangles munis d'appendices représentant la tête et le bec ; ces appendices ne deviennent ensuite que de simples crochets.

ORIGINES MÉDITERRANÉENNES DE LA POTERIE MODELÉE ET PEINTE

Ces décors, qui paraissent comme autant de rébus, font partie du très vieux patrimoine artistique des populations berbères du Nord. On a longtemps méconnu l'existence d'une céramique peinte archaïque et il est vraisemblable que la très grande ressemblance entre les productions anciennes et modernes a dû faire négliger ou rejeter les premières. Cependant, certains ethnologues et archéologues (Mac Iver, Van Gennep, Chantre) n'avaient pu s'empêcher d'établir les parallèles qui s'imposaient entre la céramique modelée peinte d'Afrique du Nord et les belles productions préhistoriques et protohistoriques de la Méditerranée et de l'Orient. Dans ces différents ensembles stylistiques, formes et décors offraient trop de ressemblances pour que ne s'imposât pas l'idée d'une filiation. Chypre surtout, dans son style géométrique, présentait la plus grande parenté avec les produits céramiques de Berbérie ; or des relations avaient été établies entre cette île et l'Afrique du Nord puisque des Chypriotes comptaient parmi les fondateurs de Carthage.

Cette hypothèse souvent proposée, mais jamais étayée par une étude complète des différentes séries de poteries, fut vivement combattue. Il semblait préférable à E. G. Gobert, par exemple, de croire que ces céramiques, séparées dans le temps et dans l'espace, présentaient de curieuses convergences nées de l'usage de mêmes techniques, dans le façonnage comme dans la décoration ; il ne s'agissait donc que de ressemblances fortuites.

Cette position n'est plus défendable depuis la découverte de poteries peintes dans les monuments funéraires nord-africains d'âge protohistorique. La recension des différentes poteries peintes datant de quelques siècles avant le début de notre ère m'a permis, dès 1956, d'associer l'introduction de la technique de la céramique peinte à d'autres traits culturels originaires de la Méditerranée orientale et centrale.

On ne saurait affirmer que la céramique nord-africaine tire ses origines de telle ou telle production caractéristique d'une région ou d'une culture particulière. Mais, plus qu'à une influence chypriote directe, j'aurais tendance à accorder un intérêt particulier, en raison des ressemblances très fortes et de la proximité géographique, aux poteries du début de l'âge des métaux de Sicile et plus particulièrement à celles du style de Castelluccio (1800-1400 av. J.-C.), qui s'est étendu à la totalité de l'île et a été imité à Malte. Des styles plus tardifs de Pantalica, Thapsos, Cassibile, à la fin de l'âge du bronze, peuvent également être placés aux origines de la poterie peinte berbère. On ne peut, non plus, négliger le triomphe du décor géométrique sur les poteries de l'Italie méridionale à l'âge du fer.

Or, ces styles céramiques, qui se ressemblent tant de part et d'autre du détroit de Sicile, ne sont pas les seuls traits culturels dénonçant les très anciennes relations entre la Péninsule et les îles italiennes et les régions orientales de l'Afrique du Nord. Le phénomène le plus riche d'enseignement, après la très ancienne exportation de l'obsidienne insulaire en Afrique et l'introduction, par la même voie, des dolmens et monuments mégalithiques apparentés, est l'existence, dans le nord de la Tunisie et en Algérie orientale, des mêmes petits hypogées qu'en Sicile. Ces tombes cubiques, creusées à flanc de falaise, renferment précisément, en Sicile, les différents styles de poterie (Castelluccio, Cassibile) que nous avons reconnus comme pouvant être raisonnablement à l'origine de la céramique modelée et peinte maghrébine.

Une autre observation vient étayer encore plus sûrement l'origine méditerranéenne de cette céramique. On est surpris par sa très curieuse répartition qui ne semble obéir à aucun impératif géographique ou ethnique. Elle n'est pas liée à une forme de climat, puisqu'on la trouve aussi bien dans la région subdésertique du Sud tunisien

(Tatahouine, Médenine) que dans la région la plus arrosée du Maghreb (Babors et Mogods) ; cette poterie est fabriquée aussi bien par des montagnards (Aurès, Kabylie, Rif) que par des gens des plaines (Aïn Beïda), par des berbérophones (Kabyles, Aurasiens, Rifains) que par des arabophones (nord de la Tunisie, Algérie orientale, Traras en Oranie). Cependant, tous les centres de production se situent au nord d'une ligne qui, partie du Sud tunisien (Tatahouine, Douz), passe au sud des Nemencha (Négrine) et de l'Aurès, puis remonte au nord du Hodna pour suivre le rebord méridional de l'Atlas tellien en Algérie occidentale et atteindre l'Atlantique après avoir englobé le petit massif du Zerhoun au nord-ouest de Meknès. Cette limite ainsi tracée correspond curieusement au limes romain du IIIᵉ siècle, au moment où la domination romaine atteignit son maximum d'extension en Afrique. La coïncidence ne peut être le fait du hasard : poterie modelée peinte et domination romaine sont deux phénomènes méditerranéens qui tous deux atteignirent le désert en Berbérie orientale mais négligèrent les plaines atlantiques et les grands massifs marocains.

Ainsi, présente dans les régions très diverses où l'influence culturelle de la Méditerranée fut toujours prédominante, la céramique modelée et peinte du Maghreb ne mériterait guère le qualificatif de berbère, et encore moins de kabyle, puisqu'une grande partie des berbérophones l'ignorent au Maroc et au Sahara, et que, ailleurs, elle est aussi produite par des groupes arabisés depuis très longtemps. Elle est, cependant, le symbole vivant d'un conservatisme technique et esthétique nord-africain qui plonge ses racines dans les siècles antérieurs à l'Histoire. C'est donc un exemple de "permanence berbère".

Le travail du bois, surtout par sa sculpture en champlevé, et les innombrables tissages répondent aux mêmes règles esthétiques et offrent un intérêt aussi grand pour notre propos, mais leur analyse nous entraînerait dans des développements qui dépasseraient le cadre de cette étude. Nous retiendrons cependant le cas assez surprenant des coffres kabyles. Ce sont des meubles imposants de forme très simple : une grande caisse de 2 m ou plus de longueur sur 0,60 à 0,70 m de largeur reposant sur des pieds massifs et hauts. Ces meubles, les seuls des demeures kabyles, avaient de multiples usages. En principe, ils servaient, comme tous les coffres, à ranger les vêtements, les bijoux et les réserves les plus précieuses (pour lesquelles un coffret interne est aménagé), voire le fusil et des armes blanches. Bref, tout ce qui mérite d'être mis à l'abri du regard. Ces biens, ainsi enfermés, sont d'autant mieux protégés que les dimensions et la robustesse du coffre permettent au chef de famille soupçonneux de dormir sur le couvercle, qui est d'une seule pièce et fort lourd.

Ces coffres, qui sont spécifiques du pays kabyle, doivent surtout leur intérêt au décor qui orne leur devant et les faces visibles des pieds. Le décor, lié à une forme originale dont l'austérité convient au goût moderne, explique l'engouement qu'ont connu ces meubles auprès de nombreux Européens.

Bien que strictement géométrique, le décor des coffres diffère considérablement de celui des poteries. Alors que la forme même des vases entraîne une mise en page horizontale, les motifs se répartissant entre des registres successifs, la longue façade rectangulaire des coffres appelle une organisation verticale du décor. Cette composition s'impose d'autant plus facilement que les éléments décoratifs sont souvent constitués de petits panneaux cloués sur la caisse. Il n'est donc pas étonnant que le décor sculpté des coffres, renforcé par des clous à tête saillante, prenne un aspect architectural totalement inconnu sur les poteries, dont les thèmes se rapprochent beaucoup plus des motifs du tissage. Cette impression est encore renforcée par la présence, sur le devant des coffres, d'arcatures parfois couronnées d'une frise de denticules ou de damiers, et par une composition équilibrée, symétrique. Les mêmes motifs et le même esprit triomphent dans le décor des portes en bois sculpté.

Pour tracer les motifs de cette sculpture en champlevé, l'artisan kabyle utilise le compas, instrument totalement ignoré des potières maghrébines. Sont ainsi tracées sur le bois les différentes rosaces dont le motif le plus fréquent est l'hexagramme à six pétales. Un autre motif moins commun, et plus spécifiquement berbère, est la croix équilatérale boulée inscrite dans un réseau curviligne qui épouse ses contours. Malgré l'aspect roman de la sculpture de nombreux coffres, il serait vain de rechercher en ce motif quelque souvenir du passé chrétien des Berbères, car cette croix "kabyle" se retrouve sur les rochers du Haut-Atlas et de l'Anti-Atlas, gravée, un millénaire peut-être avant notre ère, à côté de représentations d'armes de l'âge du bronze.

Ces deux motifs, l'hexagramme et la croix boulée, sont de précieux et nouveaux témoignages de cette incoercible permanence stylistique du monde berbère. L'Antiquité tardive nous a laissé sur les pierres des basiliques chrétiennes une série de motifs sculptés qui étaient dédaignés à l'époque classique : hexagrammes, rosaces diverses, chevrons, denticules, damiers, dents-de-loup et bâtons brisés, qui se retrouvent aujourd'hui identiques sur le bois des coffres et des portes kabyles.

Ainsi, comme le décor de la poterie modelée et bien qu'il s'en différencie, le décor sur bois, œuvre masculine, se révèle très archaïque, mais son inspiration est plus citadine, plus savante. Or les coffres eux-mêmes qui servent de supports à cette décoration sont des témoins aussi vénérables. Ils sont souvent en cèdre et ceux qui ont subsisté jusqu'à nous peuvent être très anciens. Mais si nous n'avions à notre disposition, pour les dater, que l'archaïsme de leur décor ou de leur forme, on ne pourrait que s'interroger sur leur âge et leur origine véritables. Une fois de plus l'archéologie vient témoigner de cette permanence : le musée du Bardo à Tunis présente deux coffres en cèdre ayant servi de cercueil, trouvés dans des tombes puniques à Ksour es-Saf (Sahel) et à Gightis, en face de Jerba. Par leur forme et leurs dimensions, ces coffres sont identiques aux meubles kabyles. Le "style kabyle" a plus de deux mille ans d'existence !

UN TRAVAIL DE "FORGERON" : L'ORFÈVRERIE TOUAREG

Les produits de l'orfèvrerie traditionnelle nous permettent de saisir d'autres aspects de l'archaïsme et du conservatisme techniques.

Il faut mettre à part l'orfèvrerie touareg qui, dans ses formes comme dans ses décors, reste confinée dans un géométrisme rectilinéaire des plus stricts, ce qui donne à ses parures, aussi bien masculines que féminines, un aspect assez agressif. Les objets, qui sont essentiellement des pendeloques, étuis à talisman et bagues, ont des contours anguleux. Utilisant des planés d'argent ou de maillechort qu'ils découpent à la cisaille et gravent au ciselet, les "forgerons" (c'est sous ce nom que sont désignés tous ceux qui travaillent le métal) ne font guère preuve d'imagination, sauf dans la fabrication de cadenas en fer et laiton richement ornés.

Ces cadenas à corps rectangulaire sont ouverts par une ou plusieurs clés elles-mêmes ornées. Ce type de cadenas, qui est également connu des Berbères du Sud marocain, est d'origine très ancienne. Il était répandu dans le monde musulman au Moyen Age et semble avoir été déjà connu dans l'Antiquité. Les femmes de la noblesse touareg avaient pris l'habitude d'attacher à une extrémité de leur voile la clé du cadenas qui fermait le grand sac à provisions en peau d'antilope. De cette pratique est né un objet destiné uniquement à la parure et qui fut nommé clé de voile *(asarou ouan afer)*.

Œuvres d'art autant qu'objets utilitaires, les pinces à écharde sont portées par les femmes suspendues au cou ; elles peuvent être confondues avec un bijou car le corps est développé latéralement et reçoit les appendices anguleux chers à l'orfèvrerie touareg. Les hommes ont un nécessaire (*iremdan*, plus connu sous le nom arabe de *menguech*), porté dans un étui de cuir, comprenant l'inévitable pince à écharde, une lame effilée et un poinçon. Comme le portefeuille, la boîte à talisman, les amulettes, ce nécessaire est également porté suspendu au cou par un cordonnet de cuir.

Hormis ces objets utilitaires, auxquels on peut ajouter les petits marteaux en cuivre destinés à casser les pains de sucre, le catalogue des formes de bijoux, comme celui des motifs, est vite dressé car ces objets de parure ignorent tout mode d'agrafage et ne se portent que suspendus, attachés ou passés au doigt ou au bras. En raison même de sa nature primitive, il est difficile de démêler les origines de cette orfèvrerie touareg dans laquelle un apport africain s'est surajouté à un fonds "berbère" et somme toute peu méditerranéen.

Plus riches sont les bijoux et parures du Maghreb rural. Dans toutes les campagnes et montagnes, les parures, qui atteignent parfois des dimensions gigantesques, sont en argent, remplacé parfois à l'époque contemporaine par du métal blanc, maillechort ou autre alliage dont l'éclat compense la médiocre qualité. Longtemps, les bijoutiers se contentèrent de fondre des monnaies d'argent pour obtenir la quantité de métal nécessaire, mais plus fréquemment encore on refondait d'anciens bijoux en récupérant les cabochons de corail, de pierres semi-précieuses et de verroterie. Cette pratique constante a empêché la conservation des bijoux anciens. Cependant, la technique s'étant fidèlement maintenue, les bijoux conservent, tout comme les poteries, les tissages et les meubles en bois, un aspect très archaïque.

A la suite des travaux de H. Camps-Fabrer, on peut facilement reconnaître dans l'orfèvrerie maghrébine deux grands ensembles techniques qui donnent des produits assez différents, bien que le fonds soit commun : ce sont la bijouterie moulée et à découpage ajouré et la bijouterie émaillée. La première est connue partout, elle est, peut-on dire, panmaghrébine ; la seconde, au contraire, est très étroitement limitée à quelques minuscules cantons quand ce n'est pas à un groupe de villages spécialisés. Au XIXe siècle et dans la première moitié du XXe, l'orfèvrerie émaillée était pratiquée en Kabylie chez les Aït Yenni, en Tunisie dans le bourg de Moknine et dans l'île de Jerba, au Maroc dans l'Anti-Atlas et plus précisément à Tiznit. Actuellement, les ateliers de Moknine et de Jerba ont cessé de produire ces bijoux, et la production a considérablement diminué au Maroc. Seule la Kabylie maintient, difficilement, la fabrication de bijoux émaillés.

LES BIJOUX MOULÉS ET AJOURÉS : UN HÉRITAGE
DE L'ANTIQUITÉ

Les bijoux moulés ne sont pas sans caractère. Presque partout au Maghreb ils furent l'œuvre d'artisans juifs qui circulaient dans le pays et parfois suivaient les nomades dans leurs déplacements. Cette absence d'ateliers fixes explique en partie la très grande unité de cette production, mais, comme pour la poterie et les tissages, il est possible de reconnaître sinon des styles, du moins des régions où les bijoux sont plus typés qu'ailleurs. Il faut ajouter qu'il est difficile, dans cette orfèvrerie archaïque aux techniques simples, de faire le partage entre ce qui peut dépendre d'un vieux fonds berbère et les apports bédouins plus récents. C'est dans l'Aurès qu'il est possible de reconnaître les aspects les plus caractéristiques de cette orfèvrerie.

Les formes de bijoux sont très variées : en plus des colliers, bracelets, chevillères et boucles d'oreilles qui sont des parures du corps, on reconnaît plusieurs types de fibules portées par paire sur le vêtement et de broches circulaires. Ces bijoux sont, pour la plupart, faits au moule. En plus des motifs venus de fonte, le bijoutier peut faire usage de l'incision, et parfois de l'estampage à l'aide d'un poinçon gravé. Dans certains cas, le décor est mati sur plomb, ce qui permet d'obtenir des motifs en relief, comme sur les boîtes à amulettes. Le filigrane est le plus souvent un fil torsadé et soudé sur le plané ; il est assez répandu dans les bijoux aurasiens. Des touches de couleur sont données par des cabochons et des perles en verroterie rouge ou verte.

Le trait le plus caractéristique est la fréquence et la longueur de fines chaînettes qui pendent des colliers tours de cou, des jugulaires et des boucles d'oreilles. Ces chaînettes portent des pendeloques de formes diverses parmi lesquelles il est possible de reconnaître des silhouettes anthropomorphes très schématisées, des mains, des croissants et des disques, des motifs oblongs dits "graines de melons", mais qui sont identiques aux "pendeloques-poignards" de la protohistoire européenne. Effectivement, ces chaînettes et leurs pendeloques évoquent irrésistiblement les parures de la fin de l'âge du bronze et du premier âge du fer, mais celles-ci n'ont jamais complètement disparu de l'orfèvrerie antique et reparaissent même avec une certaine vigueur au Bas-Empire et chez les Byzantins. Or, c'est précisément à une technique bien connue de l'orfèvrerie gréco-romaine, l'*opus interrasile*, que se rattache un autre mode de décoration des bijoux aurasiens et sud-tunisiens. Il consiste à découper et à ajourer le plané d'argent de façon à faire apparaître des motifs très délicats, le plus souvent géométriques, mais aussi fréquemment inspirés du monde végétal, voire animal. Dans le Sud tunisien, l'*opus interrasile* n'hésite pas à figurer, par le découpage rehaussé d'incisions, des oiseaux et des poissons qui paraissent copiés sur des bijoux antiques ou sur les bas-reliefs des basiliques chrétiennes.

L'ORFÈVRERIE ÉMAILLÉE, BARBARE ET BERBÈRE

L'orfèvrerie émaillée, dont nous avons vu la curieuse localisation, appartient à un autre monde artistique.

Que ce soit dans le Sud marocain ou en Grande Kabylie, cette orfèvrerie ne présente pas, cependant, de différences fondamentales dans ses formes de bijoux avec les produits de l'autre technique. Elle est toutefois plus variée. Parmi les formes spécifiques, il faut signaler, dans le Sud marocain, ces énormes perles de la taille d'un œuf, qui s'intercalent dans les parures de poitrine entre les grandes fibules à tête triangulaire. Ces œufs, dont la valeur prophylactique est indéniable, remplacent les boîtes à amulettes quadrangulaires des parures kabyles. Autre forme originale, le grand diadème qui s'accroche au foulard et qui prend, en Kabylie, des dimensions exagérées. Il est, dans cette région, constitué de plaques émaillées réunies par plusieurs rangées de bossettes fixées à des chaînes. Les colliers, boucles d'oreilles et bracelets sont bien plus nombreux et variés. Il en est de même des pendeloques, qui ne sont plus de simples découpes de plané mais de vrais bijoux indépendants ayant un volume et un décor de granules et de filigranes. Ce sont des "feuilles de chêne", des étoiles, des mains, et des *tabuqalt* (petits vases).

Dans l'ensemble, ces bijoux sont de dimensions nettement plus grandes que ceux de la première série ; les fibules ont une tête toujours triangulaire démesurément élargie, les broches circulaires de Kabylie *(tabzimt)* ont un diamètre atteignant 15 cm et pèsent jusqu'à 800 g, or elles sont toujours en argent d'un excellent titre.

Dans l'orfèvrerie kabyle, le corail occupe une place importante ; les parties les plus épaisses servent de cabochons, sertis sur toutes sortes de bijoux. Perforés dans le sens de la longueur, les brins deviennent des perles tubulaires et des pendeloques.

Mais la grande originalité réside, bien entendu, dans l'émaillage. Cette opération est précédée de la soudure de filigranes torsadés ou de fils épais qui compartimentent le décor. Dans les espaces ainsi cloisonnés sont déposées des poudres d'émaux différentes : jaune, vert et bleu, puis le bijou est placé dans le foyer de charbon, que l'artisan active à l'aide d'un soufflet ou d'un chalumeau. A Moknine et à Jerba, où l'argent est souvent doré, l'émail rouge est également utilisé. Dans le Sud marocain et à Moknine, des pierres semi-précieuses et de la verroterie remplacent le corail.

Ainsi, chaque centre de production d'orfèvrerie émaillée a son originalité propre, mais ils ont en commun, en plus de la technique de l'émaillage, les formes de bijoux et les agencements de parures qui constituent le fonds même de toute l'orfèvrerie berbère du Nord. Cependant, par la lourdeur des formes, les contrastes violents des couleurs des émaux, la composition des décors, cette bijouterie est incontestablement plus "barbare" que l'orfèvrerie moulée et découpée. Or nous ne trouvons pas, dans les époques antiques, de bijoux semblables en Afrique du Nord avant l'arrivée des Vandales.

Effectivement, la bijouterie kabyle et celle des centres moins importants du Sud marocain et de Tunisie appartiennent à la grande famille des orfèvreries cloisonnées ou filigranées émaillées qui, apparue en Orient, connut son plein développement en Europe dans les royaumes barbares : franc, lombard, wisigothique, du haut Moyen Age. Les Vandales, autre peuple germain, ont donc pu introduire cette technique en Afrique. Mais il paraît difficile de croire que les Vandales, peu nombreux et dont la domination fut limitée à la partie orientale de l'Afrique romaine pendant tout juste un siècle, eurent assez d'influence pour que cette technique ait pu se maintenir en des régions (Kabylie, Anti-Atlas) qui échappèrent totalement à leur contrôle.

Ainsi plusieurs auteurs, G. Marçais, D. Jacques-Meunié et H. Camps-Fabrer, tout en ne rejetant pas une première introduction à l'époque vandale, ont songé à une nouvelle pénétration à la fois plus récente et plus massive. Tout près du Maghreb, en effet, s'est maintenue chez les musulmans d'Espagne une orfèvrerie filigranée émaillée qui a pu servir de modèle aux productions africaines. Chez les Naçrides de Grenade, entre le XIIIᵉ et le XVᵉ siècle, cette orfèvrerie donna de véritables chefs-d'œuvre, comme l'épée dite de Boabdil. Postérieurement, l'art mudéjar se maintint jusqu'à l'expulsion définitive des Morisques au début du XVIIᵉ siècle. Ceux-ci vinrent, sous le nom d'Andalous, s'établir dans les régions littorales du Maghreb. Leur arrivée se fit par vagues successives, depuis l'achèvement de la Reconquête jusqu'aux expulsions de 1609-1614, qui amenèrent en Afrique plus de 200 000 personnes. Or nous savons qu'au Maroc des Andalous s'établirent à l'intérieur des terres, jusqu'à Marrakech et Taroudant aux portes de l'Atlas ; en Algérie centrale, ils constituèrent une partie notable de la population d'Alger et de Bougie, de part et d'autre de la Grande Kabylie. En Tunisie, les villes de Tunis, Sousse et Mahdia en reçurent en grand nombre.

Il est donc tentant de leur attribuer l'introduction, ou la réintroduction, au Maghreb d'une technique que les Wisigoths avaient fait connaître à l'Espagne et que les Arabes avaient maintenue et enrichie au cours des siècles.

Au Maroc et en Tunisie, l'orfèvrerie émaillée, comme tout le travail des métaux précieux, était aux mains des juifs. Ceux-ci auraient été les intermédiaires entre orfèvres andalous, eux-mêmes juifs pour la plupart, et la clientèle maghrébine. Mais ce rôle est plus difficile à admettre en Kabylie, où ce sont les Kabyles eux-mêmes qui, actuellement, fabriquent leurs bijoux. Ce ne fut cependant pas toujours le cas ; dans certaines tribus, comme celle des Aït Khiar, il y eut des orfèvres juifs, et la spécialisation des Aït Yenni ne semble guère antérieure à deux siècles et paraît avoir été provoquée par l'installation d'artisans Beni Abbas, venus de Petite Kabylie, qui étaient eux-mêmes en relations suivies avec Bougie.

Quoi qu'il en soit, l'émail filigrané, étranger à l'Afrique du Nord, semble bien avoir été introduit d'Espagne à partir du XVIe siècle. D'abord citadine, comme tout apport étranger, cette technique s'est ruralisée et perpétuée en pays berbère alors que la mode changeait dans les villes, moins conservatrices.

Et voilà comment, par une étrange aberration de l'Histoire, une technique orientale, née quelque part dans le nord de l'Iran, véhiculée à travers les plaines européennes par les Germains, a survécu pendant plusieurs siècles dans l'Extrême-Occident ibérique avant de pénétrer, à l'époque moderne, en Afrique du Nord. Par leur technique comme par leur somptuosité barbare, ces bijoux restent, en plein XXe siècle, des œuvres médiévales.

Plus étrange encore est la totale intégration, en un temps relativement court, d'une technique qui fut successivement sassanide, wisigothique, mudéjare avant de devenir authentiquement "berbère". En cela encore, la permanence berbère semble surtout faite d'une incroyable perméabilité aux apports extérieurs, mais ceux-ci sont d'autant plus facilement acceptés qu'ils subissent une véritable assimilation qui donne aux produits achevés une touche berbère aussi indéfinissable qu'indéniable.

LE POUVOIR SANS L'ÉTAT

Il n'y a pas un type de société berbère, mais, parmi les nombreuses formes politiques que les Berbères connaissent ou ont connues au cours des siècles, la plus caractéristique, et la plus répandue chez les sédentaires, est une sorte de république villageoise. Le caractère rural de ces institutions politiques est indéniable.

LA RÉPUBLIQUE VILLAGEOISE EN KABYLIE

Dans le village, le pouvoir de décision appartient à la djemaa, assemblée du peuple où seuls, traditionnellement, les *amghar* (anciens, chefs de famille) ont le droit de prendre la parole. Il s'agit donc d'une démocratie de principe, mais limitée dans les faits. Dans le village, deux ou trois familles emportent toujours la décision en contrôlant l'opinion grâce à un jeu subtil de relations, de pressions ou de références historiques. De plus, le maintien de liens puissants entre les membres de la famille élargie assure le regroupement des habitations par quartiers ou par hameaux qui conservent jalousement leur autonomie à l'intérieur de la communauté.

Le village kabyle, dont l'organisation est la mieux connue, n'est lui-même qu'une fraction de la tribu, généralement désignée par une filiation artificielle. On dit : les Aït Yenni, les Aït Iraten, les Aït Menguellet. La djemaa siège dans un bâtiment collectif précédé d'une place, véritable agora en miniature où se rassemblent les hommes et même les adolescents. La réunion commence par la récitation de quelques sourates du Coran par le plus âgé des hommes influents ou par le cheikh, représentant de la famille maraboutique qui s'est agrégée à chaque tribu kabyle. Traditionnellement, après cette sacralisation, se déroulent quelques morceaux de bravoure où la faconde et l'éloquence méditerranéennes se donnent libre cours. Progressivement, les développements passent des généralités aux faits précis qui font l'objet du débat. Celui-ci peut durer fort longtemps. Le plus souvent, la décision est obtenue soit par acquiescements individuels soit par acclamations plus ou moins spontanées.

Ces décisions s'étendent à la totalité de la vie communale. Cour de justice, la djemaa prononçait les sentences, fixait les amendes pour chaque délit ou condamnait au bannissement, réglait les litiges entre voisins têtus ou héritiers querelleurs. Conseil municipal, la même assemblée fixait l'assiette des contributions dans les temps de soumission, décidait des travaux d'intérêt collectif, réduits au strict minimum. Cour souveraine, la djemaa déterminait les relations avec l'extérieur, celles avec les villages appartenant à la même tribu, celles avec les "étrangers", c'est-à-dire les autres tribus kabyles, les Arabes, puis les conquérants turcs et français.

La djemaa prenait également des décisions touchant à la vie quotidienne ou saisonnière ; elle fixait la date du début des labours et celle de la moisson. Plus importante encore était la date de la récolte des figues ; des exécrations épouvantables étaient édictées à l'encontre de ceux qui contreviendraient à cette décision. Il y a, dans cette proclamation solennelle, l'affirmation d'un pouvoir collectif encore mal dégagé de son caractère sacré primitif, mais nous y trouvons, en fait, les prémices de la démocratie.

L'ORGANISATION MUNICIPALE DE DOUGGA AU IIᵉ siècle AV. J.-C.

A un niveau supérieur se situent des organisations municipales plus développées, à la tête des rares villes africaines qui ne furent pas des créations de conquérants étrangers.

Le cas le plus intéressant, parce qu'il est le plus ancien, est celui de la puissante cité numide de Thugga (Dougga, Tunisie), l'une des principales villes du royaume de Massinissa. Plusieurs inscriptions bilingues, libyque et punique, donnent une image assez précise du gouvernement municipal à l'époque du roi Micipsa. Il y avait un conseil des citoyens, au nom duquel fut dédicacé le temple de Massinissa en 138 av. J.-C. Le principal personnage de la cité est un roi annuel (*aguellid* en libyque, MMLKT en punique) qui porte le même titre que le souverain des Numides. Sa fonction est annuelle puisqu'il donne son nom à l'année, mais il peut être réélu. Viennent ensuite deux magistrats qui portent le titre de "chef des Cent" (MUSN en libyque et RBT M'T en punique). Ces deux magistrats évoquent les suffètes de Carthage, mais la traduction punique s'oppose totalement à cette assimilation. J. Février les considère comme des présidents du conseil. Sous les deux MUSN un autre magistrat porte le nom libyque de MSKU, fonction qui n'a certainement pas d'équivalent dans l'organisation municipale des villes phéniciennes puisque le texte punique ne fait que transcrire ce nom sans le traduire.

Aussi mystérieuses sont les fonctions de GZB et de GLDGMIL, dont les noms ne sont pas traduits en punique mais simplement transcrits. Pour le second, J. Février propose d'y voir la mention d'un chef des prêtres, c'est-à-dire du grand prêtre.

L'intérêt des inscriptions de Dougga est de révéler une organisation qui semble, donc, devoir peu aux Phéniciens. Les principales villes numides recevront cependant, sous les descendants de Massinissa, une administration calquée sur les institutions puniques ; nombreuses seront celles gouvernées par deux suffètes, encore à l'époque romaine. Mais certaines d'entre elles, Maktar, Althiburos, Tuburnica et Thugga, auront encore sous la domination romaine trois suffètes. A Calama, une inscription d'époque romaine cite en même temps deux suffètes et un *princeps* qui paraît bien être l'équivalent du "roi" de Thugga.

On est sûr que les villes avaient à leur tête, en plus de magistrats, un conseil formé par les principaux chefs de famille ou même une assemblée du peuple qui détenait la souveraineté locale. Ces villes, qui ne sont pas toutes d'origine phénicienne, étaient jalouses de leur souveraineté ; sous les rois et encore pendant le premier siècle de domination romaine, elles battaient monnaie. Le caractère municipal des monnaies de certaines cités comme Lixus et Tanger est précisé par la mention des *balim* (citoyens) qui en avaient ordonné la frappe.

LA RÉPUBLIQUE THÉOCRATIQUE MZABITE

Nous choisirons, dans les Temps modernes, un autre type de république citadine, fondée cette fois sur une théocratie héritée de traditions médiévales.

Les cinq villes du Mzab (Sahara algérien) sont les ultimes héritières de la souveraineté ibadite issue du kharedjisme. Ces cinq villes, qui sont Ghardaïa, Mélika, Beni Isguen, Bou Noura et El-Atteuf, ont une histoire complexe. Elles ont été fondées au cours du XIe siècle par les ibadites après la destruction du royaume rostémite de Tahert. Ceux-ci s'étaient d'abord réfugiés à Sedrata (région d'Ouargla), mais dès ce moment un groupe à la fois plus téméraire, mais aussi plus prudent, avait fait élection de la région désolée de l'oued Mzab. L'occupation fut, au début, assez anarchique, semble-t-il, puisque chacune des cités de l'actuelle pentapole, sauf Ghardaïa, est née de la fusion de plusieurs villages. Les ibadites du Mzab furent bientôt renforcés par l'arrivée de ceux de Sedrata, détruite en 1078, puis par des apports isolés venus des autres communautés ibadites de Jerba et du djebel Nefoussa. Farouchement attachés à leur foi, les Mzabites firent de leurs villes des forteresses religieuses. Ils interdirent l'accès des sanctuaires et des quartiers religieux aux malékites. C'est la raison pour laquelle les marchés, zones par essence profanes et impures que fréquentaient les voisins non ibadites, comme les Arabes chaamba, sont toujours situés à l'extérieur de l'enceinte. La ville, jalousement retranchée, est dominée par le minaret de la mosquée. A Ghardaïa, la mosquée, cœur de la ville, est située au centre du quartier le plus ancien, actuellement délimité par une rue dont le parcours en ellipse est la fidèle réplique de la première enceinte.

Les Mzabites surent sauvegarder leur indépendance ; ils conservèrent, en partie, le gouvernement théocratique qui avait été celui du royaume de Tahert. Ils ne possédèrent plus d'imam, souverain en principe électif, puisque chaque ville se gouverna elle-même, mais, comme dans l'ancien royaume, le pouvoir était concentré entre les mains d'un conseil de clercs, les *azzab* et les *tolba*. Cette djemaa théocratique disait le droit, définissait les conventions d'alliance et les traités, sanctionnait tout manquement à la doctrine et aux mœurs. Mais, comme les tribunaux ecclésiastiques de l'Occident médiéval, la djemaa des *tolba* confiait l'exécution de ses règlements au pouvoir séculier constitué en djemaa des anciens (djemaa des *awan*). Celle-ci, qui avait à connaître du monde extérieur, siégeait sur la place du marché, sous la présidence d'un *hakim*, dont les fonctions de police et de surveillance du marché ne sont pas sans rappeler celles d'un prévôt des marchands. Quant au cadi, successeur des anciens gouverneurs *(mesayh)*, il exerçait des responsabilités très lourdes puisqu'il joignait à ses fonctions de juge celles de chef de l'administration municipale. Il n'est pas étonnant que sa nomination dépendît de la djemaa des *tolba*, qui était seule autorisée à modifier les règlements.

Ainsi, sous une apparence de pouvoir bicéphale partagé entre les deux djemaas, l'autorité réelle se trouvait concentrée entre les mains des clercs. Mais comme dans l'ensemble du monde berbère, des phénomènes de compensation corrigeaient cet autoritarisme mêlé de fanatisme ; ainsi, les policiers constituaient une autre djemaa, celle dite des *mekari*, véritable syndicat qui s'éleva parfois contre le pouvoir des *tolba*. De plus, dans la cité, d'autres clivages venaient tempérer l'autorité cléricale. Comme tous les groupes berbères, les Mzabites étaient divisés en çoffs hostiles les uns aux autres et auxquels s'agrégeaient même les tribus nomades voisines n'appartenant pas à la communauté ibadite.

Occupée par ses problèmes internes, soucieuse de survivre, parfois déchirée par de sanglantes rivalités, la république villageoise ou citadine n'est pas le fondement du pouvoir. Celui-ci appartient à un regroupement plus important, tribu ou confédération. Ce sont ces groupements qui, au cours des siècles, tentèrent régulièrement de constituer des Etats.

Nous prendrons, comme exemple de ces organisations tribales, la puissante confédération des Aït 'Atta dans le sud-est du Maroc. Certains auteurs, à la suite de D. M. Hart, les considèrent comme constituant une "super-tribu", compte tenu du fait que tous les groupes qui la composent se réclament d'un ancêtre commun, Dadda 'Atta, qui périt en combattant les Arabes nomades. Cette confédération existait dès le XVIe siècle, et peut-être antérieurement puisque certaines traditions font de Dadda 'Atta le disciple de Sidi Saïd Ahansal, qui vécut au XIIIe siècle.

Les Aït 'Atta sont des Sanhadja venus du Sahara et qui ont progressivement pénétré dans les vallées du Haut-Atlas (Aït n'Oumalou). Actuellement, le massif désolé du Sagho est le centre du pays Aït 'Atta, mais de nombreuses fractions (les Aït 'Atta du Sahara) sont disséminées dans le Tafilalet, le Draa, le Zig et le Dadès. D'autres groupes ont traversé l'Atlas et gagné le nord jusqu'au voisinage de Meknès.

Essentiellement nomades, les Aït 'Atta vivent de leurs troupeaux de moutons et, au sud, de chameaux. Ils exercent une sorte de domination ou, plus exactement, ils accordent leur "protection" *(raïa)* aux cultivateurs des palmeraies : en échange, les Aït 'Atta recevaient 1/14 puis 1/31 des récoltes. Les Aït 'Atta furent de rudes guerriers, en lutte ouverte avec la plupart de leurs voisins, en particulier avec les Arabes mâqil et, au XVIIIᵉ siècle, avec le puissant groupe berbère des Aït Yafelman. Ils furent les derniers à accepter la tutelle du sultan, et leur soumission aux troupes franco-chérifiennes ne date que de 1934. On estime leur nombre total à quelque 200 000 âmes.

L'organisation politique repose sur deux piliers. Le premier est une sorte de district fédéral, espace sacré *(horm)* appelé Tafraout n'Aït 'Atta dans le jbel Sagho. A Igherm-Amazdar se tenait leur cour suprême, l'*istinaf* ; à Tini-Ourcham étaient conservés l'étendard rouge des Aït 'Atta et un document sur peau de chameau où étaient inscrites les divisions en cinq *khoms* de l'ensemble des tribus.

Ces *khoms* sont précisément le second pilier d'une organisation politique particulièrement complexe. Loin de constituer des subdivisions territoriales, les *khoms* sont des segments prétendument lignagers dont certains ont absorbé, par cooptation, des tribus "étrangères" ; le cas le plus caractéristique est celui des Beni Mhamed, tribu arabe inféodée au *khoms* des Aït Ounebgui. Les groupes constitutifs d'un *khoms* peuvent donc être très éloignés les uns des autres et mêlés à ceux d'autres *khoms*.

La confédération avait un chef suprême, l'*amghar n'Ufella*, c'est-à-dire le chef d'En-Haut. Sa désignation, jusqu'en 1926, était un chef-d'œuvre d'équilibre politique. Ce chef était élu chaque année dans un *khoms* différent, mais les électeurs appartenaient aux quatre autres *khoms*, qui ne pouvaient, cette année-là, fournir de candidat. Ce système complexe, à la fois rotatif et alternant, permettait, théoriquement, d'échapper à la pression que pouvaient exercer, à l'intérieur des *khoms*, les clans les plus puissants en faveur des candidats de leur lignage.

A l'intérieur des *khoms*, chaque groupe ou tribu élisait démocratiquement un *cheikh el-am* qui gouvernait avec l'assistance d'un conseil composé, suivant les tribus, soit de notables et d'anciens, soit de l'ensemble des hommes pubères.

Cette organisation segmentaire quinaire n'est pas un cas unique dans la vie politique berbère. D. M. Hart, dans le seul Maroc, en signale plusieurs applications, chez les Aït Ouriaghel du Rif ou chez les Doukkalas de la plaine atlantique. Dans la partie de la Maurétanie Césarienne qui correspond à l'actuelle Kabylie, il existait, dans le dernier tiers du IIIᵉ siècle, une puissante confédération que les historiens romains et les inscriptions officielles nomment *Quinquegentiani*. Il ne s'agit pas d'un nom berbère déformé, mais d'une appellation administrative désignant collectivement cinq tribus *(quinque gentes)*. Nous connaissons d'ailleurs approximativement le nom des tribus qui constituaient ce regroupement. Cette fédération avait donc de fortes chances, comme le pense L. Galand, d'être organisée suivant un système de *khoms* comparable à celui des Aït 'Atta. On peut à ce sujet rappeler une légende, rapportée par Boulifa, selon laquelle les Kabyles se considèrent comme les descendants des cinq fils d'un géant. Les cinq tribus issues de ces frères formèrent plus tard la fédération zouaoua.

CONFÉDÉRATIONS NUMIDES ET MAURES

Durant l'Antiquité, et encore plus au Moyen Age, on peut reconnaître l'existence de ces puissantes tribus qui souvent en contrôlent d'autres et prennent la tête de fédérations.

Les exemples ne manquent pas : ainsi, entre la Tunisie et l'Algérie actuelles, s'était développée au sein du royaume numide une force tribale importante le long du fleuve Muthul (oued Mellègue), les Musulames. Ceux-ci, rendus célèbres par la révolte de Tacfarinas, au temps de l'empereur Tibère, virent leur territoire d'abord réduit par la colonisation romaine puis délimité soigneusement : ce territoire reste encore très vaste, il s'étend de Madaure à Théveste, de Hammaedara à la haute vallée de l'oued Meskiana. Les territoires des municipes et colonies de Hammaedara, Thala, Madaure et Théveste furent constitués aux dépens des Musulames.

Presque aussi vaste était le territoire d'une autre confédération numide moins connue, les Misiciri, qui occupait la zone forestière et montagneuse au nord de la Medjerda, sur les confins algéro-tunisiens. Grâce à trois inscriptions latines et soixante-deux inscriptions libyques, il est possible de reconnaître dans le territoire des Misiciri (MSKRH en libyque) des groupes qui se nomment respectivement les NBIBH (peut-être les Nababes, dont le nom est connu ailleurs), les NNDRMH, dont le nom rappelle celui de Nédroma (Oranie), les CRMMH, les NSFH et les NFZIH. Ainsi, les Misiciri se répartissaient eux aussi, semble-t-il, en cinq clans ou tribus. Nouvel élément à verser au dossier d'une possible et ancienne organisation par cinq des super-tribus et confédérations berbères.

Les Maurétanies, où l'organisation tribale résista plus facilement et plus longuement aux modifications apportées par la romanisation, connaissent des regroupements encore plus importants. Tels sont les Bavares, qu'on trouve mentionnés en de nombreuses régions de Césarienne, au point que j'ai pensé reconnaître au moins deux groupes situés l'un dans les monts Babors (qui leur doivent vraisemblablement leur nom) aux confins de la Numidie et de la Maurétanie, l'autre dans les massifs littoraux de l'ouest-oranais, tout près de la Moulouya qui, nous dit un écrivain latin du Vᵉ siècle, Julius Honorius, les séparait des Baquates de Maurétanie Tingitane. Il y avait d'autres groupes bavares isolés, comme ceux d'Algérie centrale (inscription de Manliana et citation d'Ammien Marcellin). Cette dispersion a fait croire au nomadisme des Bavares ; j'ai soutenu une opinion contraire. Le nom des Bavares est toujours mentionné dans des régions de montagne de tout temps occupées par des sédentaires (Babor, Traras, Ouarsenis).

Les Bavares de l'Est nous sont connus par plusieurs dédicaces de gouverneurs romains. Lors de la grande révolte maure de 253-262, ils inquiétèrent aussi bien la région de Sétif que la partie occidentale de la Numidie. Vers 255, au cours d'une véritable bataille, trois de leurs rois furent tués. Quelques années plus tard, ils envahissent le nord de la Numidie, sous la conduite de quatre rois. Il y avait donc plusieurs tribus, peut-être cinq sinon plus, groupées dans une puissante confédération.

Quant à ceux de l'Ouest, ils sont les plus anciennement nommés, peut-être déjà dans une inscription de Volubilis qui date du milieu du IIe siècle, et c'est à eux que pensent encore des écrivains tardifs comme Julius Honorius, qui les situe au voisinage de la Maurétanie Tingitane.

Entre 222 et 235, sous le principat d'Alexandre Sévère, les Bavares forment avec les Baquates une seule *gens* : et ce sont les Bavares qui ont la primauté dans cette association.

Nous pouvons suivre l'évolution politique de cette tribu des Baquates grâce à une importante série de documents épigraphiques trouvés à Volubilis et qui font état de rencontres périodiques entre les gouverneurs de Maurétanie Tingitane et les chefs de ce groupe. Les écrivains, les itinéraires officiels et les cosmographies citent fréquemment, en déformant parfois leur nom, les Baquates, qu'il est tentant de situer quelque part à l'est et au sud de Volubilis. Ce qui expliquerait leur alliance tantôt avec les Bavares d'Oranie, tantôt avec les Macénites du Moyen

Atlas, avec lesquels ils formèrent une confédération ; on ne sait si ce sont les mêmes Baquates qui, entre 117 et 122, avaient fait une incursion à Ténès (Algérie) : une base de statue découverte dans cette ville commémore la résistance victorieuse de la cité. Tous les autres documents plus récents les situent en Maurétanie Tingitane.

Au cours de la seconde moitié du IIIe siècle, non seulement les Baquates sont cités seuls sur les autels de Volubilis, mais on apprend que le chef de la tribu, après avoir reçu la citoyenneté romaine entre 245 et 249, est qualifié de roi. Ainsi, en 277, Julius Nuffuzi, fils du roi Julius Matif, signe non plus un traité de paix mais une véritable alliance (*foedarata pax*) avec le gouverneur romain. Un autre fait révèle l'ascension de la tribu baquate et de la famille dominante : le roi ne participe pas aux négociations, comme l'avaient fait ses prédécesseurs, il y délègue son fils, et, lorsque trois ans plus tard une confirmation du pacte nécessite une nouvelle rencontre, Julius Nuffuzi, ayant succédé à son père, se fait représenter auprès du gouverneur par son frère Julius Mirzi.

A une échelle encore plus vaste, le Moyen Age a connu des progressions semblables. Des tribus qui se mettent au service d'une cause, comme les Ketama et autres groupes sanhadja des Takalta, arrivent à établir un ou plusieurs royaumes : Zirides et Hammadites, qui finissent même par rejeter la cause religieuse dont ils avaient été les champions.

Presque tous les royaumes éphémères de l'histoire si complexe du Maghreb médiéval ont à la fois des assises religieuses et tribales.

L'époque contemporaine connaît encore de tels orga-
nismes tribaux renfermant dans leurs structures des
potentialités d'Etat. C'est le cas de la société touareg, particulièrement celle des Ihaggaren, qui ont donné leur nom
(Ahaggar, Hoggar) au pays qu'ils occupent.

Cette société possède un territoire immense que l'on
nomme, comme l'insigne du pouvoir, l'*ettebel* (ou *tobol*),
qui est une sorte de grand tambour à caisse hémisphé-
rique. Ainsi existe-t-il le tobol des Kel Rela, qui est le
plus important et qui se confond pratiquement avec celui
des Kel Ahaggar (gens du Hoggar), le tobol des Tedjéhé
Mellet, aujourd'hui réduits à fort peu de chose et atteignant le niveau d'une simple chefferie de tribu appauvrie.

Les Touaregs du Hoggar sont divisés en deux classes.
La première est la classe aristocratique des Imouhar, composée de plusieurs lignages suzerains. Parmi eux, les Kel
Rela, qui se disent descendants par filiation utérine d'un
ancêtre féminin, Tin Hinan, détiennent le tobol. C'est chez
eux qu'est toujours choisi l'aménokal, chef suprême.

L'autre classe est précisément celle des tributaires, les
Imrad, qui sont appelés aussi Kel Oulli (les "gens de
chèvres" par opposition aux nobles, méharistes). Les
Imrad constituent de nombreuses tribus *(taousit)*, qui, à
l'inverse de celles des Imuhagh, ont une assise territoriale. Dans l'organisation socioéconomique traditionnelle,
ce sont en fait les Imrad qui assurent la survie des nobles ;
ceux-ci les appellent collectivement *tameskit* : la nourriture. Les Imrad sont des hommes libres, ils ont très souvent participé aux expéditions guerrières et constituent
même l'essentiel de la force armée du tobol.

Parmi ces tributaires, il faut distinguer, selon M. Gast,
deux états à peine sensibles pour l'observateur étranger.

Certaines tribus sont issues des populations anciennement soumises par les Ihaggaren et méritent pleinement le nom d'Imrad (vassaux). Tels sont les Dag Rali, qui occupent l'Atakor, région la plus élevée du Hoggar, les Aït Loaïen et les Kel Ahnet.

D'autres tribus, comme les Iseqqamarènes, ne reconnaissent pas formellement leur statut de tributaires et déclarent ne pas payer l'impôt *(tiousé)* sous la contrainte ; en revanche, ils offrent à l'aménokal l'équivalent sous forme de dons qui manifestent leur allégeance. Ces subtilités de langage reflètent des différences d'ordre historique : les premiers Imrad sont des vaincus, des assujettis ; les seconds sont des groupes intégrés récemment à l'ethnie touareg.

Mêlées à ces deux classes, d'autres catégories sociales complètent la société des Kel Ahaggar. Les artisans, forgerons-bijoutiers, constituent une case assez fermée pratiquant l'endogamie. Ils vivent avec les nomades dans les campements et de préférence dans celui de l'aménokal. Les artisans représentent moins de 2 % de la population. Les esclaves, devenus, grâce à une révolution linguistique, des "serviteurs", n'ont jamais été très nombreux. Fils d'esclaves ou razziés au Soudan, ils étaient bergers, domestiques ou jardiniers. Les *tolba*, sachant l'arabe et se disant *chorfa* (descendants du Prophète), venus du Touat ou de la lointaine Saguiet el-Hamra, assurent un minimum d'enseignement religieux et vivent des dons en nature que leur offrent nomades et cultivateurs.

Ces derniers, les cultivateurs, constituent en fait une société parallèle non véritablement intégrée à l'organisation sociopolitique des Ihaggaren qui les ont fait venir du Touat au XIXe siècle pour mettre en culture certaines vallées périphériques. Dans le régime ancien, les jardiniers avaient le statut du *khamès*, c'est-à-dire qu'ils ne conservaient que le cinquième de la récolte. Ils obtinrent ensuite des contrats de métayers, puis une nouvelle amélioration de leur statut leur accorda l'usufruit des terres nouvelles qu'ils mettaient en culture en créant une *fogarra*, drain souterrain permettant l'irrigation. Finalement, ils sont devenus propriétaires de plein droit de toutes les terres qu'ils cultivent. Ils sont aujourd'hui plus riches et plus nombreux que les anciens suzerains.

Cette société très fortement hiérarchisée, organisée au seul profit d'un groupe conquérant, paraît très différente de celle des groupes berbères du Nord. Elle a, à sa tête, l'aménokal, suzerain qui a bien des caractères d'un monarque féodal et qui pourrait avoir conservé les pouvoirs des rois paléoberbères. Il reçoit le tribut annuel *(tiousé)* des vassaux, il perçoit des droits sur les caravanes étrangères qui traversent le territoire, il prélève une part du butin lors des rezzous effectués par les Imrad (mais non sur celui des nobles), enfin, les cultivateurs lui versent une redevance. De plus, l'aménokal a l'usufruit du Trésor public ; celui-ci est constitué par le troupeau du tobol, qui est inaliénable et s'enrichit des biens tombés en déshérence.

Il a charge de répartir, généreusement, la plus grande partie de ces produits et dons en nature. L'aménokal est donc physiquement la sauvegarde de la société touareg. Pour gouverner et rendre la justice, il s'entoure d'un conseil qui n'a aucun statut défini, cercle restreint de parents et d'amis. Les femmes nobles, qui jouissent d'une grande liberté et de beaucoup de considération, sont également consultées par lui et souvent écoutées.

L'aménokal convoque en une sorte de plaid, au son du tobol, l'assemblée des hommes libres, nobles et vassaux, en âge de porter les armes. De cette assemblée du *populus* émane véritablement le pouvoir. Chacun a le droit de prendre la parole et, fort adroitement, l'aménokal accorde la plus grande attention aux propos des *amghar* (chefs) des tribus vassales. Il peut même s'appuyer sur eux pour contrebalancer l'autorité que pourrait prendre tel ou tel de ses parents, rival toujours latent puisqu'il a droit au commandement.

Une telle société étonnamment archaïque, d'essence guerrière, n'a pu résister aux perturbations introduites par l'irruption de systèmes politiques et économiques nouveaux. La décadence, pour ne pas dire la déchéance, des nobles touaregs est d'autant plus impressionnante que les Imuhagh faisaient trembler, il y a moins d'un siècle, le Sahara tout entier. Elle fut la conséquence directe de la conquête française. La mainmise européenne sur le Maghreb et sur l'Afrique noire (Soudan et Sahel) provoqua un affaiblissement du commerce caravanier : or celui-ci constituait une double source de revenus pour les Touaregs. Ils prélevaient, en effet, divers droits de passage ou de protection et organisaient de fructueux rezzous aux dépens des commerçants.

La conquête militaire du Sahara rendit ensuite impossible toute entreprise de razzia tandis que les cultivateurs s'émancipaient progressivement. Aussi, à la veille des indépendances africaines, en 1960, les Touaregs du Hoggar ne connaissaient plus que trois sources de revenus : leurs troupeaux de chèvres et de chameaux qui pâturaient surtout dans le Sahel, les prélèvements sur la production des jardins et un petit commerce du sel extrait de l'Amadror (nord-est du Hoggar) et échangé contre du mil au Niger. A leur tour, ces trois ressources se sont en grande partie épuisées. Depuis l'indépendance, et en vertu des principes socialistes, les jardiniers, devenus propriétaires, ne servent plus de redevances. Le sel de l'Amadror, concurrencé par la production industrielle, a tant perdu de sa valeur marchande que le troc n'est plus rentable ; les troupeaux, enfin, sont réduits, pratiquement, au seul et pauvre cheptel caprin demeuré au Hoggar. La grande richesse en chameaux et même en bœufs que possédaient les Kel Rela dans le lointain Tamesna, au Niger, a disparu. Il y eut d'abord les tracasseries administratives que les jeunes Etats, jaloux de leur souveraineté, opposèrent de part et d'autre d'une frontière que les nomades sahariens n'avaient jamais reconnue ; il y eut ensuite la terrible et longue sécheresse du Sahel au cours des années 1970-1977, qui fit évanouir les derniers troupeaux, souvenirs décharnés d'une ancienne domination.

Bey, l'aménokal des Kel Ahaggar, qui avait connu, au cours des dernières années de sa vie, le statut paradoxal de "roi" des Touaregs et de député à l'Assemblée nationale d'une République démocratique et populaire, est mort en juin 1975. Il n'a pas été remplacé. Les Touaregs n'ont plus d'aménokal, les Touaregs ne sont plus… ou du moins ils deviennent autres. Après avoir longtemps dédaigné l'école, les métiers manuels et l'argent, après avoir paradé la *takouba* (épée) au côté, les Imuhagh, après les Imrad et longtemps après les cultivateurs et les "forgerons", ont fini par accepter la dure loi commune du travail et du salaire.

L'ANARCHIE ÉQUILIBRÉE

L'observation de la société berbère, sous sa forme villageoise ou sous celle de la tribu, donne l'impression, quelles que soient ses variations, d'une très grande continuité que seuls les bouleversements économiques de l'époque contemporaine sont arrivés à entamer. Les Etats maghrébins qui se sont constitués au cours de l'Histoire ne jouissent, au contraire, d'aucune stabilité et ne connaissent généralement qu'une faible durée.

LA MONARCHIE IMPOSSIBLE

Ainsi, au début des temps historiques, ce que l'on peut deviner des tentatives d'organisation étatique dans les royaumes numide et maures ne donne qu'une fâcheuse impression d'improvisations constantes ou d'alignements sur des modèles étrangers. Au Moyen Age, les convulsions des royaumes et empires musulmans donnent le vertige. Ces embryons d'Etats ne sont que des assemblages de tribus et de territoires qui ne durent que tant qu'ils s'agrandissent : le reflux suit immédiatement le flux. Un observateur aussi perspicace qu'Ibn Khaldoun avait dénoncé cette incapacité des Maghrébins à constituer des Etats stables. Une première génération assure les fondations, combien fragiles, du futur royaume, la seconde fait la grandeur de l'empire, obtient l'allégeance de principautés lointaines que la troisième, amollie par le luxe, est incapable de retenir dans ses mains devenues débiles. Certes, tous les royaumes du Moyen Age ne répondent pas exactement à cette vision pessimiste, mais il est vrai que la décadence et la chute de ces Etats, qui ne méritent guère cette appellation, survient d'autant plus vite que l'extension est rapide : cela vient de ce que ces Etats n'ont, le plus souvent, aucune assise territoriale.

Tout se passe comme si le Berbère, une fois sorti de son cadre municipal ou tribal, était incapable de concevoir l'Etat organisé, et cependant les grands hommes d'Etat, rois, sultans et vizirs n'ont pas manqué dans l'histoire de l'Afrique du Nord.

L'une des principales raisons de la faiblesse des Etats, en pays berbère, réside dans les règles ou l'absence de règles de transmission du pouvoir. Le principe de l'hérédité patrilinéaire, qui nous semble aller de soi parce que nous sommes les fils de la monarchie capétienne, n'est pas un principe originel de la société berbère. Il n'apparaît que lorsque l'Etat tend à s'organiser sur des bases plus stables.

Prenons l'exemple de la dynastie numide des Massyles. Les prédécesseurs de Massinissa ne se succèdent pas de père en fils. Il semble, en effet, que le pouvoir royal était en quelque sorte la propriété de la famille massyle et qu'il se transmettait, de manière irrégulière, à l'aîné des agnats. Ainsi, le roi Gaïa, père de Massinissa, n'était pas fils de roi et, quand il mourut vers 207-206, ce fut son frère Oezalcès qui fut proclamé roi. A la mort, rapidement survenue, d'Oezalcès, l'aîné des agnats était son propre fils, Capussa, qui devint roi. Ce ne fut qu'à la mort de Capussa que Massinissa, fils de roi, fit valoir ses droits contre le jeune Lacumazès, frère de Capussa.

Après le long règne de Massinissa, la famille massyle reste détentrice du pouvoir et cependant on assiste à un curieux partage entre ses successeurs. Par la volonté de Rome, semble-t-il, les trois fils de Massinissa se partagent l'autorité : Micipsa, l'aîné, eut la haute main sur le gouvernement civil, Gulussa eut le commandement des armées, et Mastanabal le pouvoir judiciaire, mais, comme le montrent les inscriptions de Cirta, les trois frères sont rois. Il n'est pas impossible que, dans son souci de réduire la puissance numide, Scipion Emilien se soit inspiré d'une organisation triumvirale traditionnelle du pouvoir. Nous avons vu, en effet, que plusieurs cités numides étaient gouvernées par trois suffètes, contrairement à la législation carthaginoise qui n'en connaît que deux.

Micipsa, qui devait survivre à ses frères puînés, rétablit l'unité du pouvoir royal, mais, à sa mort, il abandonne de nouveau le royaume à trois héritiers, ses deux fils Adherbal et Hiempsal et son neveu Jugurtha, qu'il avait adopté, bien que ce fils de Mastanabal ait eu pour mère une concubine.

Dans la pensée du vieux roi, seule la royauté devait être partagée et non le royaume. En fait, faute de pouvoir s'entendre, les trois rois décidèrent de se partager le trésor et le territoire. L'assassinat d'Hiempsal ayant réduit à deux le nombre des héritiers, Jugurtha reçut la Numidie occidentale, c'est-à-dire l'ancienne Masaesylie, et Adherbal conserva la partie orientale, la Massylie, avec Cirta pour capitale. On sait que la réunification du royaume par Jugurtha ne fut qu'éphémère et qu'il fut contraint, pour obtenir son alliance, de céder la Masaesylie à son beau-père Bocchus, roi des Maures. Une fois Jugurtha livré à Sylla par ce même Bocchus, son demi-frère Gauda devint roi d'une Numidie réduite à sa partie orientale. Désormais Bocchus et ses successeurs règnent sur les Numides de l'Ouest, bientôt assimilés aux Maures.

Ce qui restait du royaume numide ne réussit pas à sauvegarder son unité ; dès la mort de Gauda, deux royaumes semblent avoir existé, celui de Massinissa II et celui d'Hiempsal II, de qui hérita Juba Ier, dernier roi de Numidie.

Si, de Gaïa à Juba Ier, la transmission du pouvoir est aussi hésitante, c'est que le royaume numide, malgré les très longs règnes de Massinissa (cinquante-six années) et de Micipsa (trente années), ne reposait sur aucune institution stable. Le pouvoir royal lui-même ne semble pas véritablement défini puisqu'il peut être partagé. On y reconnaît d'abord un système archaïque, d'origine tribale, qui fait de ce pouvoir une propriété familiale ; on y reconnaît aussi des éléments magico-religieux qui peuvent appartenir à plusieurs personnes à la fois, on y trouve enfin l'autorité vacillante d'un suzerain de caractère militaire, s'imposant par la force et la vaillance personnelle, accessoirement par le prestige paternel, à des chefs de tribus jaloux de leur indépendance.

Nous ne connaissons pas suffisamment l'organisation des royaumes berbéro-chrétiens de la fin de l'Antiquité pour tenter de définir comment s'exerçait et se transmettait le pouvoir. Les royaumes et empires du Moyen Age musulman ont connu de multiples institutions, y compris la monarchie élective dans quelques émirats kharedjites. Certaines étaient directement issues de l'organisation interne de la tribu suzeraine, d'autres étaient calquées sur le califat. La transmission du pouvoir semble bien avoir été toujours le point faible de ces Etats, bien que la succession de père en fils (mais pas nécessairement le fils aîné) ait eu tendance à l'emporter, d'autant plus qu'une ascendance chérifienne était souvent à l'origine du pouvoir.

Même aux époques récentes, la transmission patrilinéaire n'est pas l'institution qui prévaut obligatoirement. Chez les beys de Tunis, d'origine turque il est vrai, le pouvoir était transmis au fils aîné du bey qui avait le plus anciennement régné. Ce système, compliqué, l'est cependant bien moins que celui qui permet de désigner l'aménokal touareg. Il faut que celui-ci ait droit au commandement (*ettebel* ou *tobol*), c'est-à-dire qu'il descende de Tin Hinan par les femmes, en descendance matrilinéaire. En théorie, les chefs sont donc choisis parmi les fils de ces femmes, suivant l'ordre d'ancienneté. Mais cette transmission n'est nullement automatique, car l'aménokal est élu par les Imuhagh et les chefs des tribus vassales. Cette assemblée, véritable source du pouvoir comme nous l'avons dit, choisit, parmi les prétendants, celui qu'elle juge le plus apte à sauvegarder le tobol. L'opportunisme politique vient donc corriger les règles d'une succession hasardeuse.

TRIBUS MAGHZENS ET PAYS DE DISSIDENCE

Si les Etats paraissent fragiles, les tribus qui les constituent sont elles-mêmes constamment remodelées au gré des associations, adoptions, alliances et fluctuations politiques diverses. Cependant, des collectivités entières vont changer facilement de nom et de qualificatif ethnique : durant l'Antiquité une part importante des Numides, puis tous les Africains non romanisés, deviennent des Maures ; au Moyen Age, la plupart des Zénètes s'arabisent de langue et de nom ; dans les Temps modernes, le mouvement s'accentue.

Le fractionnement ne peut être que source d'affaiblissement pour le pouvoir politique dans la mesure où celui-ci, incapable d'organiser ses propres forces, doit s'appuyer sur une tribu ou une confédération. Dans les Temps modernes, les Turcs, en Algérie et Tunisie, les Alaouites, au Maroc, tentèrent de structurer cette forme d'administration. Il y eut des tribus fidèles qui jouissaient de privilèges ou de franchises fiscales et qui assuraient la police et la perception des impôts. Ce furent les tribus maghzens (gouvernementales). Au Maroc, où le contraste est plus marqué entre les pays berbérophones des montagnes et la plaine arabisée, s'instaura la notion de pays maghzen, où s'exerçait l'autorité pleine et entière du sultan. La zone de *siba* (dissidence) était celle dont l'administration échappait au sultan, bien que les principaux chefs traditionnels se reconnussent ses vassaux. Pays maghzen et pays de *siba* n'avaient aucune limite stable ; au gré des conflits tribaux, la *siba* s'étendait jusqu'au voisinage de Fez et de Meknès ou se réduisait aux plus hauts bastions des pays brabers.

La reconnaissance de tribus maghzens n'est pas un fait récent dans l'histoire politique de l'Afrique du Nord. Les empires berbères des XIe et XIIe siècles disposaient d'une organisation analogue. Antérieurement, la dynastie fatimide avait à son service des tribus sanhadja des Tekalta, et particulièrement les Ketama. En remontant au-delà des temps romains, le royaume numide semble bien avoir connu un système semblable puisque des tribus portent, comme les Musuni et les Suburbures, le qualificatif *regiani*, ce qui laisse entendre que ces collectivités se distinguaient des autres tribus par des liens particuliers avec le pouvoir royal.

ÇOFFS, LEFFS ET ALLIANCES

Entre les tribus et le pouvoir politique d'un Etat qui n'arrive pas à se consolider interviennent d'autres clivages qui ont joué un rôle non négligeable dans l'histoire de l'Afrique du Nord et, si on accepte l'expression, quelque peu stabilisé l'anarchie. Ce sont les *çoffs*, appelés *leffs* au

Maroc. Deux mots arabes (ils signifient, respectivement, "file" et "enveloppe") qui désignent une structure sociale qui n'existe pas seulement chez les Berbères.

Les tribus ne restent pas, en effet, isolées ; la plupart adhèrent à des sortes de ligues (les çoffs) qui se révèlent d'une grande permanence. Mais il faut préciser que les fractions d'une même tribu peuvent appartenir à des çoffs différents. Ils répondent à des clivages socio-politiques dont l'origine se perd dans la nuit des temps, mais qui sont ravivés périodiquement par des conflits internes ou externes des Etats. Dans le Sud tunisien, il existait traditionnellement deux çoffs qui ont joué un rôle historique important. Ils étendaient leurs ramifications à la Tunisie du Nord, au Constantinois et à la Tripolitaine. Ce sont le çoff Cheddad et le çoff Youssef. On serait tenté de rechercher si cette partition n'est pas d'origine ethnique et ne repose pas sur une opposition entre Berbères et Arabes. Certains le prétendent et font du çoff Youssef le clan arabe et du çoff Cheddad celui des Berbères, mais cette dichotomie ethno-sociologique ne résiste pas à l'analyse : dans le djebel Nefousa, la tribu arabe des M'hamid donne des chefs aux deux çoffs rivaux, et les Nouails, d'autres Arabes, appartiennent au çoff Cheddad. En Tunisie méridionale, suivant A. Martel qui a réparti les fractions d'après leur appartenance aux çoffs, ce serait le çoff Cheddad qui regrouperait le plus d'Arabes alors que le çoff Youssef aurait une dominante berbère.

Ce clivage d'origine incertaine rejoue automatiquement à chaque crise ; ainsi, au XVIIIe siècle, à la suite de la révolte d'Ali Pacha contre le bey Hussein (1729) et des troubles qui subsistèrent jusqu'en 1756, les Tunisiens se divisèrent en deux çoffs : les Bachia, partisans d'Ali Pacha, et les Hassinia, partisans d'Hussein. Dans le Sud, le çoff Cheddad fit cause commune avec les Bachia, tandis que les Hassinia se recrutaient parmi les Youssef. En Algérie orientale, le clan des Ben Gana, qui avait rallié Touggourt, les Laarba et les Hanencha s'appuyaient sur le clan Youssef ; leurs adversaires, les Bou Okkaz que suivirent les Chaamba, les Troud, les oasis de Temacine et d'El-Oued recevaient le concours des Cheddad. Vers l'est, ce même clivage gagne, par des alliances de proche en proche, les régions du Fezzan et des Syrtes où le clan des Ouled Sliman et celui d'El-Fogghi étaient dans la mouvance du çoff Cheddad, alors que les çoffs Maghara et El-Behar étaient alliés aux Youssef. Ainsi, de la grande Syrte à Ouargla, deux grands regroupements s'opposaient traditionnellement et continûment sur toutes les questions politiques.

Tous les çoffs n'ont pas l'étendue et le rayonnement de ceux du Sud tunisien ; en Kabylie, les çoffs regroupent des tribus mais divisent parfois les villages.

Au Maroc, les leffs ont les mêmes caractères et la même importance sociale ; comme les çoffs, ils établissent des clivages horizontaux à travers les fédérations et tribus, regroupant fractions et grandes familles dans des alliances parfois plus durables que les structures initiales.

Ces alliances sont confirmées par des pactes de *tata*, qui établissent entre les tribus ou les fractions des liens de parenté fictive. Cette parenté est affirmée par des gestes symboliques, en particulier celui de la colactation ; au cours d'un repas de communion est consommé du couscous arrosé de lait de femme, au même moment les femmes qui allaitent échangent, entre les deux groupes, leurs nourrissons. Ainsi, les hommes deviennent frères et se doivent, comme tels, aide et secours mutuels. Cette forme d'alliance est perçue avec tant de force que la parenté est considérée comme réelle, au point que les mariages sont interdits entre les deux groupes réunis par le pacte sacré de *tata*. Il s'agit là du rite primitif, il a connu des formes atténuées, celle, par exemple, de l'échange de vases de lait et de pièces de vêtement.

Une autre forme curieuse, rattachée à la symbolique de la sandale, qui est très forte au Maghreb, au Sahara et en Orient, consiste à cacher les chaussures droites de tous les représentants des deux groupes alliés ; elles forment deux tas cachés chacun par un burnous. Les notables tirent simultanément une babouche de chaque tas et les présentent, leurs propriétaires s'avancent alors l'un vers l'autre et se trouvent unis par le pacte.

Autre précaution ou assurance contre le danger venu de l'extérieur du groupe, le pacte d'*anaïa* plaçait l'individu ou la famille sous la protection d'un puissant ou d'un chef religieux Le bénéficiaire pouvait voyager sans crainte, même dans une tribu ennemie, à condition que celle-ci reconnaisse l'autorité de qui émanait l'*anaïa*.

Ainsi, la société berbère en multipliant les pactes et les assurances, d'individu à individu et surtout de groupe à groupe, a sécrété elle-même les remèdes qui, sans éliminer les ferments de désordre, réussissent tout de même à limiter leur développement. Le modèle politique ainsi proposé est une anarchie équilibrée.

VIVRE EN SOCIÉTÉ

A vrai dire, le commun des mortels, dans la société berbère traditionnelle, ne se soucie guère des grands problèmes politiques et encore moins de définir une philosophie du pouvoir. Ce qui compte, en premier lieu, est de s'insérer pleinement dans le milieu familial, dans son çoffs, son village, sa fraction. Ces relations multiples sont à la fois contraignantes et empreintes de la plus grande discrétion et réserve.

L'esprit de solidarité a toujours été très développé, comme dans la plupart des sociétés rurales. C'est lui qui est à l'origine du principe de *touiza*, universellement connu dans le Maghreb. Il s'agit de la corvée collective librement consentie au bénéfice du groupe ou d'un chef de famille. La *touiza* s'étend à toutes sortes de travaux, aussi bien à la construction d'un bâtiment, à la réfection d'un chemin ou au creusement d'un canal d'irrigation qu'à des travaux agricoles importants, comme la moisson ou le battage.

LE STATUT DE LA FEMME

La vie sociale est régie par des coutumes qui, dans certains groupes berbères, n'ont été que faiblement influencées par le droit musulman. Il n'y a pas un droit coutumier berbère mais une très grande variété de règles qui organisent le droit privé. C'est dans le mariage que l'influence du droit musulman est partout la plus sensible, encore que des coutumes particulières subsistent dans de nombreuses régions. Ainsi, dans plusieurs groupes brabers, au Maroc, la femme a le droit de demander à son époux de la répudier, liberté qui n'existe pas dans le droit coranique. Une autre pratique, curieuse contrepartie de la précédente, est celle qui permet au mari de s'opposer au remariage de son ancienne épouse. Ce veto est généralement levé contre le versement d'une certaine somme. Dans le Haut-Atlas oriental, les vingt plus proches parents ont une sorte de droit de préemption *(anhad)* sur la jeune fille pubère, alors que, dans le monde arabe, seul le cousin germain jouit de ce privilège ; il est vrai que dans la pratique, lorsque le parent qui s'était opposé au mariage de la jeune fille avec un "étranger" ne l'épouse pas, aucun autre parent ne peut à son tour exercer ce droit.

La femme n'a pas partout le même statut dans le monde berbère, on reconnaît généralement qu'il est moins favorable que celui prescrit par le droit coranique. Mais on a souvent exagéré son caractère inique parce qu'on pense surtout à celui de la femme kabyle, qui a été le plus anciennement connu. Effectivement, le sort juridique de la femme kabyle était très dur ; non seulement elle ne pouvait hériter mais elle faisait, en quelque sorte, partie de l'héritage, même veuve, elle ne disposait pas, en principe, de sa main. La femme répudiée ne pouvait se remarier sans le consentement de son ancien mari, consentement généralement monnayé.

Cependant, cette situation constitue un cas extrême et, en Kabylie même, ce fut une décision collective des tribus zouaoua, au XVIIIe siècle, qui ôta aux femmes le droit d'hériter, que leur reconnaissait le droit musulman. Inversement, on a exagéré la prétendue indépendance et la liberté de mœurs de la femme touareg. La Targuia noble, souvent plus instruite que son époux, tient certes un rôle éminent dans la société, surtout lorsqu'elle est du lignage Kel Rela, car c'est par elle que se transmet le droit au commandement. Elle jouit d'une certaine liberté et fréquente cette sorte de cour d'amour qu'est l'*ahal*, mais elle est également privée du droit de succession.

Dans l'Aurès, les veuves ou les femmes répudiées jouissent d'une grande liberté, la plupart deviennent 'azriya, littéralement "femme qui n'a pas de mari", mais en fait il s'agit de courtisanes. Ce peut être une situation temporaire, l'*azriya* "repentie" peut reprendre sans difficulté une vie conjugale normale. D'ailleurs, l'*azriya* n'est pas exclue de la vie familiale, elle réside souvent chez sa mère. Elle n'est pas, non plus, mise au ban de la société chaouïa ; elle n'est méprisée ni par les siens ni par les autres femmes. Cependant, malgré le droit coranique, qui est formellement reconnu dans l'Aurès, la femme chaouïa est, dans la pratique, privée elle aussi du droit successoral.

Cette exclusion de la femme, qui est générale en pays berbère et correspond à une pratique préislamique, s'explique par le seul souci de sauvegarder le patrimoine familial. Le paysan aurasien le sait bien, qui disait à M. Gaudry : "Si nos femmes héritaient, elles feraient la fortune de la famille de leur mari et appauvriraient la leur."

LES QANOUNS KABYLES

Le droit coutumier consacre une place importante à la coercition, à la défense du microcosme qui est le village ou la fraction. Comme l'emprisonnement est inconnu et que le meurtre donne lieu à la vendetta ou à un substitut monnayé, le droit pénal berbère définit surtout des amendes. Une jurisprudence s'est donc constituée, qui fut souvent consignée par écrit : certaines chartes d'*agadir* en pays chleuh (Haut-Atlas occidental) peuvent dater du XIVe siècle ! Ces textes, comme les *izref* des groupes brabers, sont transcrits en caractères arabes. Les plus curieux de ces règlements sont les qanouns de Grande Kabylie, qui définissent avec précision le moindre manquement et sa sanction, défenses dérisoires d'une société refermée sur elle-même. Cependant, certains de ces qanouns apportent la preuve de la pénétration d'une culture étrangère au cœur du plus important groupe berbérophone d'Algérie. Dès la fin du XIXe siècle, quelques qanouns furent rédigés en français. Le fait mérite d'autant plus d'être signalé que les prescriptions ainsi formulées étaient étrangères au droit pénal français que l'administration coloniale introduisait au même moment dans le pays.

L'HONNEUR OU LE NEZ SENSIBLE

Vivre en société, c'est, bien entendu, être dépendant ; c'est être pris dans un réseau complexe de relations qui permettent au groupe, plus qu'à l'individu, de s'exprimer et de faire valoir ses droits. Ces relations sont ambiguës : s'il y a incontestablement solidarité à l'intérieur du groupe social, il y a aussi, du fait de la juxtaposition des unités familiales dans un espace défini, des risques constants de friction entre elles et entre les individus qui les composent. Il faut donc être toujours aux aguets, être prêt à défendre son intégrité et prendre soin de ne pas porter atteinte à l'intégrité de l'autre. Cette tension, qu'ont ressentie tous ceux qui ont vécu au Maghreb, est constante et explique bien des comportements. Le Berbère a le nez chatouilleux. Le *nif* (nez) est, pour le Kabyle, aussi sensible que l'honneur d'un gentilhomme du Grand Siècle. Pour ne pas perdre la face, l'individu consentira des sacrifices inouïs, sa famille supportera les pires privations.

L'honneur qu'il faut sauvegarder, c'est, en tout premier lieu, celui de la famille, c'est-à-dire essentiellement des femmes, par qui se fait la transmission de la vie. L'honneur souillé d'une épouse, d'une fille, d'une sœur, ne peut se laver que dans le sang. La mise à mort des coupables ne soulève aucune réprobation, elle est même exigée par la contrainte sociale.

Mais le *nif* a bien d'autres exigences, on ne supporte pas d'être ridiculisé par un compétiteur ou un adversaire. Le vol d'un panier de figues, la détérioration d'un instrument, le bris d'une clôture entraînent inévitablement des ripostes. Si la victime est intelligente, elle saura nuancer sa réponse et veillera à mettre les sages de la djemaa, et les rieurs, de son côté, mais le mauvais coucheur risquera d'aller trop loin : c'est ainsi que commence un processus qui conduit jusqu'au meurtre.

Ainsi naissent de terribles querelles familiales, car le meurtre appelle le meurtre. Certes, la vendetta n'est pas spécifiquement berbère, ni même méditerranéenne, mais rarement elle atteint un degré de férocité aussi affirmé qu'au Maghreb. On cite souvent la guerre intestine qui décima deux villages opposés des Aït Ouriaghel dans le Rif (Maroc) ; les meurtres successifs, au cours de sept années, firent cinquante morts dans un village et soixante-dix dans l'autre : l'origine en était la mort d'un chien ; finalement, le groupe le plus affaibli émigra dans le Zerhoun voisin. A. Ibazizen a rapporté certains cas qui appellent la comparaison avec les plus sanglantes des tragédies grecques. Telle cette suite de meurtres dans deux familles opposées d'Ighil Bou Amas

(Kabylie) aux environs de 1930. Après une expédition punitive qui provoqua la mort de trois adultes, il ne restait plus que de jeunes garçons susceptibles d'assurer la survie du groupe. La vieille mère des victimes s'opposa à ce que, conformément à la coutume, les corps fussent enterrés au cimetière. Elle fit creuser les fosses dans le sol de la plus grande pièce de la maison et déposer sur les dalles les vêtements ensanglantés afin que, chaque jour, les jeunes enfants aient en mémoire les crimes à venger.

De fait, la vengeance pour crime de sang *(tsaar)* est un devoir imprescriptible : un homme digne de ce nom ne peut échapper à la contrainte sociale qui l'oblige, à son tour, à devenir un meurtrier ; il est donc désigné aux coups du vengeur de la prochaine victime.

L'obligation de vengeance, mais aussi d'autres raisons moins honorables, ont favorisé, en Kabylie, l'apparition des tueurs à gages, pratique heureusement disparue depuis quelques années. Les magistrats ont remarqué qu'elle s'était développée à partir du moment où la justice française, appliquant strictement le code pénal, avait interrompu le libre jeu de la vendetta. Dans la pratique ancienne, le meurtrier qui avait vengé la mort d'un proche jouissait de la considération des siens. Voici que ce même homme était dorénavant poursuivi et condamné sévèrement. Pour des individus fiers, sûrs de leur bon droit, ces condamnations apparaissaient comme autant de dénis de justice. Pour obéir à la fois à l'obligation de vengeance et ne pas tomber sous les coups d'une justice incompréhensible, le recours au tueur à gages était une solution aussi facile qu'immorale.

La pratique de la vendetta, qui semble faire si bon marché de la vie, est cependant liée à une profonde conscience de la valeur de l'être humain.

Certes, dans de nombreux groupes berbères, comme chez les Arabes et bien d'autres peuples, la coutume prévoit un versement compensatoire qui doit racheter le crime ou le meurtre, même accidentel. Cette *diya* est, suivant les groupes, définie en argent, en troupeaux ou autres biens. Le rachat du sang versé une fois effectué, le droit de poursuite s'arrête automatiquement. De fait, le règlement ne concerne pas tant les individus que les groupes familiaux.

Une pratique très archaïque, qui se trouve consignée dans une charte d'Ajarif (Haut-Atlas, Maroc), prévoit que le clan de la victime reçoit, de celui du meurtrier, une femme, qui y réside jusqu'à ce qu'elle mette au monde un garçon. Le groupe retrouve donc, en cet enfant, le mâle que le meurtre lui avait fait perdre. Si cette fonction, quasi mécanique, de simple génitrice confiée à la femme peut heurter la sensibilité moderne, il faut reconnaître que cette pratique ne manque pas de logique et même d'une certaine grandeur ; elle reconnaît du moins à la vie de l'homme une valeur qui ne se mesure pas en or ou en argent. "Nous vous avons privé d'un homme valeureux, nous vous donnons, par cette femme, la possibilité de le remplacer, *inch Allah* !"

La valeur de l'homme, force de travail ou combattant éventuel, est encore bien reconnaissable dans une autre pratique répandue chez les Brabers du Maroc central, celle de l'*amhars*. Par un véritable contrat, la djemaa de tribu permet à un étranger de s'établir dans une famille. L'étranger reçoit du chef de la famille qui l'accueille des biens nécessaires à son installation ; on définit la part des bénéfices qu'il pourra garder à la fin du contrat et la durée de ce contrat. Si les relations s'arrêtaient à ces clauses, le contrat d'*amhars* n'aurait rien que de très ordinaire, or il s'agit, en fait, d'une adoption : le chef de famille qui héberge l'étranger lui donne une femme de son clan, généralement sa propre fille. L'homme se trouve ainsi associé plus étroitement à la famille adoptive. En théorie, l'*amhars* avait le droit d'abandonner cette femme à la fin du contrat ; mais, en pratique, un mariage légalisait l'union et l'adoption définitive. Ainsi, tout en sauvegardant l'homogénéité du groupe, le contrat d'*amhars* favorise son accroissement en potentiel humain. L'*amazzal* au Maroc, le *mechrut* en Algérie sont d'autres types de contrats sanctionnés par un mariage temporaire. L'important est, dans une société qui ignore le salariat, d'attirer et de retenir la principale source de richesse : l'homme lui-même.

NOTES ET REMARQUES
DU PRÉFACIER

Gabriel Camps a défendu et popularisé la thèse d'une origine
orientale des Protoméditerranéens "capsiens", qui sont à l'origine de l'essentiel du peuplement de l'Afrique du Nord
actuelle. Cette thèse était principalement fondée sur la localisation des premiers sites capsiens découverts et étudiés
(Capsa/Gafsa, en Tunisie), qui semblait indiquer une diffusion d'est en ouest de cette population et de sa culture, auto-
risant ainsi l'hypothèse d'un remplacement progressif de la
population locale préexistante (les Ibéromaurusiens) et une
connexion avec les Protoméditerranéens du Moyen-Orient
(natoufiens). Les travaux et découvertes récents établissent
une géographie et une chronologie très différentes du Capsien, avec des gisements plus anciens situés dans l'ouest de
l'Algérie. On sait d'autre part que les Capsiens et les Ibéromaurusiens ont longtemps coexisté et même cohabité sur les
mêmes sites. La thèse d'une diffusion est-ouest d'une population "extérieure" est donc sérieusement mise à mal. De
nombreux spécialistes penchent maintenant plutôt pour une
évolution anthropologique *in situ* ; la thèse d'une origine
orientale des protoméditerranéens d'Afrique du Nord doit
donc être considérée comme une hypothèse fragile qui n'a
pas été pas confirmée par les données les plus récentes de l'archéologie préhistorique.

331

A PROPOS DE L'ORIGINE ET DE LA DATATION DE L'ÉCRITURE BERBÈRE (p. 272 *sq.*)

Les travaux les plus récents apportent quelques compléments et lumières sur la question des origines de l'écriture berbère et permettent de préciser les analyses de Gabriel Camps. L'influence d'un alphabet sémitique ancien (très probablement le phénicien) est certaine ; cependant, il ne peut guère s'agir d'un emprunt direct, mais plutôt d'une *contamination* ou *imitation* locale. En effet, l'écriture libyque présente trop de traits spécifiques, non dérivables d'un modèle originel sémitique (spécificité de la majorité des caractères, géométrisme accusé, orientation de l'écriture, absence de stades intermédiaires… ; voir notamment Chaker et Hachi 2001). Aussi de nombreux chercheurs penchent-ils désormais pour une genèse endogène, par *imitation* d'un alphabet sémitique, à partir de matériaux locaux (signes et symboles non alphabétiques utilisés comme marques de propriété, tatouages et décors divers).

TABLEAU CHRONOLOGIQUE

DES ORIGINES AU XVIe SIÈCLE

10000 av. J.-C. : Epanouissement de la civilisation ibéromaurusienne. L'homme de Mechta el-Arbi occupe toute l'Afrique du Nord.

7000-5000 av. J.-C. : Civilisation capsienne. Apparition des Protoméditerranéens.

6500-2000 av. J.-C. : Développement des civilisations néolithiques au Sahara et au Maghreb. Arrivée de Méditerranéens au Sahara (vers 3000 av. J.-C.). Début des relations avec les pays européens.

Vers 1000 av. J.-C. : Nouvelle arrivée de Méditerranéens au Maghreb. Début de l'implantation phénicienne.

800-146 av. J.-C. : CARTHAGE.

Vers 450 av. J.-C. : Carthage se constitue un empire africain.

396 av. J.-C. : Les Libyens et Numides révoltés s'emparent de Tunis.

379 av. J.-C. : Nouvelle révolte des Libyens.

311-307 av. J.-C. : Expédition d'Agathocle en Afrique. Ailymas, roi des Libyens (Numides massyles ?).

238-237 av. J.-C. : Guerre des Mercenaires et des Numides. Naravas, prince numide.

Avant 220-203 av. J.-C. : Règne de Syphax, roi des Numides masaesyles, qui en 203 s'empare du royaume massyle.

IVᵉ siècle -46 av. J.-C. : ROYAUME NUMIDE DES MASSYLES.

203-148 av. J.-C. : Règne de Massinissa, qui unifie la Numidie et s'empare d'une partie du territoire de Carthage.

146 av. J.-C. : Destruction de Carthage. Fondation de la province romaine d'Afrique (nord-est de la Tunisie actuelle).

148-118 av. J.-C. : Règne de Micipsa.

118-105 av. J.-C. : Règne de Jugurtha. Lutte contre Rome. La partie occidentale de la Numidie passe aux mains de Bocchus, roi des Maures.

Avant 203-33 av. J.-C. : Dynastie maure des Bocchus (Baga, Bocchus Iᵉʳ, Sosus, Bocchus II, Bogud).

105-46 av. J.-C. : Dynastie des Massyles de l'Est (Gauda, Masteabar, Hiempsal II, Massinissa II, Juba Iᵉʳ).

46 av. J.-C. : Défaite et mort de Juba Iᵉʳ. Création de la province romaine d'Africa Nova (ex-royaume de Numidie).

25 av. J.-C.-40 ap. J.-C. : DYNASTIE MAURÉTANIENNE (Juba II, Ptolémée).

42 ap. J.-C. : Création des provinces romaines de Maurétanie Tingitane (Maroc) et de Maurétanie Césarienne (Algérie centrale et occidentale).

146 av. J.-C.-439 ap. J.-C. : DOMINATION DE ROME.

100 ap. J.-C.-400 ap. J.-C. : Evangélisation d'une partie importante des Berbères en Africa et Numidie.

Vers 225 : Extension maximum de la domination romaine en Afrique.

250-300 : Grandes révoltes berbères en Maurétanie.

305-313 : Début du donatisme.

372-376 : Révolte de Firmus, fonctionnaire impérial et chef africain.

396-430 : Saint Augustin, évêque d'Hippone.

439-533 : ROYAUME VANDALE.

Vers 455 : Un chef berbère, Masties, se proclame "empereur" dans l'Aurès.

Vers 470 : Arrivée de Tin Hinan au Hoggar. La lignée noble des Touaregs prétend descendre de cette princesse, dont le tombeau a été retrouvé.

508-535 (?) : Masuna, roi "des Maures et des Romains" en Maurétanie Césarienne.

533-647 : DOMINATION DES BYZANTINS.

Multiplication des principautés berbères. Pénétration des nomades chameliers néoberbères, les Zénètes, qui sont la plupart païens, et certains judaïsés.

647 : Apparition des ARABES en Ifriqiya *(Africa)*. Bataille de Sufetula (Sbeïtla).

670 : Fondation de Kairouan par Oqba, qui commence la conquête. La légende veut qu'il se soit rendu jusque sur les rivages de l'Océan.

683-686 : Koceila organise la résistance berbère et devient pour trois ans maître de l'Ifriqiya.

695-702 : La Kahéna, reine des Djerawa (Aurès), rejette les Arabes en Tripolitaine, pratiquant la politique de la terre brûlée, mais elle est finalement vaincue et, avant d'être tuée, invite ses fils à rejoindre les rangs des vainqueurs.

711 : Sous la conduite de Tarîq, des contingents berbères musulmans traversent le détroit de Gibraltar (djebel el-Tarîq) et détruisent le royaume wisigothique d'Espagne.

Vers 670-vers 750 : Islamisation des Berbères. Développement de la doctrine kharedjite.

750-780 : Révolte kharedjite en Ifriqiya et au Maghreb central.

800-909 : ÉMIRS AGHLABITES en Ifriqiya.

776-909 : DYNASTIE ROSTÉMIDE, royaume kharedjite de Tahert au Maghreb central.

757-922 : DYNASTIE IDRISSIDE au Maroc.

809 : Fondation de Fès par Idriss II.

893 : Abou abd Allah prêche la doctrine chiite chez les Ketama (Berbères sanhadja de Petite Kabylie).

902-910 : Conquête du Maghreb central et de l'Ifriqiya par les chiites Ketama.

910-973 : DYNASTIE CHIITE DES FATIMIDES.

913-920 : Premières expéditions en Egypte.

922 : Conquête du Maghreb el-Aqsa (Maroc) par les Miknasa au nom des Fatimides.

940-947 : Révolte kharedjite d'Abou Yazid ("l'homme à l'âne").

969-973 : Conquête de l'Egypte et départ des Fatimides au Caire.

973-1060 : DYNASTIE ZIRIDE au Maghreb central et en Ifriqiya.

973-984 : Règne de Bologguin, fondation d'Alger.

1015-1163 : DYNASTIE HAMMADITE au Maghreb central.

1061-1088 : Règne d'An Nasir, fondation de Bougie.

1050 : Début des invasions HILALIENNES, les tribus Riyah, Atbej, puis Solaïm et Mâqil, renvoyées d'Egypte, pénètrent au Maghreb par vagues successives.

Prédication d'Ibn Yasin chez les Lemtouna du Sahara, origine du mouvement almoravide.

1055-1146 : EMPIRE ALMORAVIDE (Sahara occidental, Maroc, Algérie occidentale, Espagne).

1059-1062 : Destruction de l'hérésie des Berghawata.

1061-1088 : Règne de Youssouf ibn Tachfine. Fondation de Marrakech.

1115-1120 : Ibn Toumert prêche la doctrine almohade.

1125-1269 : EMPIRE ALMOHADE (Maroc, Algérie, Tunisie, Espagne).

1145-1160 : Conquête du Maghreb par Abd el-Moumen. Disparition des dernières communautés chrétiennes chez les Berbères.

1206 : Nomination d'Abou Hafç à la tête de l'Ifriqiya.

1236-1494 : ROYAUME HAFÇIDE dans le Maghreb oriental (capitale Tunis).

1235-1554 : ROYAUME ABD EL-WADIDE du Maghreb central (capitale Tlemcen).

1248-1456 : ROYAUME MÉRINIDE au Maghreb el-Aqsa (capitale Fès).

Luttes constantes et rivalités entre les royaumes ; sous Abou l'Hassan (1331-1351), réunification momentanée du Maghreb par les Mérinides.

1415 : Les Portugais s'établissent à Ceuta, puis à Tanger et Larache (1471), Massat (1488), Safi et Agadir (1508), Azemmour (1513) et Mazagan (1514).

1497 : Les Espagnols s'emparent de Melilla puis de Mers el-Kébir (1505), d'Oran (1509), du Peñón d'Alger (1510), de Cherchell, de Dellys et de Mostaganem (1511).

XVe-XVIe siècles : Rivalités entre les sultans des Beni Abbas et les rois de Kouko en Kabylie.

1514 : Le Turc Aroudj s'empare de Djidjelli puis d'Alger (1516).

Ses successeurs établissent la domination turque sur les régences d'Alger, de Tunis et de Tripoli. Le Maroc se constitue en empire chérifien.

Tout au long du XVIe siècle et encore au début du XVIIe siècle, arrivée massive des réfugiés andalous au Maghreb.

LA BERBÉROPHONIE

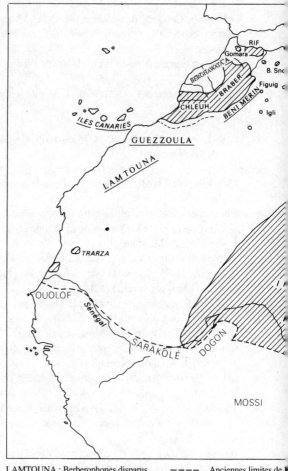

<u>LAMTOUNA</u> : Berberophones disparus   -----   Anciennes limites de

BRABER : Berbérophones actuels (Maghreb)   *TOUAT* : Berbero

KABYLIE
KETAMA
KABYLIE
AURES
JARSENIS
NETES
MZAB   OUED RIGH   NEFOUSSA
Ouargla
RA
Ghadamès
LOUATA
Saukna
Augila
Siouah
Jerba
Tamerzet   Zouera
AT
UAREG   AJJER
AHAGAR
TOUBOUS
S
AIR
LLEMEDEN
Tchad
HAOUSSA

érophonie   ⧄⧄   Région berbérophone au début du xxᵉ siècle

s actuels (Sahara)   Saukna : Centre berbérophone isolé

QUELQUES OUVRAGES DE BASE

BASSET, A. : *La Langue berbère*, Londres-Oxford, IAI, 1952 (réédité 1969).

BATES, O. : *The Eastern Libyans, an essay*, Londres, Cass, 1914.

BERTRAND, A. : *Tribus berbères du Haut-Atlas*, Lausanne, Edita Vilo, 1977.

BRUNSCHWIG, R. : *La Berbérie orientale sous les Hafsides*, Paris, Maisonneuve, t. I, 1940, t. II, 1942.

CAMPS, G. : *Aux origines de la Berbérie : monuments et rites funéraires protohistoriques*, Paris, Arts et métiers graphiques, 1961.

— *Aux origines de la Berbérie : Massinissa ou les Débuts de l'Histoire*, Alger, Imprimerie officielle, 1962.

— *Les Civilisations préhistoriques de l'Afrique du Nord et du Sahara*, Paris, Doin, 1974.

— *L'Afrique du Nord au féminin* : *héroïnes du Maghreb et du Sahara*, Paris, Perrin, 1992.

CAMPS-FABRER, H. : *Les Bijoux de Grande Kabylie*, Paris, Arts et métiers graphiques, 1970.

— *Bijoux berbères d'Algérie*, Aix, Edisud, 1990.

CAPOT-REY, R. : *Le Sahara français*, Paris, Presses universitaires de France, 1953.

CHAKER, S. : *Textes en linguistique berbère. Introduction au domaine berbère*, Paris, CNRS, 1984.

— (sous la dir.) : *Etudes touarègues*, Aix-en-Provence, Edisud et IREMAM/LAPEMO, 1988.

— *Une décennie d'études berbères (1980-1990)*, Alger, Bouchène, 1992.

— *Linguistique berbère : études de syntaxe et de diachronie*,
Paris/Louvain, Peeters, 1995.

— *Berbères aujourd'hui*, Paris, L'Harmattan, 1998 (2ᵉ édition revue et augmentée).

CHAKER, S., et HACHI, S., "A propos de l'origine de l'écriture lybico-berbère" *Etudes berbères et chamito-sémi-
tiques. Mélanges offerts à Karl-G. Prasse*, Paris/Louvain,
Peeters, 2000, p. 95-111.

COLTELLONI-TRANNOY, M. : *Le Royaume de Maurétanie sous Juba II et Ptolémée*, Paris, CNRS (Etudes d'anti-
quités africaines), 1997.

COURTOIS, Ch. : *Les Vandales et l'Afrique*, Paris, Arts et métiers
graphiques, 1955.

DESPOIS, J. : *L'Afrique du Nord*, Paris, Presses universitaires de
France, 1949.

DESPOIS, J., et RAYNAL, R. : *Géographie de l'Afrique du
Nord-Ouest*, Paris, Payot, 1967.

DERMENGHEM, E. : *Le Culte des saints dans l'islam maghrébin*, Paris, Gallimard, 1954.

DESANGES, J. : *Catalogue des tribus africaines de l'Antiquité
classique à l'ouest du Nil*, Université de Dakar, 1962.

— *Recherches sur l'activité des Méditerranéens aux confins de
l'Afrique*, Ecole française de Rome, 1978.

FOUCAULD, Ch. de, et CALASSANTI-MOTYLINSKI,
A. de : *Textes touaregs en prose*, édition critique avec traduction par S. Chaker, H. Claudot, M. Gast, Aix, Edisud, 1984.

GALAND, L. : *Langues et littérature berbères (vingt-cinq ans
d'études)*, Paris, CNRS, 1979.

— *Etudes de linguistique berbère*, Paris/Louvain, Peeters
(Société de linguistique de Paris), 2002.

GAST, M. : *Alimentation des populations de l'Ahaggar. Etude
ethnographique*, Paris, Arts et métiers graphiques, 1968.

GAUDRY, M. : *La Femme chaouïa de l'Aurès. Etude de socio-
logie berbère*, Paris, Geuthner, 1929.

GOICHON, A.-M. : *La Vie féminine au Mzab*, Paris, Geuthner, t. I, 1927, t. II, 1930.

GOLVIN, L. : *Le Maghreb central à l'époque des Zirides. Recherche d'archéologie et d'histoire*, Paris, Arts et métiers graphiques, 1957.

GSELL, S. : *Histoire ancienne de l'Afrique du Nord*, Paris, Hachette, t. I, 1913, t. VIII, 1929.

HANOTEAU, A., et LETOURNEUX, A. : *La Kabylie et les Coutumes kabyles*, Paris, Challamel, 1893. Nouvelle édition intégrale (avec présentation d'A. Mahé et T. Hannemann), Saint-Denis, Bouchène, 2003.

IBN KHALDOUN : *Histoire des Berbères*, trad. de Slane. Paris, 1890 (1925-1956).

JACQUES-MEUNIÉ, D. : *Le Prix du sang chez les Berbères de l'Atlas*, Paris, Imprimerie nationale, 1954.

— *Architectures et habitats du Dadès, Maroc présaharien*, Paris, Klincksieck, 1962.

LAOUST, E. : *Mots et choses berbères. Notes de linguistique et d'ethnographie*, Paris, 1920.

LAOUST-CHANTREAUX, G. : *Kabylie, côté femmes. La vie féminine à Aït Hichem (1937-1939)*, Aix, Edisud, 1990.

LASSERRE, J.-M. : *Ubique Populus. Peuplement et mouvements de population dans l'Afrique romaine*, Paris, CNRS, 1977.

LEGLAY, M. : *Saturne africain*, Paris, De Boccard, 1966.

LHOTE, H. : *Les Touaregs du Hoggar*, Paris, Payot, 1944.

MARÇAIS, G. : *La Berbérie musulmane et l'Orient au Moyen Age*, Paris, Aubier, 1946.

MODERAN, Y. : *Les Maures et l'Afrique romaine (IVe-VIIe siècle)*, Ecole française de Rome, 2003.

MONTAGNE, R. : *Les Berbères et la Makhzen dans le Sud du Maroc*, Paris, Alcan, 1930.

PICARD, G. : *Les Religions de l'Afrique antique*, Paris, Plon, 1955.

— *La Civilisation de l'Afrique romaine*, Paris, Plon, 1959.

INDEX

343

DU MÊME AUTEUR

Recherches sur l'antiquité de la céramique modelée et peinte en Afrique du Nord, Alger, Imprimerie officielle, 1957.

Aux origines de la Berbérie : Massinissa ou les débuts de l'Histoire, Alger, Imprimerie officielle, 1961.

Aux origines de la Berbérie : monuments et rites funéraires protohistoriques, Paris, Arts et métiers graphiques, 1962.

La Nécropole mégalithique du djebel Mazela à Bou Noura (avec Henriette Camps-Fabrer), Paris, Arts et métiers graphiques, 1964.

Corpus des poteries modelées retirées des monuments funéraires protohistoriques de l'Afrique du Nord, Paris, Arts et métiers graphiques, 1964.

Amekni, néolithique ancien du Hoggar, Paris, Arts et métiers graphiques, 1969.

Les Civilisations préhistoriques de l'Afrique du Nord et du Sahara, Paris, Doin, 1974.

Manuel de recherche préhistorique, Paris, Doin, 1979.

Berbères, aux marges de l'histoire, Toulouse, éditions des Hespérides, 1980 ; 2e édition : *Berbères, mémoire et identité*, Paris, Errance, 1987 ; 3e édition, Paris, Errance, 1995.

La Préhistoire : à la recherche du paradis perdu, Paris, Perrin, 1982 (ouvrage couronné par l'Académie française) ; *Introduction à la préhistoire : à la recherche du paradis perdu*, Paris, Points Seuil, 1994.

Terrina et le Terrinien : recherches sur le chalcolithique de la Corse, Rome, Ecole française de Rome, 1988.

Préhistoire d'une île : les origines de la Corse, Paris, Errance, 1988.

L'Afrique du Nord au féminin : héroïnes du Maghreb et du Sahara, Paris, Perrin, 1992.

Les Berbères, Aix-en-Provence, Edisud, "Encyclopédie de la Méditerranée", 1996.

Le Néolithique méditerranéen : techniques et genres de vie, Aix-en-Provence, Edisud, "Encyclopédie de la Méditerranée", 1998.

DIRECTION D'OUVRAGES COLLECTIFS

Epipaléolithique du Maghreb (avec Lionel Balout), Paris, Arts et métiers graphiques, 1966.

L'Homme de Cro-Magnon, anthropologie et archéologie, Paris, Arts et métiers graphiques, 1970.

Chronologie et synchronisme dans la Préhistoire circum-méditerranéenne, Nice, Union internationale des Sciences préhistoriques et protohistoriques, 1976.

Atlas préhistorique du Midi méditerranéen français (avec Henriette Camps-Fabrer), Paris, CNRS ; 9 fascicules parus entre 1978 et 1990.

Recherches sahariennes, CNRS, Paris, 1979 (Maison de la Méditerranée, Aix-en-Provence).

Les Chars préhistoriques sahariens. Archéologie et techniques d'attelage (avec Marceau Gast), Aix-en-Provence, CNRS (LAPMO), 1982.

Atlas préhistorique de la Tunisie (avec Mounira Riahi), Rome, Ecole française de Rome, 1985 ; 12 fascicules.

L'Homme préhistorique et la mer, Paris, Editions du CTHS, 1998.

Encyclopédie berbère, Aix-en-Provence, Edisud (Maison de la Méditerranée, Aix-en-Provence) ; 24 volumes parus entre 1984 et 2001.

Ouvrage réalisé
par l'atelier graphique Actes Sud.
Reproduit et achevé d'imprimer
en décembre 2008
par Normandie Roto Impression s.a.s.
61250 Lonrai
sur papier fabriqué à partir de bois provenant
de forêts gérées durablement (www.fsc.org)
pour le compte des éditions
Actes Sud
le Méjan
Place Nina-Berberova
13200 Arles.

Dépôt légal
1ʳᵉ édition : octobre 2007.
N° d'impression : 084215.
(Imprimé en France)

COÉDITION ACTES SUD – LEMÉAC